LEXIKON DER SEIDEN MALEREI

Karin Huber

FALKEN LEXIKON DER SEIDEN MALEREI

Mit großer
Farbmischtabelle

Fachliche Beratung
Fritz Jeromin

Unter Mitarbeit von:
Elisabeth Schwinge
Regine Weiß-Maurer

FALKEN

Im FALKEN Verlag sind zahlreiche Titel zum Thema „Seidenmalerei"
erschienen.
Sie sind überall dort erhältlich, wo es Bücher gibt.

ISBN 3 8068 4737 1

Umschlaggestaltung: Adolf Bachmann, Reischach
Gestaltung: Horst Bachmann
Redaktion dieser Auflage: Uta Koßmagk
Herstellung: Sabine Vogt
Titelbild: Michael Zorn, Wiesbaden (Foto),
        Karin Huber, Mannheim (Malerei)
Die Ratschläge in diesem Buch sind von der Autorin und vom Verlag
sorgfältig erwogen und geprüft, dennoch kann eine Garantie nicht
übernommen werden. Eine Haftung der Autorin beziehungsweise des
Verlags und seiner Beauftragten für Personen-, Sach- und Vermögens-
schäden ist ausgeschlossen.
Gesamtkonzeption: FALKEN Verlag, D-65527 Niedernhausen/Ts.

817 2635 44

Folgende Seidenmalerinnen haben sich mit ihren Arbeiten an diesem Buch beteiligt:

Rosemarie Bühler, Düsseldorf: Seite 11 M. (FALKEN Archiv);
    193 (Mader, Schleiden)
Renate Correll-Becker, Alzey: Seite 76, 186, 202 (M. Baltz)
Traudi Dwinger, München: Seite 9 o., 52 u., 55, 72, 96, 204, 206
    (Paal, München)
Anne Eßer, Bensheim: Seite 13, 67 u., 86 u., 98, 99 o., 124 u., 205
Susanne Hahn, Ludwigsau-Friedlos: Seite 112, 183, 196 u.
Renate Hamann, Wuppertal: Seite 196 o., 197
Brita Hansen, Köln: Seite 29 (FALKEN Archiv); 31, 35 u., 73, 101,
    123 u., 141, 150 (FALKEN Archiv, Zorn)
Renate Henge, Idstein: Seite 60 (FALKEN Archiv, Kalk); 63 o., 69,
    100 M., 114 (FALKEN Archiv, Burock); 71 (FALKEN Archiv, Zorn)
Karin Huber, Mannheim: Seite 11 o., 23, 26, 44, 54, 63 u., 64, 80,
    94 l., 110, 124 o.,132 (FALKEN Archiv); 57, 81 r., 187 (FALKEN
    Archiv, Zorn); 2, 6, 84 o., 152, 156, 190 – 192 (G. Bühler)
Christiane Köhl, Pfinztal-Berghausen: Seite 14 (FALKEN Archiv)
Elfriede Möller, Uttenreuth: Seite 90, 116 l., 123 o. (FALKEN Archiv);
    126, 129 (FALKEN Archiv, Zorn); 16, 36, 78 l., 84 u., 94 r., 109,
    128, 198 (Graf, Erlangen)
Monika Neubacher-Fesser, Hannover: Seite 99 u.; 34, 100 o., u., 137;
    181 r. (FALKEN Archiv, Krüger); 4, 5, 122, 137 M., 158 (FALKEN
    Archiv, Zorn)
Ute Patel-Mißfeldt, Neuburg a.d. Donau: Seite 108 (FALKEN Archiv)
Friedel Schilling, Köln: Seite 10 (FALKEN Archiv); 9 u., 45, 50,
    66 o., 86 o.l., 86 r., 87 o., 92, 93, 154, 155, 194 (D. Schilling)
Elisabeth Schwinge, Durmersheim: Seite 30 (FALKEN Archiv); 133,
    175 – 179, 182 (FALKEN Archiv, Zorn); 11 u., 31 o., M., 46,
    78 M., 119, 146, 147, 207 (F. Schwinge, Bielefeld)
Shahida (Barbara Banach), Nürtingen: Seite 75 u. (FALKEN Archiv);
    81 l., M., 111 (FALKEN Archiv, Zorn); 181 l. (FALKEN Archiv, Krüger);
    1, 12, 37, 52 o., 67 o., 70, 77, 78 u., 184, 185, 201, 203
    (Kohlhammer)
Gisela Sipos-Gwenda, Buxheim: Seite 59 l., 88, 113, 199
Barbara Stowasser, Bensheim: Seite 148 (FALKEN Archiv)
Birgit Unterharnscheidt, Kelkheim: Seite 91 (FALKEN Archiv)
Ingrid Walter-Ammon, Puchheim BHF.: Seite 66 u., 87 u., 95,
    195 (CSD-Foto-Agentur/Carl, Kassel)
Ursula Weiss-Rössner, Oberursel: Seite 116 r., 138 (FALKEN Archiv);
    48, 59 r., 75 o., 97, 136, 200

Weitere Fotos: Tierbildarchiv: Toni Angermayer, Holzkirchen / Hans
    Pfletschinger (Seite 74, 130)
Zeichnungen: FALKEN Archiv / Dähler (Seite 20); FALKEN Archiv /
    Stockmann-Sauer (Seite 120, 121); FALKEN Archiv / Arbeitsgemein-
    schaft Pflegekennzeichen für Textilien, Eschborn (Seite 103)
Bezugsquellen: Material für die Seidenmalerei erhalten Sie in Fach-
    geschäften für Künstler- und Hobbybedarf, in den Hobbyabteilungen
    der Kaufhäuser und in Spezialgeschäften für die Seidenmalerei,
    unter anderem bei: Jeromin – Seidenversand
        A 3, 5
        68017 Mannheim

I N H A L T

Danksagung

Das vorliegende Werk ist das Ergebnis meiner langjährigen Seidenmalpraxis und des allmählichen Wissenserwerbs im Bereich der Seidenmalerei. Nicht nur die leidenschaftliche praktische Arbeit ist damit gemeint, sondern auch meine Lehrtätigkeit und die vielen bereits erschienenen Veröffentlichungen in mehreren Verlagen.

Obwohl das vorliegende Werk also aus meiner Feder stammt, hätte ich es jedoch nicht in diesem Umfang zu erarbeiten vermocht, wenn es nicht auch feder-führend geschrieben worden wäre. So möchte ich Fritz Jeromin danken, dessen Hilfe sehr entscheidend zum Entstehen dieses Lexikons beigetragen hat. Die Zusammenarbeit mit ihm, die sich bereits über viele Jahre erstreckt, ist mehr als eine Hilfe. Er ist Mentor für mich wie für einige andere Kolleginnen geworden. Viele „neue" Techniken, die vor allem den experimentellen Bereich der Seidenmalerei betreffen, sind durch seine ständige Anregung und seine Hilfe entwickelt worden. Während der Arbeit zu diesem Buch stand er mit Rat und Tat fürsorglich an meiner Seite.

Besonders möchte ich mich bei meinen beiden Kolleginnen Elisabeth Schwinge und Regine Weiß-Maurer bedanken. Sie gaben mir wertvolle Tips und Anregungen sowie eine Reihe von Textbeiträgen, vor allem zum Kapitel „Kurse leiten". Auch möchte ich all jene Seidenmalerinnen erwähnen, durch deren Mitarbeit die Bebilderung dieses Werkes so vielseitig werden konnte.

Namentlich kann ich nicht alle Menschen nennen, die mir ihre kollegiale und freundschaftliche Unterstützung zuteil werden ließen, so zum Beispiel die Teilnehmer meiner Kurse, von denen ich lernen durfte – über die Seidenmalerei und anderes mehr. Danke allen!

Karin Huber: Seidenmalerei in Spachteltechnik, 1991

Karin Huber

Wegweiser durch das Lexikon

Viele Begriffe tauchen etwa in Büchern und Kursen im Zusammenhang mit der Seidenmalerei auf, zum Teil korrekt, zum Teil verwirrend oder widersprüchlich. Mit dem nun vorliegenden Werk haben wir uns bemüht, die zahlreichen Sachinformationen und Zusammenhänge systematisch zu sammeln, zu erklären und in alphabetischer Reihenfolge anzuordnen, damit man sehr schnell etwas nachschlagen kann. Hier nun ein Leitfaden mit Tips für das eigentliche Lexikonkapitel.

Stören Sie sich beim Lesen zunächst nicht an den Pfeilen, sondern lesen Sie am besten zuerst den betreffenden Textabschnitt im Gesamtzusammenhang. Sie finden dort die wichtigsten Erläuterungen des Begriffs. Die Pfeile sind Querverweise zu anderen Lexikonbegriffen; sie helfen beim Weiterforschen.

Ist ein Begriff in einen STICHWORT-Kasten eingeordnet, können Sie sofort erkennen, ob es sich um eine wichtige Technik handelt, um einen besonders interessanten, bedeutsamen Sachverhalt. In diesen Kästen haben wir die Verweispfeile weggelassen, obwohl viele der dort erwähnten Begriffe an anderer Stelle ausführlich erklärt sind. Generell bedeutet also das Fehlen von Verweisen nicht automatisch, daß es nichts nachzuschlagen gibt.

Die Zahlen am Ende mancher Begriffserklärungen sind einem kleinen Literaturverzeichnis (Seite 208) zugeordnet; sie dienen als Hilfe für Leser, die sich in ein Gebiet weiter vertiefen möchten. Sie geben jedoch keine Empfehlung im Sinne einer Bevorzugung für ein genanntes Werk gegenüber einem nicht erwähnten. Die Titel der Literaturliste geben in erster Linie die Quellen an, mit denen die Autorin unterstützend gearbeitet hat. Zudem gibt es solch eine Fülle an Seidenmalliteratur, daß eine gleichberechtigte Erwähnung aller Werke den Umfang dieses Buches strapazieren würde.

Empfehlenswert ist es, die Erläuterungen zu den Farben, mit denen in der Seidenmalerei gearbeitet wird, ganz zu Anfang zu lesen. Da diese neben der Seide die wichtigsten Materialien für die Seidenmalerei sind, sollte jegliches Mißverständnis bezüglich der Verwendung der Begriffe rechtzeitig ausgeschlossen werden. Lesen Sie deshalb am besten zum „Einstieg" das Stichwort ⇨ Farbmittel. So wird im Lexikon immer von Farbe oder Farbmittel gesprochen, wenn es sich allgemein um die drei Sorten handelt, die für die Seidenmalerei angeboten werden: die ⇨ Bügelfixierfarben, die ⇨ Reaktivfarben und die ⇨ Dampffixierfarben. Sofern nicht anders erwähnt, treffen die Erläuterungen also auf alle drei Farbmittel zu.

Auch sollten Sie es nicht versäumen, die wunderbaren ⇨ Eigenschaften der Seide nachzuschlagen. Einen Überblick über Seidenstoffe gibt die Tabelle auf Seite 188.

Sollten Sie besondere Anmerkungen zu diesem Buch haben, dann wenden Sie sich bitte schriftlich unter dem Stichwort „Lexikon der Seidenmalerei" (Bd. 4737) an die Redaktion des FALKEN Verlages. Vielen Dank!

Abbindetechnik
⇨ Plangi

Abdrucktechnik
⇨ Monotypie

Abhaspeln
⇨ Haspelseide

Abschlußarbeiten
Alle Arbeiten, die aus der bemalten und fixierten Seide einen brauchbaren Gegenstand machen: also etwa das ⇨ Schneidern eines Kleidungsstückes, das Anfertigen eines ⇨ Lampenschirms, das Nähen eines ⇨ Saums, das Aufziehen und Rahmen der Malerei für ein ⇨ Bild und so weiter.

abstrakt
Vom lateinischen „abstractus": abgezogen. In der Kunst bezeichnet der Begriff „abstrakte Kunst" Werke, die den Bereich der gegenständlichen Darstel-

lung verlassen und damit auf die Abbildung des Naturvorbildes verzichten. Ziel ist es, zu neuen Aussageformen zu gelangen, die primär geistiger Natur sind. Die formalen Aspekte (Farbe, Form und so weiter) stehen im Vordergrund.
Prinzipiell kann jedoch jedes Kunstwerk, also auch ein gegenständliches, als abstrakt bezeichnet werden, da es das Wesentliche des Natürlichen, wie der Künstler es sieht, widerspiegelt. Im allgemeinen Sprachgebrauch wird der Begriff jedoch meist dann verwendet, wenn die Gestaltung oder das Design nicht gegenständlich ist und keinem Naturbild entspricht.
In der Seidenmalerei ist sowohl gegenständliches als auch ungegenständliches Arbeiten anzutreffen. Sehr häufig wird die abstrakte Malerei bevorzugt, da schon allein das Spiel der Farben, Formen und Strukturen zu faszinieren vermag und eine eigene Ausdruckskraft

besitzt. Sehr oft spiegelt die Vermeidung des Gegenständlichen auch eine Unsicherheit im Gestalterischen wider. (Literatur: 24, 26)

Accessoires
Modisches Zubehör zur Kleidung und wichtiger Anwendungsbereich der Seidenmalerei. Dazu zählen etwa ⇨ Tücher, ⇨ Schals, ⇨ Krawatten, ⇨ Gürtel, Broschen (⇨ Broschen beziehen), ⇨ Taschen und andere schmückende Dinge mehr (⇨ Schmuck). Sinnvollerweise stimmt man die Farben auf die zugehörige Kleidung ab.

Action-painting
Dieser Begriff, der in der bildenden Kunst als Ausdruck des scheinbar ungeordneten, chaotischen Malens vor allem von Jackson Pollock (1912–1956) geprägt wurde, wird in der Seidenmalerei bisweilen für eine Technik des „freien Bearbeitens" der Seide ver-

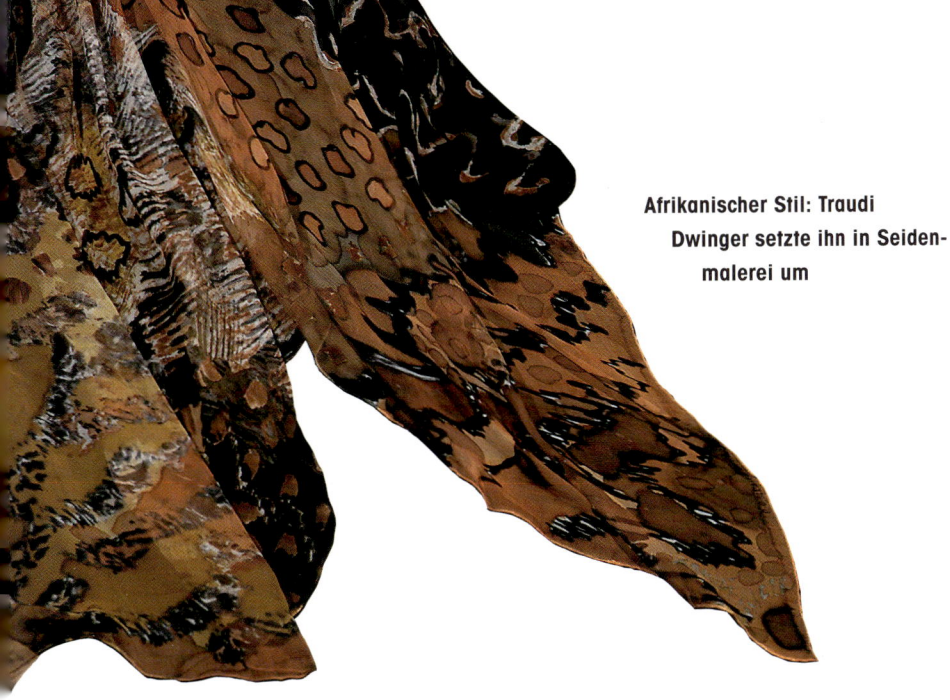

Afrikanischer Stil: Traudi Dwinger setzte ihn in Seidenmalerei um

wendet. Man malt zum Beispiel ohne Rahmen und legt den Stoff locker auf eine Plastikfolie (eventuell die Außenränder der Seide mit Klebeband befestigen). Nun wird einfach mit einer Pipette (oder mit einem Pinsel) Farbe aufgetragen. Mit einer hellen beginnend und mit dazu harmonisierenden fortfahrend, „füllt" sich die Seide allmählich mit Farbe, wobei sich zum Teil kleine Pfützen bilden, die zu unregelmäßigen, bizarren Farbverläufen werden. Bevor die gesamte Fläche getränkt ist, kann mit dem Pinselstiel der nasse Stoff bewegt, gezupft und verformt werden, um so zusätzlich gestaltend einzugreifen. Nach vollständigem Trocknen wird gebügelt und fixiert.
Eine Variante: Die nasse Seide über Gläser drapieren, um eine Flasche oder sonstiges legen oder wickeln. Die Farben nach dem Auftropfen auf dem jeweiligen Objekt vollkommen durchtrocknen lassen. Erst danach den Stoff abnehmen, bügeln und fixieren.
Dieses nur als Beispiel – sicherlich sind noch ganz andere Formen des Action-painting denkbar, auch unter Einsatz verschiedener Materialien.
(Literatur: 6)

additive Farbmischung
⇨ Farbmischung, additiv

Affinität
⇨ Ausbluten

afrikanischer Stil
Verwendung der Formensprache afrikanischer Völker. In Afrika gibt es keine Kunst um der Kunst selbst willen. So kann eine Skulptur zum einen Ahnen oder eine Gottheit darstellen, ebenso jedoch dekorativ das Heim eines Reichen schmücken. Eine Maske verkörpert heilende magische Kräfte oder

Airbrush: von Friedel Schilling

dient ganz einfach der weltlichen Unterhaltung. So hat das Kunsthandwerk im allgemeinen eine lange Tradition, und bei vielen Völkern stellt das Schnitzen von Holz, das Töpfern oder Korbflechten eine stark verbreitete Freizeitbeschäftigung dar. Dem Dekorieren und Verzieren der Gegenstände mit Perlen, Federn, Samenkörnern und Farbe gilt besondere Zuwendung. Das macht afrikanisches Kunsthandwerk so geeignet als Anregung für jegliche kunsthandwerkliche Schöpfung auch in unserer Welt.
Für die Seidenmalerei ist der stark ornamentale Charakter afrikanischer Werke, die Lebendigkeit der vielfältigen Muster und die Farbenfreude eine reichhaltige Inspirationsquelle. Nicht zu vergessen ist der Einfluß afrikanischer Kunst auf die Entstehung des Kubismus in der modernen Malerei des 20. Jahrhunderts.
(Literatur: 24,26)

Airbrush
Eine grafisch-malerische Methode, die auch mit Seidenmalfarben möglich ist: Zarte Schatteneffekte und besonders nuancierte Farbverlaufskombinationen lassen sich durch das Übereinandersprühen feiner Farbschichten mit einer speziellen Spritzpistole erzielen, die an einen Kompressor (oder an eine Druckluftdose) angeschlossen ist („Luftpinsel"). Man kann damit sogar fotorealistische Abbildungen gestalten, doch ist großes Können und ein unglaublich zeitaufwendiger Ablauf notwendig. Diese hochtechnischen Geräte sind aber nicht billig und eher für professionelle Anwender rentabel. Es sollte nur mit Mundschutz gearbeitet werden, da der Farbnebel so fein ist, daß man ihn einatmen würde.
Man gestaltet vorwiegend mit Schablonen auf präparierter Seide (⇨ Grundie-

Alkoholtechnik

◆ Die Anlösbarkeit der Farbpartikel auf dem Seidenstoff, der noch nicht fixiert ist (nur bei Dampffixierfarben), läßt Effekte zu, die einfach zu erzeugen sind und vielfache Gestaltungsmöglichkeiten bieten. Immer, wenn auf der bemalten und unfixierten Seide Wasser, Farbe oder Alkohol aufgetragen wird, werden gleichzeitig Farbpartikel angelöst, man sagt auch, sie werden „aufgeschwemmt". Es kommt zu einer Farbverschiebung.

◆ Alkohol verdunstet gegenüber Wasser oder normaler Seidenmalfarbe sehr schnell. Das läßt ein gezielteres Arbeiten zu, die Farbverschiebung kann kontrollierter gestaltet werden. Vor allem aber werden auch sehr gerade, dünne und scharfkantige Ränder entstehen, wie mit einem sehr feinen Pinsel gezogen. Der Alkohol verdunstet relativ schnell, es sei denn, man hat ihn tropfnaß aufgetragen. Das sollte man immer vermeiden, wenn man den wirklich charakteristischen Effekt erzielen möchte. Deswegen den Pinsel zuvor leicht am Glas abstreifen.

◆ Die Arbeitsschritte:
1. Zuerst wird die Seide mit Farbe grundiert, einfarbig oder mehrfarbig.
2. Nach dem Trocknen trägt man mit dem Pinsel, Wattebausch oder mit sonstigem Gerät den Alkohol auf. Dies kann linear, flächig, in Tupfen oder gegenständlich geschehen, mit klarem Muster, Motiv oder einfach nur als „wilde" Farbverschiebung.
3. Nach dem gründlichen Trocknen (eventuell fönen) kann eine weitere Schichtung in gleicher Manier darüber gelegt werden.
4. Variante: Eine Zwischenschicht mit Farbe, die nach dem Trocknen wiederum mit Alkohol überarbeitet wird.
(Literatur: 3)

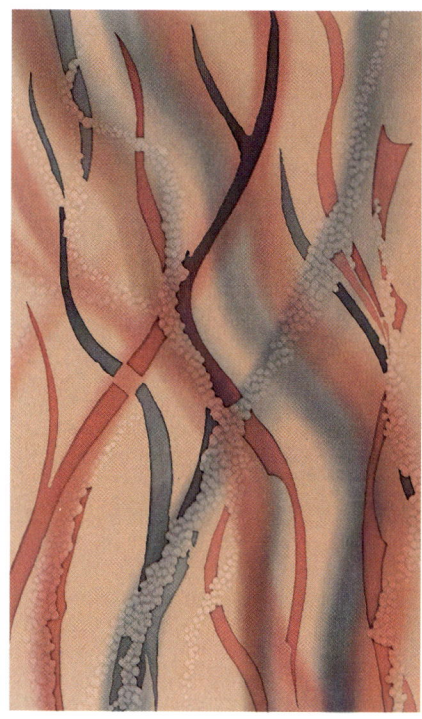

Alkoholtechnik: von Friedel Schilling

an der Faser haftet und somit fixiert ist. Bei diesen Produkten handelt es sich um ➪ Pigmentfarben, sie haben im Prinzip dieselben Eigenschaften und lassen sich anwenden wie die ➪ Bügelfixierfarben. Der Aktivator hat den Nachteil, daß er sehr unangenehm riecht und als Chemikalie behandelt werden muß, die nicht harmlos ist: Sie ist vor Kindern zu schützen und darf nicht auf Schleimhäute gebracht werden. Setzt man eine Farbe mit dem Aktivator an, muß sie sofort verbraucht werden, man kann sie nicht aufbewahren.

rung), damit die feinen Farbpunkte nicht verlaufen. In der „manuellen" ➪ Spritztechnik kann mit geringem Aufwand ein ähnlicher optischer Effekt mit diversen Farbzerstäubern (Fixativröhrchen, Pumpzerstäubern) erzielt werden. Er ist für wenig Geld im Hobbyfach-

handel zu erwerben.
(Literatur: 8)

Aktivator
Es gibt Farben, denen vor dem Auftragen auf die Seide ein Aktivator beigemischt wird. Er bewirkt, daß die Farbe

Alaun
➪ Marmorieren

Alkohol
Alkohol ist das Lösungsmittel der ➪ Dampffixierfarben. Für die praktische Arbeit bedeutet dies zweierlei:

Alkoholtechnik: in den Arbeiten von Karin Huber (o.), Rosemarie Bühler (M.) und Elisabeth Schwinge

1. Alkohol begünstigt das Eindringen der Farbe in den Seidenstoff und bewirkt ein besseres ⇨ Fließverhalten der Farbe. Da er aber relativ schnell verdunstet, ist den Dampffixierfarben zur Verdünnung außerdem noch Was-

ser beigesetzt. So ist für eine längere Trocknungszeit gesorgt, die für einige Techniken notwendig ist.

2. Auf einem bemalten, unfixierten und trockenen Seidenstoff kann die Farbe durch Auftragen von Alkohol angelöst werden. Das bewirkt eine ⇨ Farbverschiebung mit ihren charakteristischen Effekten, die man im weitesten Sinn mit einer ⇨ Tiefenwirkung beschreiben kann. Dies gilt nur für die Dampffixierfarben. Reaktivfarben können nur mit Wasser nochmals aufgeschwemmt werden, Bügelfixierfarben nach dem Trocknen gar nicht mehr. ⇨ Alkoholtechnik.

Als Alkohol für die Seidenmalerei verwendet man am besten Isopropylalkohol und Äthylalkohol (Äthanol), die es beide als 70-, 80- und 90prozentige Lösung in Apotheken und Drogerien zu kaufen gibt. Je höher die Prozentzahlen, desto schneller verdunstet der Alkohol, was sich entsprechend auf die Arbeitsweise und Effekte auswirkt. Brennspiritus (über 90 Prozent Alkohol) ist ein chemisch vergällter Alkohol und eine preiswerte Alternative zu den anderen Sorten. Ein Nachteil ist lediglich der strenge Geruch.

Alkoholtechnik
Siehe „Stichwort …"

Anfänger
Als Anfänger sollte man nur denjenigen bezeichnen, der in die Seidenmalerei einsteigt, und nicht notwendigerweise jemanden, dessen Malweise einem selbst laienhaft erscheint. Gerade in der Seidenmalerei sind die Techniken so vielfältig, daß jeder seine Nische findet, ganz nach eigenem Geschmack und gemessen an den eigenen Ansprüchen. So können künstlerisch eher Ungeübte die bizarrsten „Zufallsprodukte" zaubern, und andere wiederum erlangen ihre Meisterschaft in der perfekten Beherrschung ihrer Pinselführung (⇨ klassische Seidenmalerei; ⇨ experimentelle Seidenmalerei).
(Literatur: 1, 2, 3)

Anfängerset
⇨ Grundausstattung

angewandte Kunst
⇨ Kunsthandwerk

Anregung
Siehe „Stichwort …" Seite 12

Antifließmittel
⇨ Antifusant, ⇨ Grundierung

Antifusant

Französische Bezeichnung für ein Mittel, welches die Fließeigenschaft der Farben herabsetzt ⇨ Fließverhalten. Es wird von verschiedenen Herstellern angeboten. Man mischt es den Farben bei oder verwendet es als ⇨ Grundierung im Sinne einer Beschichtung des Stoffes. Trägt man ein Antifusant flächig auf die Seide auf, kann man danach mit der flüssigen Farbe malen, ohne daß sie im Gewebe auseinanderfließt.

Applikation

Textile Gestaltungstechnik, bei der kleine Stoffstücke, aus Seide oder anderen Materialien (Leder, Lurex und so weiter) auf die Grundfläche aufgenäht (appliziert) werden. Soll sich das Motiv plastisch hervorheben, wird es mit Wattevlies unterlegt (wattiert). Stickereien und Ziernähte können weitere Gestaltungsmomente sein, ebenso aufgenähte Perlen oder Pailletten. Erleichtern kann man sich das Applizieren, indem man dünne Stoffe zuvor mit einer (haftenden) Bügeleinlage

S T I C H W O R T

Anregung

◆ Eine Idee zu finden, um mit Seidenmalfarben ein Tuch, ein Bild oder einen Stoff zu entwerfen, ist eigentlich nicht schwer, wenn man um die vielfältigen Techniken der Seidenmalerei und deren variable Anwendungsmöglichkeiten weiß. Man hat es mit Techniken zu tun, die vor allem durch Farbenpracht, spielerisch erzielbare Effekte und durch ein reizvolles Zusammenspiel zwischen flüssiger Farbe und saugfähigem Gewebe bestechen. So reicht schon etwas Spaß und Farbgefühl beim noch Ungeübten aus, um sich der Freude am Malen hinzugeben und dabei noch die schönsten Dinge entstehen zu lassen.

◆ Wo kann man sich nun Anregungen welcher Art holen; wo findet man Themen, Farben oder Motive zur Umsetzung in einen Entwurf für die Seidenmalerei? Man vertraut zu Beginn vielleicht nicht so sehr seinen eigenen Fähigkeiten und greift statt dessen auf käufliche Vorlagebögen oder auf Abbildungen der vielfältigen Seidenmalliteratur zurück. Man kann diese Möglichkeit aber auch als Hilfe zum Einstieg sehen und als Mittel, die eigene Kreativität zu wecken. Dann wird man feststellen, daß man noch mehr Anregung als aus speziellen Seidenmalvorlagen aus der nächsten Umgebung selbst erhalten kann.

◆ Schaut man sich die hohe Kunst an, wird man entdecken, daß selbst die großen Meister ihre Ideen nicht einfach aus dem luftleeren Raum gegriffen haben. Vielmehr verhält es sich mit der Anregung oder Ideenfindung so, daß kreative Menschen einfach intensiver und mit offenem Auge und Herz die Welt betrachten und daß dadurch ihre Wahrnehmung breiter ist.

◆ So finden Kreative etwa bei einem Spaziergang einen Stein oder ein Stück Holz und „erkennen" darin ein Thema oder eine

versieht. Das Befestigen der aufzunähenden Teile geschieht mit der Nähmaschine oder von Hand mit farblich passendem Garn.

Aquarelltechnik: ein Beispiel von Shahida (Barbara Banach)

Appretur
⇨ Ausrüstung

Aufforderung, es zu verarbeiten und in ihrer Kunst umzusetzen. Große Maler wie Picasso (1881–1973), Gauguin (1848–1903), Matisse (1869–1954) oder Miró (1893–1983) wurden „fündig", als sie die primitive Kunst Afrikas und Ozeaniens für sich entdeckten. Es gibt nichts wirklich Neues, alles ist schon seit Urzeiten da und wird für die jeweilige Zeit nur neu interpretiert. Vielleicht sind daher die Männchenzeichnungen eines Keith Haring oder die Graffitikunst des Schweizers Nägeli nichts anderes als eine moderne Form der Höhlenmalerei unserer Vorfahren?

◆ Diese Gedanken sollen Ihnen verdeutlichen, daß selbst die „hohe" Kunst ihre „Ideengeber" hat, und das soll Ihnen Mut machen, auch selbst mit offenem Auge und Herz zu schauen.

◆ Wie und wo könnte man nun fündig werden, wo entdeckt man Anregungen zur Gestaltung eines Tuches oder eines Stoffentwurfs? Zum Beispiel in der Natur: Blumen und Bäume oder die Struktur eines abgesägten Astes etwa. Aber nicht nur die Blumen selbst, auch das Muster einer schönen Vase kann für sich genommen als Motiv attraktiv sein. Generell sind alle Bereiche aus dem Kunsthandwerk zu nennen, deren Erzeugnisse zu ästhetischen Vorbildern werden können: Teppiche, Schmuck, Keramiken und aufwendig gestaltete Möbelstoffe. Viele Zeitschriften (vor allem zu den Themen Dekoration, Grafik, Inneneinrichtung) beschäftigen sich hauptsächlich mit diesem Bereich. Man findet gerade dort, wie auch in der Mode, ganz häufig Motive und Symbole verschiedener Kulturen („Ethnolook"). Oder lassen Sie sich bei einem Rundgang durch das Museum von dessen Kunstwerken ansprechen, und empfinden Sie beim Malen deren Wirkung nach.

◆ Gehen Sie jedoch nicht perfektionistisch in Erwartung großartiger Werke vor, sondern lassen Sie vielleicht einfach nur die dort empfundene Farbigkeit beim Malen auf sich wirken. Anregung sollte wirklich wörtlich genommen werden. Anregung in unserem Sinne ist als Impuls zur eigenen Kreativität zu verstehen. Nicht das Nachmachen ist hier sinnvoll, sondern das Nachempfinden.

Aquarellgrund
⇨ Grundierung

Aquarelltechnik
Der Begriff der Aquarelltechnik (von lateinisch „aqua": Wasser) wird in der Seidenmalerei oft für zwei ganz verschiedenartige Techniken verwendet.

1. Geht man ganz korrekt von der Begrifflichkeit aus, wie sie im Kontext der bildenden Kunst gebraucht wird, dann dürfte man von der Aquarelltechnik nur dann sprechen, wenn man auf der mit einer Grundierung behandelten Seide arbeitet, die in diesem Fall dieselben Eigenschaften aufweist wie Aquarellpapier. Das bedeutet: Ein auf trockenes Papier gesetzter Pinselstrich bleibt so, wie man ihn aufgetragen hat, und die Farbe fließt nicht auseinander. Malt man auf feuchtes Papier oder in eine feuchte Farbe hinein, läßt sich „aquarellierend" arbeiten, die Farben fließen ineinander. Auf grundierter Seide ist der Effekt ähnlich.

2. Meistens wird in der Seidenmalerei von Aquarelltechnik gesprochen, wenn man im freien Farbauftrag auf der Seide malt. Hier fließt die Farbe aufgrund der ⇨ Kapillarwirkung des Seidengewebes auseinander, und man kann daher sehr schöne Farbverläufe mit subtilen Farbnuancen erzielen (⇨ Schattieren). Es lassen sich weiche Farbgrenzen durch Aneinandersetzen zweier Farben schaffen, oder man vermischt die beiden

Aquarelltechnik, hier mit Gutta kombiniert (Anne Eßer)

Arbeitsplatz

◆ Glücklich kann sich schätzen, wer ein eigenes Arbeitszimmer oder sonstige Räumlichkeiten zur Verfügung hat, wo er sich frei entfalten kann. Da dies wohl eher selten der Fall sein wird, muß man sich in der Wohnung einen geeigneten Platz einrichten.

◆ Grundsätzlich sollte der Fußboden unempfindlich gegen Farbspritzer sein. Deshalb ist es ratsam, ihn mit einer Plastikfolie abzudecken.

◆ Eine gute Beleuchtung ist ein ganz wesentlicher Faktor für einen optimalen Arbeitsplatz. Farben können durch schlechte Beleuchtung verfälscht werden und bei Tageslicht plötzlich ganz anders aussehen. Halogenlampen und gute Neonröhren geben geeignetes Licht und verfälschen die Farben weniger als Glühbirnen mit ihrem hohen Gelb-Rot-Anteil.

◆ Hat man eine „feste Ecke", sollte dort ein Regal installiert sein, das Ihnen immer einen schnellen Zugriff auf die dort plazierten Materialien erlaubt.

◆ Muß man „mobil" arbeiten, können kleine Plastikcontainer (in Baumärkten erhältlich) gute Dienste leisten. Mit Deckel und kleinen Tragegriffen versehen, lassen sie sich sowohl bequem stapeln und verstauen als auch leicht transportieren.

◆ Als mobiler Arbeitsplatz bieten sich Bad und Küche an, da hier auch ein guter Zugang zu Wasser gewährleistet ist.

◆ Materialien, die zum Einsatz bereitstehen sollen: Farben, Rahmen, Befestigungselemente, Seide, Pinsel sowie sonstiges Zubehör für diverse Techniken, etwa Konturenmittel oder Gutta, Plastikfläschchen mit Aufsatzdüsen, Alkohol, Waschbenzin und so weiter. Als Hilfsmaterial: Farbbecher, Mischpalette, Küchenkrepp, Lappen, Folie zum Abdecken von Boden oder Möbeln, größeres Wassergefäß.

Farben beim Zusammentreffen ganz bewußt mit dem Pinsel, es entsteht ein Zwischentonbereich. Man spricht auch von der Naß-in-Naß-Technik.
Setzt man nasse Farbe gegen trockene, entsteht ein typischer Zackenrand (⟿ Randbildung).
(Literatur: 1, 2, 3)

Arbeitsplatz
Siehe „Stichwort …"

archaischer Stil
Altertümlich, frühzeitig, aus der Frühstufe eines Stils, einer Epoche. Ein archaischer Stil ist bestimmt von Knappheit, Kargheit des Formenaufwandes und damit verbundenem Ernst, von Strenge und herber Geschlossenheit. Die Formenelemente haben ähnliche, also überzeitliche Gestaltungsge-

Archaischer Stil: Ausschnitt aus einem Muster von Christiane Köhl

setze, gleich ob sie der Frühstufe der griechischen, ägyptischen oder romanischen Kunst zuzuordnen sind. Die Seidenmalerei kann durchaus diese Stilelemente widerspiegeln und, je nach Anspruch des Künstlers, eine archaisch-eindringliche Wirkung erzeugen. (Literatur: 24, 26)

Art déco

Die Epoche des Art déco hatte ihre Blüte in den 20er und 30er Jahren dieses Jahrhunderts. Er ist der Stil der angewandten Kunst (⇨ Kunsthandwerk) dieser Zeit und zeichnet sich durch einen linearen, funktionalen Stil aus, als Antwort zu dem überladenornamentalen Stil der letzten Jahrhunderte. Art déco umfaßte alle Bereiche des Lebens: Kunst und Kunsthandwerk, Film und Technik, Werbung und Mode. Das macht diese Stilrichtung als Quelle der ⇨ Anregung für schöpferische und gestaltende Menschen so interessant; er beeinflußt auch heute noch Designer – und auch die Seidenmalerei. Klarheit der Linien, Funktionalität der Form, sparsame und schlichte Ornamentik bestimmen die Hauptcharakteristiken dieses ansonsten vielschichtigen Stiles. (Literatur: 24, 26)

asiatischer Stil

⇨ Kalligraphie

Äthylalkohol

⇨ Alkohol

Atlasbindung

Eine Webbindungsart (⇨ Bindung), die vor allem bei Satinseiden vorzufinden ist. Die Atlasbindung zeichnet sich dadurch aus, daß die Bindungspunkte sich nicht berühren und verstreut im Gewebe verteilt liegen. Der Stoff wird dadurch locker und sehr weich, die

S T I C H W O R T

Aufbewahrung

◆ Lange Haltbarkeit und Wirtschaftlichkeit – diese beiden Kriterien sollten für die Aufbewahrung der Malmaterialien im Vordergrund stehen, ergänzend zu anderen praktischen Erwägungen (Platzbedarf zum Beispiel), die hier nicht weiter erwähnt werden.

◆ Farbreste: Legen Sie sich vier bis fünf größere, gut verschließbare Behälter (am besten Flaschen) aus Plastik oder Glas zu. Haben Sie einmal zuviel Farbe angemischt, können Sie die Reste nun nach Gelb, Rot, Blau und Braun unterscheiden und in die jeweils dafür vorgesehene Flasche füllen. Ein weiterer Behälter könnte für besonders dunkle bis schwarze Farbreste dienen. Die Vorteile: Sie müssen keine Farbreste wegschütten, was die Umwelt und Ihren Geldbeutel schont. Sie haben außerdem immer interessante Mischfarben zur Verfügung, die sich je nach Neueinfüllung wandeln. Nebenbei schulen Sie dadurch Ihre Kenntnisse im Mischen von Farben.

◆ Aufsatzdüse: Benutzen Sie wasserlösliches Konturenmittel, legen Sie die benutzte Aufsatzdüse nach Gebrauch in Wasser, zum Beispiel in ein leeres Marmeladenglas. Wenn Sie benzinlösliche Gutta verwenden, wird die Düse in einem gut verschließbaren Glas mit Waschbenzin aufbewahrt, damit sie nicht verklebt.

◆ Pinsel: Nach Gebrauch immer gut auswaschen und auf einem Tuch ausstreichen. Mit der Spitze nach oben in Aufbewahrungsköcher oder Gläser stellen, damit die Haare nicht knicken.

◆ Pinsel mit Wachs: Arbeitet man in der Wachstechnik, läßt man das Wachs einfach im Pinsel erhärten. Man sollte ihn dann nicht mehr für Farben verwenden.

◆ Seide: Am besten bewahrt man unbemalte Seide in aufgerolltem Zustand und vor Licht geschützt auf. So wird ihr Wert über Jahrzehnte erhalten.

Fäden eines Systems (Kette oder Schuß) können sehr dicht aneinandergeschoben werden. Der sehr starke Glanz entsteht also durch die vielen parallelliegenden Seidenfäden auf der Stoffoberseite, an denen sich das Licht so bricht, daß ein starker Glanz entsteht, das charakteristische Merkmal einer Atlasbindung. Es handelt sich um eine in der Produktion sehr aufwendige, teure Bindung. Von Satin spricht man meistens, wenn die Schußfäden die glänzende Oberfläche bilden (Schußatlas), ansonsten meint man mit der Bezeichnung Atlas meistens Kettatlas.
(Literatur: 17)

Aufbewahrung
Siehe „Stichwort …" Seite 15

Aufhellen von Farbe
⇨ Verdünnen

Aufsatzdüse
Röhrchenartige Metallfeder, mit oder ohne Innengewinde, die man auf die Spitze von ⇨ Plastikfläschchen aufsetzt, um gleichmäßige ⇨ Konturen ziehen zu können. Der Durchmesser der Düse (meist zwischen 0,3 mm und 0,9 mm) bestimmt die Linienbreite. Angeboten wird dieses Zubehör unter verschiedenen Bezeichnungen, etwa Feder, Pen und Pipettenaufsatz.

Aufspalten der Farbe
⇨ Farbtrennung

Aufspannen des Seidenstoffes
Wenn man die Seide nicht völlig frei oder in experimentellen Verfahren bemalen möchte (⇨ Action-painting), spannt man sie auf: entweder auf einer ⇨ Glasscheibe, was nur bei einer bestimmten Technik sinnvoll ist, oder auf einem ⇨ Spannrahmen, so daß

Auswaschtechnik, kombiniert mit Wachs: ein Tuch von Elfriede Möller

das Gewebe keinen Kontakt zum Untergrund hat. Die Seide kann mit diversen ⇨ Befestigungselementen fixiert werden. Der Stoff sollte absolut straff sein, fast wie eine Trommel. Nur so ist ein optimales Bemalen der Fläche gewährleistet; die Farbe fließt gut, Konturenmittel dringen gut ein. Wird die Seide sehr naß, hängt sie durch und muß nachgespannt werden. Bequem geht das mit einem stufenlos verstellbaren Spannrahmen, der deswegen allen alternativen Rahmenformen vorzuziehen ist.
Beim Aufspannen selbst sollte folgendes beachtet werden: Mit der linken Hand stets den Stoff etwas ziehen, bevor man den nächsten Stift in den Rahmen steckt. Die Befestigungselemente setzt man am besten in Abständen von etwa 5–10 cm in die Leisten. Bei den gegenüberliegenden Seiten geschieht das versetzt, das heißt, ein Spannelement wird genau in den Zwischenraum von jeweils zwei gegenüberliegenden Spannelementen plaziert. Dadurch wird die Gefahr der Spannungsstreifen umgangen.
Auch auf das fadengerade Aufspannen der Seide sollte geachtet werden, weder in Längs- noch in Querrichtung dürfen sich Wellenlinien zeigen. Vor allem,

wenn man in der ⇨ Konturentechnik arbeiten möchte, ist dies wichtig. Denn sonst kann es zu Verzerrungen in der Malerei kommen, was man aber erst merkt, wenn die Seide vom Rahmen heruntergenommen wird (eventuell die Anzahl der Befestigungselemente erhöhen).
(Literatur: 1, 2, 3)

Aufziehen der Seide
⇨ Bild

Ausbluten
Nachdem man einen Seidenstoff bemalt und fixiert hat, sollte man ihn vor der weiteren Verwendung waschen. Nun wird man, trotz korrekter ⇨ Fixierung, bisweilen ein mehr oder weniger intensives Ausbluten der Farbe feststellen können, das Waschwasser färbt sich.
Die Intensität des Ausblutens wird im wesentlichen von zwei Komponenten bestimmt: Konzentriert (pur) aufgebrachte Farben bluten eher aus als verdünnte. Außerdem spielt die Wahl des Seidenstoffes eine Rolle.
Dünne Seidenstoffe (etwa Pongé 5 oder Chiffon) haben eine geringere Faserdichte als dicke Stoffe (⇨ Dichte). Dadurch können sie nur wenig Farbstoff beim Fixiervorgang aufnehmen. Man spricht auch von einer Affinitätsgrenze. Unter Affinität versteht man das Ausmaß und die Form, in der der Farbstoff vom Textilrohstoff aufgenommen wird. Wenn die Grenze erreicht ist, bis zu der eine Faser Farbstoff aufnehmen kann, wird zusätzlicher Farbstoff nicht mehr in die Faser eindringen, sondern er lagert sich lediglich als Körper auf der Oberfläche ab und wird später als Überschuß in den ersten Wäschen entfernt.
Das Ausbluten bedeutet deshalb keine Beeinträchtigung der absoluten Farbin-

tensität, bezogen auf den jeweiligen Stoff. (Dickere Stoffe lassen sich generell intensiver bemalen.) Voraussetzung ist natürlich immer, daß eine dem Farbmittel entsprechende, korrekte Fixierung voranging.

Ausrüstung

Textilfachbegriff, der die gesamte Veredelung von Web- und Wirkwaren, also auch von Seide, zum verkaufs- und gebrauchsfähigen Erzeugnis bezeichnet. Dabei kann es sich um die nicht waschfesten Appreturen oder um permanente Ausrüstungen handeln. Dazu gehören etwa das Bleichen, Färben, Bedrucken, Imprägnieren und viele andere Bearbeitungsgänge. Welcher Behandlung ein Rohmaterial ausgesetzt wird, hängt von der Art des jeweiligen Fasermaterials ab und von der vorgesehenen Verwendung beim Verbraucher.

Die Seidenstoffe, die speziell für die Seidenmalerei angeboten werden, sind mit dem Fachausdruck „PFP" gekennzeichnet: Prepared For Printing. Damit ist garantiert, daß in der Regel keine oder nur leicht lösliche Appretur (Stärke) enthalten ist. Die leichte Versteifung der Seide, die eine solche Ausrüstung verursacht, verliert sich nach dem ersten Waschen.

Die langjährige Praxis hat gezeigt, daß man solche Seidenstoffe nicht unbedingt vor dem Bemalen waschen muß. Da es jedoch sein kann, daß die Appretur ungleichmäßig oder zu stark im Gewebe enthalten ist, ist das frühzeitige Waschen durchaus empfehlenswert.

Auswaschtechnik

Siehe „Stichwort …"

Avivieren

⇨ Seidenschrei

◇ S T I C H W O R T ◇

Auswaschtechnik

◆ Seidenmalfarben können nach dem Trocknen des Seidenstoffes nochmals ausgewaschen (verwaschen) werden. Bedingung ist, daß die Bemalung noch nicht fixiert ist und daß es sich nicht um Bügelfixierfarben oder um solche Produkte handelt, denen man einen Aktivator zusetzt.

◆ Im unfixierten Zustand lassen sich die Farbstoffe durch Wasser, Verdünnungsmittel oder Alkohol nochmals anlösen. Sie werden aufgeschwemmt und lassen sich dadurch nochmals „vertreiben", wodurch sich die Bemalung neu gestalten läßt. Die Möglichkeit solch einer Farbverschiebung mit den daraus resultierenden Aufhellungen und Verdichtungen ist eines der charakteristischsten Merkmale des Malens auf Seide. Die Farbverdichtung führt zur Randbildung, die mehr oder weniger ausgeprägt gezackt (mit Wasser) oder scharfkantig (mit Alkohol) ausfällt.

◆ Sehr starke Auswascheffekte lassen sich durch den Einsatz von Bleichmitteln erzielen: Man trägt ein handelsübliches Entfärberpulver, das mit Wasser angerührt wird, mit dem Pinsel auf die bemalte, unfixierte Seide auf. Die so erzielten partiellen Entfärbungen sind besonders hell, und auf noch feuchter Seide entstehen zum Teil diffus-geheimnisvolle Effekte. Experimentieren kann man auch mit Reinigungsmitteln, die Salmiak (leichte Lauge) enthalten, oder mit schwachen Chlorbleichen.

◆ Mit Bügelfixierfarben und Pigmentfarbstoffen ganz allgemein kann man jedoch diese Technik nicht verwirklichen. Sobald bei diesen Produkten die Bemalung auf der Seide getrocknet ist, lassen sich die Farbpartikel nur schwer wieder aufschwemmen und anlösen, sie haften bereits zu stark an den Fasern.

◆ Auswascheffekte auf feuchtem Seidenstoff: Führt man oben beschriebene Arbeiten auf der noch feuchten Seide aus (nicht naß!), wird die Bemalung nur geringfügig aufgehellt. Sie wirkt verschwommen, teilweise treten nur leichte Farbtonunterschiede auf. Auf sehr dicker Seide, zum Beispiel einem Crêpe Satin 19, sind diese verschwommen-schattigen Effekte zum Teil sehr ausdrucksvoll, vor allem bei dunklen Farbtönen.

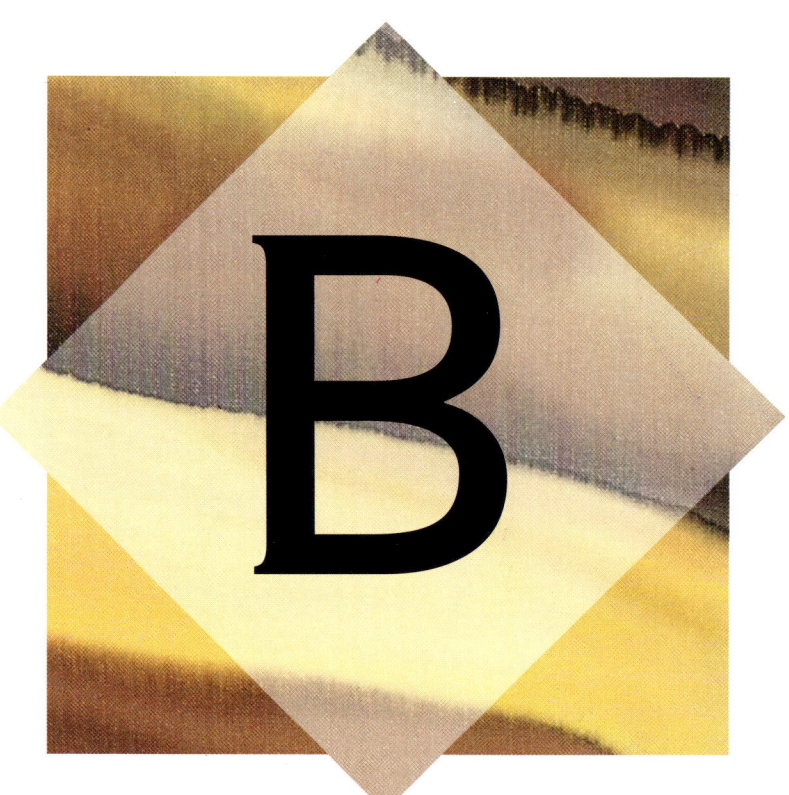

Bäckersalz
⇨ Salz

Backofenfixierung
Manche Farben, vor allem ⇨ Bügel-
fixierfarben oder solche, denen ein
⇨ Aktivator zugesetzt wird, haben laut
Hersteller eine höhere Leuchtkraft,
wenn man sie im Backofen fixiert.

Ballonseide
Handelsname für federleichtes, häufig
regenabweisend imprägniertes Feingewebe, das meist aus Chemiefaser-
Filamenten und nicht aus Naturseide
besteht (auch Fallschirmseide
genannt). Seide wird sie deshalb
genannt, weil das Rohmaterial für die
Weberei, also die Chemiefaser, als
Endlosfaser verarbeitet wird wie bei
der „echten" Seide.

Balsamterpentin
⇨ Fotokopiertechnik

barocker Stil
Stil der europäischen Kunst von etwa
1600 bis 1750. Der Begriff Barock
kommt aus dem romanischen
Sprachraum und hat zunächst einmal
die Bedeutung von „regelwidrig", „son-
derbar" und „dem guten Geschmack
nicht entsprechend". Kennzeichen des
Barocks sind schwellende Bewegung
aller Formen, kraftvolle Üppigkeit und
sich übersteigernde, rauschende Fülle.
Barocks ist das Gegenteil von Schlicht-
heit und Zurückhaltung. Die üppige
Fülle und der Formenreichtum des
Barocks lieferten Anregung für Mode
und Kunsthandwerk auch in späteren
Zeitepochen. Vielfach tritt dieser Stil
auch in der Seidenmalerei auf, vor
allem, wenn gleichzeitig mit schillern-
den ⇨ Konturenmitteln gearbeitet wird.

Batik
Das Batikverfahren stammt aus Java,
einer indonesischen Insel, wo es schon
in vorchristlicher Zeit dem Färben und
Bemustern von Stoffen diente. Es handelt sich um eine Färbemethode, bei
dem Teile des Gewebes, die keine
Farbe annehmen sollen, mit flüssigem
Wachs, meist mit Hilfe eines ⇨ Tjantings, abgedeckt werden (⇨ Reservierung); danach wird der Stoff in ein Färbebad, die Flotte, getaucht.
Eine Batik entsteht meistens in mehreren Schritten, es wechseln sich mehrfach Wachs- und Farbauftrag ab. Ganz
zum Schluß wird das Wachs aus dem
Stoff entfernt.
In der Seidenmalerei wird ein verwand-
tes Verfahren angewendet, die Seidenmalbatik (⇨ Wachstechnik). Hier wird
der Stoff jedoch nicht vom ⇨ Spannrahmen heruntergenommen und vollständig in ein Farbbad getaucht, sondern man trägt die Farbe (partieweise)
mit dem Pinsel auf. Dieses Verfahren
wird oft auch Mogelbatik oder Maltik
genannt.

Die Technik, bei der durch Abbinden von Stoffpartien Reservierungen vorgenommen werden, nennt man oft Abbinde- oder Wickelbatik. (⇨ Shibori, ⇨ Plangi.) Näht man den Stoff ab, spricht man von ⇨ Tritik. (⇨ Stempelbatik)
(Literatur: 20, 21)

Batikwachs
⇨ Wachs

Baumwolle
Textiler Rohstoff aus Pflanzenfasern, der vorwiegend aus Zellulose besteht (Samenfäden der Baumwollpflanze). Stoffe aus Baumwolle lassen sich mit den ⇨ Bügelfixierfarben und den ⇨ Reaktivfarben bemalen. Die Bügelfixierfarben färben, da es sich um ⇨ Pigmentfarben handelt, alle textilen Fasern, also nicht nur Seide, und zum Teil sogar andere Untergründe. Auch Reaktivfarben färben sowohl Seide als auch Baumwolle und haben im Gegensatz zu Bügelfixierfarben den Vorteil, daß sie den Stoff nicht versteifen. Die Fixierung erfolgt bei ihnen durch das entsprechende ⇨ Fixiermittel oder durch die ⇨ Dampffixierung. Bei Baumwolle sollte die Fixierdauer um das Doppelte erhöht werden.

Baumwoll-Seiden-Satin
Bezeichnung für ein Gewebe aus Baumwolle mit Seide, meistens mit je gleichem Anteil. Die linke Seite zeigt das Baumwollmaterial und ist stumpf, die rechte Seite zeigt die Seide, was durch die ⇨ Atlasbindung möglich ist. Trotz des relativ hohen ⇨ Stoffgewichtes handelt es sich um ein preisgünstiges Gewebe mit attraktiver Seidenglanz-Optik. Diese Stoffe werden sehr gern zu Kleidung und ⇨ Heimtextilien weiterverarbeitet, da sie strapazierfähig und fest im ⇨ Griff sind. Mit ⇨ Bügel-fixierfarben und ⇨ Dampffixierfarben kann man dieses Gewebe gut bemalen, sehr gut sogar mit ⇨ Reaktivfarben, da der Baumwollanteil des Stoffes mit diesen Farben ebenfalls gut eingefärbt wird.

Befestigungselemente
Zubehör für die Seidenmalerei, welches zur Befestigung des Seidenstoffes auf dem ⇨ Spannrahmen dient. Dazu zählen vor allem ⇨ Dreizackstifte, ⇨ Spannkrallen und ⇨ Spannadeln. (⇨ Aufspannen des Seidenstoffes)

Begrenzungsmittel
⇨ Konturenmittel

Beize
Mittel, die die Farbaufnahme und Haltbarkeit einer Färbung erhöhen. (⇨ Marmorieren, ⇨ Pflanzenfarben)

Bekleidung
⇨ Schneidern, ⇨ Mode

Beleuchtung
⇨ Arbeitsplatz

Benzin
Ein niedrigsiedendes Gemisch aus Kohlenwasserstoffen, das in der Seidenmalerei nur in Verbindung mit ⇨ Gutta gebräuchlich ist. Hier kommt es als ⇨ Verdünnungsmittel oder als ⇨ Grundierung (Gutta-Benzin-Lösung) zum Einsatz. Zu kaufen ist es als Wasch-, Reinigungs- oder Feuerzeugbenzin. Es ist leicht entzündlich, die Dämpfe sollte man nicht einatmen.

benzinlösliches Konturenmittel
⇨ Gutta

Beschweren
Zum einen sind damit allgemeine Appreturmaßnahmen gemeint, die ein schweres und dichtes Gewebe vortäuschen sollen, zum anderen bezieht sich der Begriff auf Naturseide (auch: Erschweren von echter Seide). Die Seide wird mit Metallsalzen beschwert. Das hat folgenden Grund:
Die Rohseide wird vor der Weiterverarbeitung entbastet, wobei das Sericin, auch ⇨ Seidenbast oder -leim genannt, entfernt wird. Dieser Gewichts- und Volumenverlust (etwa 20–30% des Rohgewichtes) wird durch das Beschweren wieder ausgeglichen. Die dadurch erzielte Materialvermehrung bedeutet eine wesentliche Verbilligung der so behandelten Waren. Eine Verschlechterung der Qualität ist damit nicht verbunden, solange die Erschwerung in mäßigen Grenzen bleibt. Es gibt Seiden, die über den Prozentsatz des ursprünglichen Gewichtes hinaus beschwert werden. Man nennt das Über-Pari-Erschwerung, bei der die Seide oft das Doppelte ihres Rohgewichtes erreicht, in Ausnahmefällen auch mehr. Zu sehr erschwerte Seide wird aber spröde, brüchig und ist wenig haltbar.
Da aufgrund des weltweit günstigen Preises für Rohseiden solche Methoden heute kaum noch üblich sind, kann der (technisch schwierige) Vorgang des Beschwerens von Seide als überholt bewertet werden. Die Seidenstoffe, die man für die Seidenmalerei anbietet, können als nicht beschwert bezeichnet werden.
(Literatur: 27)

Bienenwachs
⇨ Wachs

Bild
Siehe „Stichwort …" Seite 20

Bilderrahmen
⇨ Bild

Bindemittel
⇨ Farbmittel

Bindung
Begriff für die Art der Fadenverkreuzung im fertigen Gewebe, aber auch für die Gesetzmäßigkeit der Fadenverschlingung bei Maschenwaren. Die Bindung ist einer der wichtigsten Gesichtspunkte für die Bestimmung und Zuordnung von Stoffen überhaupt. Sie beeinflußt Porosität und ⇨ Dichte, ⇨ Griff und

Bindung: Taft-, Köper-, Atlasbindung

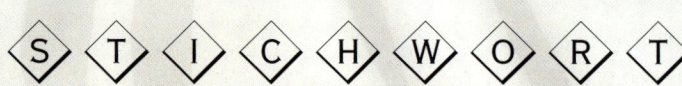

Bild

◆ Da die Seidenmalerei aufgrund der vielfältigen Ausdrucksmöglichkeiten immer mehr Einzug in den Bereich der Kunst hält, rückt das Malen von Bildern und deren Ausstellung mehr und mehr bei vielen Profis in den Vordergrund. Nicht nur Landschaften und gegenständliche Darstellungen, sondern auch stilisierte Darstellungen und abstrakte Malerei sind hier zu nennen. Gerade durch die Entwicklung der experimentellen Techniken können sich Bilder mit künstlerischer Handschrift von kunsthandwerklichen Erzeugnissen trennen.

◆ Da die Seide ein sehr weiches, dünnes textiles Gewebe ist, gilt an dieser Stelle das Interesse einer professionellen Präsentation. Glatt und eben soll ein Bild im Rahmen aussehen, man soll es am besten nicht sofort als Stoff identifizieren können; denn allzu leicht drängt sich sonst bei vielen Betrachtern das oft negative „Schubladen-Denken" auf: Tücher, „nur" Hausfrauenhobby ...

◆ Deshalb ist es notwendig, die Seide aufzuziehen, etwa auf eine Kartonage, erhältlich in Fachgeschäften für Rahmen und Kunstbedarf. Hier leistet der Sprühkleber gute Dienste. Man sprüht damit den Karton sehr fein und gleichmäßig ein. Auf diese dünne Schicht bringt man die Seide auf, am besten etappenweise in

Bild, Struktur und Musterung, natürlich auch Haltbarkeit und Preis eines Stoffes. Um eine Vorstellung des Bindungsprinzips zu erhalten, geht man vom Webvorgang am Webstuhl aus, der das verdeutlicht.
Beim Weben wird zuerst die Kette als erstes Fadensystem gebildet, viele parallel verlaufende, dicht gespannte Kettfäden. Das zweite Fadensystem nennt

man Schuß, das ist der Faden, der senkrecht dazu abwechselnd über und unter den einzelnen Kettfäden hindurchgefädelt wird, in jeder Reihe wiederum versetzt. Diese ⇨ Taftbindung ist bereits die einfachste Bindung, die jeder kennt. Sie ist eine der Grundbindungen. An dieser Stelle sind die Bindungsarten von Interesse, die bei Naturseiden angewandt werden. Es sind dies vor allem die soeben erwähnte Taftbindung (auch Tuch- oder Leinwandbindung genannt) für alle Pongéseiden, die ⇨ Köperbindung für Twill und die ⇨ Atlasbindung für alle

Satinarten. Neben diesen Grundbindungen gibt es noch abgewandelte Bindungen (etwa Kreppbindungen) und Jacquardgewebe (⇨ Seidenjacquard). (Literatur: 27)

Bindungspatrone
Schematische Darstellung der Gewebebindung, des Bindungsrapportes. Sie ist die technische Zeichnung für den Weber. Auf Karopapier ist das Bindungsbild eingetragen, wobei man sich die Kettfäden senkrecht und die Schußfäden waagerecht verlaufend denkt. Schwarze Kästchen stellen dar,

Schritten von zehn Zentimetern, so daß keine Unebenheiten oder Wellen entstehen. Haben sich trotzdem einmal Luftblasen zwischen Stoff und Karton gebildet, kann die Seide zum Korrigieren gut abgezogen werden; der Kleber haftet nicht zu stark.

◆ Mit selbstklebender Lampenschirmfolie ist ebenfalls ein gleichmäßiges Aufziehen möglich.

◆ Perfekt aufziehen lassen sich Seidenbilder mit einer Art Preßmaschine. Lassen Sie sich in einem Fachgeschäft (für Rahmen und Kunstbedarf) beraten. Zwischen Seidenstoff und Karton wird eine spezielle Klebefolie gelegt und alles zusammen in die Preßmaschine gegeben. Durch Erhitzen werden Klebefolie, Seide und Karton miteinander verbunden, und zwar vollkommen blasen- und knitterfrei! (Die Klebefolie ist säurefrei, was übrigens auch für alle anderen Klebeverfahren wichtig ist.)

◆ Jetzt fehlt nur noch ein passender Rahmen um das Bild herum: Man sollte zunächst die Seide aufziehen und dann erst testen, welche Rahmenleisten in Frage kommen. Im Fachgeschäft kann man hier in aller Ruhe ausprobieren, welche Breite, Form und Farbe am besten zur Bildgestaltung paßt.

◆ Ein Seidenstoff kann auch wie ein Ölgemälde gehandhabt werden. So spannt man die Seide einfach über einen passenden Keilrahmen (anstatt sie aufzuziehen) und nagelt dünne Leisten ringsherum. Bei dünnen, durchscheinenden Stoffen empfiehlt es sich, zuvor eine helle Leinwand unterzulegen. Diese Methode ist recht preisgünstig.

fernen lassen, ist die Verwendung des ⇨ Phantomstiftes (auch Zauber- oder Sublimatstift) sinnvoll. Dessen Linien verschwinden unter bestimmten Bedingungen von allein.

Bombyx mori
Echter Seidenspinner, Maulbeerspinner (⇨ Seidenraupenzucht).

Borkenkrepp
Stoff, der durch ein bestimmtes Preßverfahren eine baumrindenartige Struktur erhält. Auf eine andere Weise entsteht die teilweise ähnlich aussehende ⇨ Cloquéseide.

Borstenpinsel
⇨ Pinsel

Bouretteseide
Bouretteseide wird aus den Kurzfasern gesponnen, die beim Abhaspeln (⇨ Haspelseide) der ⇨ Kokons als Abfallstoffe entstehen, da man zunächst nur an den langen „Endlosfasern" interessiert ist. Dennoch handelt es sich um einen wertvollen Rohstoff, der weiteren Spinnverfahren zugeführt wird. So entstehen mittelfeine und grobe Bourettegarne, die meist etwas unregelmäßig und noppig ausfallen. Stoffe aus Bouretteseide sind preisgünstig, von hoher Qualität, strapazierfähig und deshalb gut für Heimtextilien verwendbar. Beim Bemalen ist jedoch zu berücksichtigen, daß die große Faserdichte die Farbe schnell schluckt und daß sie in dem kräftigen Gewebe kaum fließt. Auch können nicht alle Techniken befriedigend ausgeführt werden, vor allem ist Bouretteseide nicht geeignet für solche Techniken, die ein „fließendes" Malen erfordern, also zum Beispiel die ⇨ Aquarelltechnik. Gut dagegen funktionieren alle ⇨ Drucktechniken und die ⇨ Wachstechnik.

daß hier der Kettfaden oben liegt, weiße Kästchen zeigen an, daß hier der Schußfaden an der Oberfläche liegt. Die ⇨ Taftbindung muß also mit einer schachbrettartigen Patrone dargestellt werden.

Bindungsrapport
Musterumfang einer Bindung. Der Rapport endet dort, wo sich die Bindung in Kett- und Schußrichtung zu wiederholen beginnt. Als kleinste Mustereinheit teilt sie sozusagen die Webbindung des gesamten Stoffes mit. In der ⇨ Bindungspatrone grenzt man den

Rapport durch Linien ein oder setzt Kreuzchen in diesem Bereich an die Stellen der Kettfadenhebungen.

Blattgold
Siehe „Stichwort ..." Seite 22

Bleistift
Ein weicher (!) Bleistift (der heutzutage kein Blei, sondern Graphit enthält) kann zum Übertragen eines ⇨ Entwurfs auf den Seidenstoff durchaus verwendet werden, ebenso zum freien Skizzieren. Da die Linien des Bleistiftes sich jedoch oftmals nur schwer wieder ent-

Brechen der Farbe
⇨ Farben mischen

Brennprobe
Eine Methode, die zur Prüfung textiler Rohstoffe dient. Damit kann man sich in gewisser Weise versichern, ob es sich bei einem Stoff wirklich um das angegebene Material handelt. Dieser Test ist zum Beispiel bei unklarer Herkunft eines Seidenstoffes eine recht brauchbare Hilfe. Allerdings funktioniert diese Methode nicht bei Fasergemischen, und auch die Einflüsse der modernen Textilhilfsmittel (⇨ Ausrüstung) können das Ergebnis beeinflussen, weshalb es mit gewisser Vorsicht zu genießen ist.

Das Verfahren: In einem Aschenbecher zündet man einen kleinen, etwa fünfmarkstückgroßen Stoffrest des zu prüfenden Materials an und beobachtet es bezüglich Aussehen, Geruch, Brenncharakteristik und Rückstand.

Seide und alle tierischen Faserstoffe (auch Wolle): Die Probe verbrennt langsam und kurz flackernd, riecht nach verbranntem Haar (Wolle) oder leicht süßlich (Seide) und läßt eine dunkle, meist glänzende und koksartige Substanz zurück, die sich ohne knotige Rückstände leicht zerkrümeln läßt. Seide hinterläßt oft das Fasergefüge als Gerüst.

Pflanzliche Fasern, wie Baumwolle, Leinen, Ramie, Zellulose (Viskose) und so weiter: Die Probe verbrennt leicht und mit heller Flamme, sie riecht nach verbranntem Papier und hinterläßt wenig Verbrennungsrückstände.

Synthetische Chemiefaser: Die Probe schmilzt noch vor der Flamme zusammen, riecht wie verbranntes Plastik, oft auch beißend süßlich oder scharfaromatisch, und hinterläßt einen Rückstand, der sich sehr schwer zerdrücken läßt (Kügelchen).

STICHWORT

Blattgold

◆ Damit bezeichnet man reines Gold, das zu hauchdünnen Blättchen ausgeschlagen wurde (ca. 0,00012 mm!) und zum Vergolden dient (Buchschnitt, Denkmäler und so weiter). Auch Seidenstoff läßt sich damit luxuriös gestalten. Blattgold wird (auf Seidenpapier liegend) im Fachhandel für die Seidenmalerei und zum Teil im Hobbyhandel angeboten.

◆ Zum Vergolden brauchen Sie ein spezielles Klebemittel, den passenden Verdünner und natürlich das Blattgold, am besten in „Transfer"-Ausführung (Sturmgold). Achtung: Der spezielle Kleber und die Verdünnung, etwa Balsamterpentin, sind feuergefährlich und enthalten flüchtige Lösungsmittel. Nicht rauchen und das Material von Kindern fernhalten! Da die benötigten Mengen jedoch sehr klein sind, ist das Vergolden an einem gut belüfteten Arbeitsplatz nicht gefährlich.

◆ Vergolden Sie am besten fertiggestellte und bereits fixierte Seidenmalereien.

◆ Der Spezialkleber wird für dickere Stoffe (Crêpe, Doupion) pur verwendet, bei leichteren Seiden empfiehlt sich eine Verdünnung von etwa 1:1. Dadurch wird der Kleber ergiebiger und trocknet schneller, was die Arbeitszeit verkürzt.

◆ Damit der Kleber nicht zu stark ins Gewebe eindringt (wo er nichts nützt), kann die Seide vorher mit Bügelstärke appretiert werden. Dadurch bleibt der Kleber besser auf der Stoffoberfläche stehen. Bei sehr dünnen Stoffen schlägt er schnell auf die linke

Brennspiritus
⇨ Alkohol

Brillanz
⇨ Echtheiten

Brokat
Reich gemustertes, schweres (Seiden-) Gewebe, meist als Jacquard hergestellt (⇨ Seidenjacquard) und mit metalli-

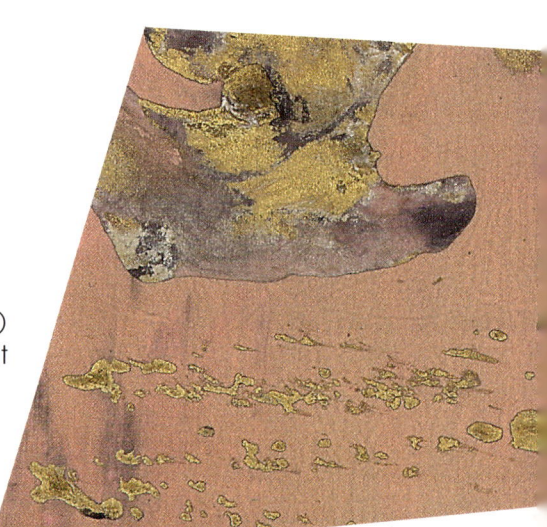

Seite durch. Man kann in diesem Fall, wenn man möchte, auch auf die Rückseite das Blattgold auftragen.

◆ Der Spezialkleber kann, je nach Gestaltungsabsicht, mit einem Haarpinsel oder etwa mit einem Druckmodell auf den Stoff gebracht werden. Auf dickem Material verläuft er nicht, auf feiner Seide auch nur wenig, je nach Verdünnung des Klebers. Das Verlaufen läßt sich durch eine Appretur (siehe oben) verhindern.

◆ Wenn der Spezialkleber nach etwa zehn bis sechzig Minuten angetrocknet ist (je nach Stoffstärke und Verdünnung), wird das Blattgold angelegt. Bei dieser Arbeit ist etwas Geschick und Übung erforderlich, da das hauchdünne Blattgold seine Tücken hat. Am besten üben Sie zuerst auf Papier. Das Blattgold haftet nur an den präparierten Stellen. Lose aufliegendes Gold kann mit dem Pinsel wieder abgenommen und weiterverwendet werden.

◆ Wichtig ist, daß das Gold tatsächlich erst dann auf die Seide gebracht wird, wenn der Kleber zu 98 Prozent getrocknet ist. Die Restklebkraft reicht aus, um das hauchdünne Goldblättchen zu halten. Wenn der Kleber feuchter ist, „ertrinkt" das Blattgold; dadurch wird es runzlig, und es glänzt weniger. Speziell zum Auftragen des Blattgoldes gibt es den sogenannten Fächerpinsel, der für diese Arbeit besonders gut geeignet ist.

◆ Die vergoldete Seide kann man vorsichtig von Hand waschen, mit einem Seidenwaschmittel oder mit einem normalen Feinwaschmittel. Eine chemische Reinigung hingegen löst den Spezialkleber wieder an: Die Arbeit verdirbt, weil damit auch das Gold angelöst wird.

◆ Blattgold ist nicht sehr stabil gegen Abrieb, vor allem, wenn man es relativ großflächig aufträgt. Das sollte man bedenken, wenn man es auf einem Tuch einsetzt oder auf einem Stoff, der zu einem Kleidungsstück weiterverarbeitet wird.

sierten oder metallähnlichen Fäden versehen. Geeignet für Prunkgewänder, Roben und Dekorationsstoffe aller Art.

Broschen
⇨ Accessoires

Broschen beziehen
Siehe „Stichwort …" Seite 24

Bügelfixierfarben
Bei diesen Seidenmalfarben handelt es sich um ein Farbmittel, das im wesentlichen aus ⇨ Pigmenten besteht, die durch ein Bindemittel (etwa eine leichte Kunstharzdispersion) mittels Trockenhitze (Bügeln) fixiert werden. Durch das Bindemittel haften die Pigmente an der Oberfläche der ⇨ Seidenfaser. Diese Farben dringen also nicht in die Faser ein und gehen somit keine echte chemische Verbindung mit dieser ein. (Die um ein Vielfaches kleineren Moleküle von Farbstoffen, wie sie in ⇨ Reaktivfarben und ⇨ Dampffixierfarben enthalten sind, können dies.) Die Licht- und Waschechtheiten sind gut, die Reibechtheit hingegen weniger (⇨ Echtheiten). Der Vorteil dieser unkomplizierten Fixierungsart geht zu Lasten anderer Eigenschaften der Seide: Der geschmeidige ⇨ Griff geht verloren, das Gewebe versteift und fällt nicht mehr so weich wie vorher.

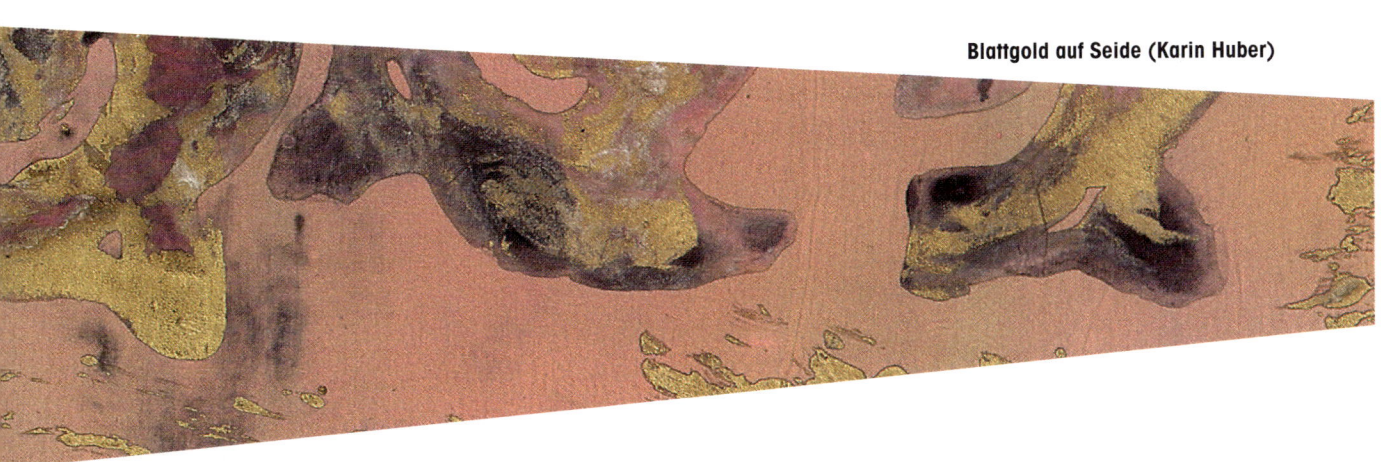

Blattgold auf Seide (Karin Huber)

STICHWORT

Broschen beziehen

◆ Aus kleineren Ausschnitten eines vielleicht mißlungenen Seidenbildes oder aus bemalten Stoffresten lassen sich reizvolle Broschen herstellen. Grundlage hierfür bieten Broschenrohlinge, die es im Handel für Seidenmalzubehör zu kaufen gibt, in unzähligen Formen, (rund, oval, eckig) in verschiedenen Farben und Materialien (silber, gold, schwarz, nickelfrei, aus Kunststoff) und als richtige Designerbroschen mit künstlerischem Entwurf, um nur einiges aufzuzählen. Dennoch gibt es ein Unterscheidungsmerkmal, was die Fertigstellung, das Beziehen des Rohlings mit der Seide, betrifft: Es gibt solche mit Rand, die zumeist aus drei Teilen bestehen, und zweiteilige ohne Rand.

◆ Brosche mit Rand: Der Rohling besteht aus drei Teilen: Rand, Platine und Rückwand. Auf der Platine fixiert man das Seidenstück, zum Beispiel mit Sprühkleber. Das Randteil wird aufgesetzt, zuletzt die Rückwand. Der überstehende Seidenstoff wird mit einer Nadel unter die Rückwand geschoben. Jetzt sind nur noch die kleinen Metallstiftchen, die sich am Rand befinden, an die Rückwand zu drücken, und fertig ist das Stück.

◆ Brosche ohne Rand: Hier besteht der Rohling immer aus zwei Teilen: Platine und Rückwand. Da die Brosche kein Randteil besitzt, ist dem sauberen Abschlußrand besondere Sorgfalt entgegenzubringen. Hierfür gibt es mehrere Möglichkeiten (zum Beispiel von hinten vernähen); vorgestellt sei hier jedoch die schnellste und gleichzeitig die sauberste Lösung.

◆ Mit Sprühkleber wird die Platine besprüht, der genügend große Seidenstoff wird befestigt. Einen etwa 1 Zentimeter breiten Rand schneiden, die Platine umdrehen und die Rückseite besprühen. Jetzt können Sie mühelos für einen sauberen, scharfkantigen Rand sorgen, indem Sie den Stoffrand sehr exakt um die Platinenkante herumlegen und auf der Rückseite feststreichen. Die fertigbespannte Platine wird nun noch mit Alleskleber auf der Rückwand fixiert.

Anwendung: Nach dem Trocknen wird die bemalte Seide mit dem Bügeleisen (am besten auf der linken Seite) zwei bis drei Minuten gebügelt, je nach Größe der Fläche. Die Temperatur stellt man auf die mittlere Stufe ein (2/Baumwolle/Seide). Danach wäscht und bügelt man nochmals.

Hinweis: Diese Farben sind im Prinzip schon fixiert, sobald sie auf der Seide getrocknet sind. Das werden Sie feststellen, wenn Sie versuchen, eine ⇨ Farbverschiebung durchzuführen. Die Farbstoffe der Reaktiv- und Dampffixierfarben bleiben im Gewebe beweglich (vor dem Fixieren), die Pigmente in den Bügelfixierfarben lassen sich nach dem Trocknen jedoch nicht mehr anlösen. Verzichten Sie dennoch nicht auf das Bügeln!

Bügeln

Beim Bügeln verhält sich Seide nicht so empfindlich, wie gemeinhin angenommen wird. Es ist also nicht tragisch, wenn Sie einen stark zerknitterten Seidenstoff auch einmal mit Baumwolltemperatur bügeln. Empfehlenswert ist prinzipiell die Einstellung „Seide", gebügelt wird auf der linken Stoffseite, vor allem bei Kleidung und bei der Verwendung von Konturenmitteln. Wenn die Seide noch leicht feucht und mit Baumwolleinstellung gebügelt wird, bekommt man sie besonders schön glatt und glänzend.

Canting
⇨ Tjanting

Canton Satin
Nach einer chinesischen Provinz benannte ⇨ Satinseide in ⇨ Atlasbindung, oft auch Atlasseide genannt. Gegenüber der zum Verwechseln ähnlichen Satinseide ist Canton Satin jedoch dichter gewebt und schwerer. Er eignet sich deshalb hervorragend für Kleidung (⇨ Schneidern) und für ⇨ Heimtextilien. Man kann diesen Stoff als das wohl am stärksten glänzende Seidengewebe bezeichnen.

Changeant
Schillernder, farbiger Stoff, der je nach Lichteinfall oder Blickwinkel in zwei oder mehreren Tönen schimmert. Er ist aus verschiedenfarbigen Garnen in Kette und Schuß in den klassischen ⇨ Bindungen gewebt. Der Effekt ist durch Malerei nicht nachahmbar.

Chargieren
⇨ Beschweren

Chemie der Farben
⇨ Farbmittel

Chemiefaser
⇨ Kunstseide

Chiffon-Satinstreifen-Seide
Ein effektvoller Seidenstoff, der in streifigem Wechsel als ⇨ Chiffon und ⇨ Satinseide gewebt ist. Die Musterung wird also durch unterschiedliche ⇨ Bindungen erzielt. Man erzeugt Streifen von Satin auf Chiffon oder umgekehrt. Diese Streifen können unterschiedlich breit sein, mal überwiegt der Chiffon, mal der Satin.
Dieses Gewebe erhält seinen besonderen Reiz durch die Verbindung von ⇨ Transparenz und ⇨ Glanz. Die Bemalung sollte eher wenig aufwendig sein, am schönsten wirkt hier ein

⇨ Farbverlauf in der ⇨ Aquarelltechnik. Möchte man die ⇨ Konturentechnik anwenden, ist das rechtzeitige Prüfen des wasserlöslichen ⇨ Konturenmittels oder der ⇨ Gutta unbedingt anzuraten, da man es hier mit einer Seide unterschiedlicher ⇨ Dichte zu tun hat.

Chiffonseide
Feinfädiges, zartes, weiches Gewebe in ⇨ Taftbindung, leicht und schleierartig. Im ⇨ Griff ist es zarter als das optisch ähnliche Crêpe-Georgette-Gewebe. Bei beiden Stoffen handelt es sich um ⇨ Crêpe. Die Überdrehung der Fäden ist verantwortlich für die locker-feine und transparente Optik dieses Seidengewebes.
Aufgrund seiner Feinheit und seiner Transparenz ist Chiffon fast nur für Tücher und Schals geeignet. Fließende Maltechniken sind hier besonders gut zu arbeiten und ergeben schöne Farbverläufe (⇨ Farbverlauf).

China
⇨ Seidenproduktion

China-Doupion
⇨ Doupion

Chinaseide
Allgemeinbezeichnung für in China hergestellte Gewebe aus Wildseide (⇨ Tussahseide), die nach den Provinzen ihrer Herkunft benannt werden, wie zum Beispiel Canton, Shantung, Honan und Nanschau.

Cloquéseide
Ein effektvolles Seidengewebe in ⇨ Jacquardbindung, auch Blasenkrepp genannt. Es findet vor allem als Kleiderstoff Verwendung und zeigt eine ausgesprochen erhabene, wellige Musterung. Zwei Kett- und zwei Schußfadensysteme bilden eine Art Doppelge-

Cloqué: hier in Grüntönen aquarellartig bemalt (Karin Huber)

webe, das miteinander verbunden ist: Das Obergewebe tauscht sich mit dem Untergewebe der Musterung entsprechend aus. Da das Untergewebe aus den überdrehten Kreppgarnen (⇨ Grenadine) und das Obergewebe aus normalgedrehtem Garn besteht, so ergeben sich im letzteren unregelmäßige kraus-faltige, reliefartige Effekte, die für Cloqués charakteristisch sind.

Collage
Gestaltungstechnik, bei der geschnittene oder gerissene kleine Flächen aus Papier, Stoff oder anderen Materialien zu einer Bildkomposition zusammengefügt und aufgeklebt werden. Für die Seidenmalerei versteht man darunter manchmal auch kombinierte Techniken, hier vor allem die ⇨ Fotokopiertechnik in Verbindung mit anderen Verfahren, zum Beispiel mit dem Auftragen von ⇨ Blattgold. So lassen sich sogar Collagen im Stil von Pablo Picasso (1881–1973) oder Georges Braque (1882–1963) erzielen. Es handelt sich hierbei dann jedoch um gemalte Collagen und nicht um geklebte Collagen im strengen Sinn.
(Literatur: 16)

Couleur
⇨ Französisch für: Farbe

Craquant
⇨ Seidenschrei

Crêpe
Allgemein ein Gewebe mit krausem, körnigem, genarbtem oder sandigem Aussehen und Griff. Der Kreppcharakter kann durch die scharfe Drehung der Garne (⇨ Grenadine) entstehen, aber auch durch die Art der ⇨ Bindung mit wechselnder Garndrehung oder durch Prägeverfahren. Einfache Crêpegewebe enthalten oft in der Kette normalgedreh-

tes Garn und im Schuß Grenadine (⇨ Crêpe de Chine zum Beispiel), starke Crêpegewebe haben Grenadine in Kette und Schuß (etwa ⇨ Georgette).

Crêpe de Chine
Weich fließendes Gewebe in ⇨ Taftbindung aus ⇨ Haspelseide. Als Schußgarn wird hier das stark überdrehte ⇨ Grenadine, als Kettgarn das nicht überdrehte ⇨ Organsin verwebt (⇨ Bindung). Crêpe de Chine ist eher stumpf im Aussehen, zudem ist er knitterarm und hervorragend drapierfähig. Deshalb läßt er sich vielseitig einsetzen: Für Tücher und Schals, Kleidungsstoff, Heimtextilien und so weiter. Es gibt ihn in verschiedenen Stärken (⇨ Stoffgewicht).

Crêpe Georgette
⇨ Georgette

Crêpe Satin
In Atlasbindung gewebte Seide, deren Kettmaterial aus normal gedrehten Fäden besteht, das Schußmaterial aus überdrehten Fäden. Die ⇨ Atlasbindung bewirkt den im Gegensatz zu anderen Crêpegeweben starken Glanz dieser Seide. So ist diese Seide auf der rechten Seite glänzend, auf der anderen Seite ähnelt sie dem körnig-stumpfen Aussehen des ⇨ Crêpe de Chine. Crêpe Satin vereinigt also die luxuriös-edle Glanzoptik einer „echten" Satinseide mit der Knitterarmut und der hervorragenden Drapierfähigkeit des Crêpe de Chine. Crêpe Satin gibt es mit verschiedenem ⇨ Stoffgewicht. Durch die hohe Faserdichte in der Oberfläche wirken die Seidenmalfarben darauf besonders intensiv.

Cuite-Seide
⇨ Seidenbast

Damast

Meist schweres, kostbares (Seiden-) Gewebe mit groß gemusterten Motiven, teils matt, teils glänzend in der Wirkung, was durch den Wechsel von Kett- und Schußatlas bewirkt wird (⇨ Atlasbindung). Hergestellt werden solche Stoffe auf komplizierten Jacquardmaschinen (⇨ Seidenjacquard). In erster Linie für anspruchsvolle Abendkleider, geeignet für wertvolle Tischwäsche und Fahnen, aber auch für Möbelstoff, Tapeten und Vorhänge.

Dampfdrucktopf

Ein Dampfdrucktopf dient im Haushalt der energie- und zeitsparenden sowie vitaminschonenden Speisezubereitung. Im Zusammenhang mit der Fixierung von Seide wird er in der gängigen Seidenmalliteratur oft genannt. Es ist jedoch ein Irrtum anzunehmen, daß die ⇨ Dampffixierung im Haushalt nur mit diesem Topf gewährleistet ist. Da für

die Fixierung der dampffixierbaren (und auch der ⇨ Reaktivfarben) nur heißer Wasserdampf und kein Druck vonnöten ist, genügt auch ein ganz normaler Kochtopf mit Einsatz, in den man die gut in Papier und Alufolie eingepackte Seide gibt. Auch hier gilt: Es darf kein Wasser (Tropfen von oben oder unten) an die Seide gelangen.

Dampffixierfarben

Auch: Französische, traditionelle Seidenmalfarben. Diese Farben werden fixiert, indem man die damit bemalte Seide heißem Wasserdampf (⇨ Dampffixierung) aussetzt. Der Farbstoff dringt in die Faser ein und geht eine echte chemische Verbindung mit ihr ein. Die Brillanz dieser Farben ist sehr hoch, die Lichtechtheit gut, die Waschechtheit befriedigend (⇨ Echtheiten), kann jedoch nach dem Waschen der Seide durch Spülen mit Essigwasser stabilisiert werden.

Chemisch handelt es sich um Säurefarbstoffe, manchmal auch um Metallkomplexfarbstoffe. Fast alle Metallkomplexfarbstoffe sind Säurefarbstoffe, die chemisch an ein Metallatom gebunden sind. Man erhöht dadurch die Echtheiten, vermindert aber etwas die Brillanz. Einige der auf dem Markt gängigen Seidenmalfarben sind Mischungen aus beidem (⇨ Farbmittel).

Als Lösungsmittel enthalten diese Farben ⇨ Alkohol, außerdem noch Wasser. Dampffixierfarben färben Textilfaserstoffe, deren Substanz aus Eiweiß besteht. Deswegen färben sie nicht nur reine Seide, sondern auch Wolle (⇨ Wolletamine).

Solange dampffixierbare Farben noch nicht fixiert sind, können sie sehr gut mit Wasser, Alkohol oder Farbe angelöst werden. Sie sind deshalb die einzigen Farbstoffe, mit denen tatsächlich sämtliche Techniken der Seidenmalerei optimal auszuführen sind.

Dampffixierung
Siehe „Stichwort …"

Degradé
⇨ Schattieren

Degummieren
⇨ Seidenbast

Dehnung
Eigenschaft der Fasern, Garne und Stoffe, unter der Einwirkung von Zugkräften länger zu werden, bevor sie reißen. Naturseide ist mit 20 bis 24 Prozent (naß 30 Prozent) dehnfähiger als etwa Baumwolle (etwa 6 Prozent). Die Dehnungsfähigkeit bei Seidengeweben, die aus ungedrehten Fäden gearbeitet sind, ist geringer als bei ⇨ Crêpe-Geweben aus überdrehten Fäden (⇨ Grenadine). Solche Stoffe sind zudem etwas elastisch. Die Elastizität wird zusätzlich noch von der Art der ⇨ Bindung bestimmt. Dicht gewebte Seidenstoffe sind nicht sehr elastisch, locker gewebte meist mehr. Dehnfähiger und elastischer als Gewebe sind Wirkwaren, also etwa ⇨ Seidenjersey.
Vor allem im Bereich der Seidenmalerei ist die Quellung von Bedeutung: beim ⇨ Aufspannen des Seidenstoffes auf den Rahmen. Durch die Nässe quellen die Fasern, das Gewebe nimmt an Volumen zu – der Stoff muß nachgespannt werden.

dekorativer Stil
Von „Dekoration" abgeleitet, was ganz allgemein „Ausschmückung" bedeutet. Der Begriff bezeichnet damit die Gesamtheit der Verzierungen eines Raumes, einer Bühne und so weiter. Der dekorative Stil bedient sich meist einer Reihe von ⇨ Ornamenten. Die künstlerische Aussage oder die räumliche Bildwirkung treten zugunsten der

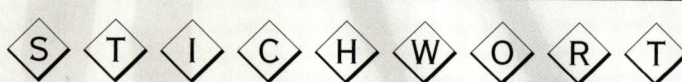

STICHWORT

Dampffixierung

◆ Die Dampffixierung sorgt für die Haltbarkeit der entsprechenden Farben im Seidenstoff und erfolgt entweder in einem speziellen Fixiergerät, in einem haushaltsüblichen Kochtopf oder durch einen Fixierservice, den die meisten Läden für Seidenmalbedarf zusätzlich anbieten.

◆ Glücklich kann sich schätzen, wer die Möglichkeit des absolut problemlosen Fixierens mit einem Fixiergerät hat. Hier wird die Seide aufgerollt fixiert, ohne Knicke und ohne die Gefahr von Wasserflecken. Möchten Sie beides auch dann verhindern, wenn Sie mit Ihren Haushaltsgerätschaften eine Dampffixierung durchführen, sollten Sie folgende Punkte beachten.

◆ Sie benötigen keinen Dampfdrucktopf, sondern können mit jedem größeren Kochtopf (dann aber die Fixierdauer auf das Doppelte erhöhen) arbeiten. Des weiteren ist ein Siebeinsatz nötig, der mindestens fünf Zentimeter Abstand zum Boden haben sollte. Denn das Fixiergut darf nicht im Wasser liegen. In den Einsatz

Oberflächengestaltung zurück. Nicht die Form eines Gegenstandes ist hier also relevant, sondern dessen weitere Verschönerung. Bemalungen, Stickereien, plastische Ausschmückungen von Gebrauchsgegenständen verschiedenster Art dienen der schmückenden und gefälligen optischen Wirkung, seien es Teppiche, Tapeten, Gardinen, Polstermöbel- und Kleiderstoffe und vieles mehr.
Was als dekorativ bezeichnet werden kann, ist meistens auf den übereinkommenden Geschmack einer Zeitepoche oder Modeströmung zurückzuführen. In der Seidenmalerei als Kunsthandwerk wird der Begriff dekorativ oder gefällig vor allem im Zusammenhang mit ⇨ Accessoires oder mit Stof-

fen zur Fertigung von modischen Kleidungsstücken gebraucht. Zunehmend hält die Seidenmalerei jedoch auch als dekoratives Element Einzug in den ⇨ Wohnbereich.
(Literatur: 24, 26)

Design
Englisch für: ⇨ Entwurf, Zeichnung, Muster. Man versteht darunter die form- und materialgerechte Gestaltung von Gebrauchsgegenständen und Industrieprodukten jeglicher Art.
Die Kriterien der Gestaltung sind dabei nicht nur ästhetischer Natur, sondern es werden auch Funktionalität und Wettbewerbsfähigkeit gegenüber anderen Produkten (vor allem in der Industrie) mitbedacht.

gibt man die eingewickelte Seide, die vorab zwischen zwei Lagen Papier oder Baumwolltücher gelegt, aufgerollt und dann schneckenförmig zusammengedreht wird. Niemals darf also Seide direkt auf Seide liegen, sonst färbt die Malerei auf andere Partien ab. Auch Falten müssen vermieden werden.

◆ Um das Fixiergut vor herabtropfendem Kondenswasser zu schützen, legt man Alufolie so darüber, daß sie die Tropfen ganz nach außen ableitet. Ansonsten verderben sie die Malerei, es entstehen deutliche Flecken.

◆ Bei richtigen Fixiergeräten ist der Deckel von vornherein so geformt (gewölbt), daß Kondenswasser an den Wänden abfließt, es ist dort also keine Alufolienabdeckung nötig.

◆ In der Praxis haben sich zum Einwickeln Baumwolltücher gegenüber Papier bewährt, da es durch die weichere Umwicklung der Seide im Topf weniger zu harten Knickfalten kommt.

◆ Die Fixierzeit beträgt im Dampfdrucktopf 45–60 Minuten, bei Verwendung eines normalen Kochtopfs muß die Fixierdauer auf 90 Minuten erhöht werden.

◆ Es ist zu beachten, daß im Kochtopf stets genügend Wasser vorhanden ist, denn durch eventuell entweichenden Dampf reduziert sich die Wassermenge natürlich.

Dekorativer Stil: ein Beispiel von Brita Hansen

In der Seidenmalerei wird darunter in erster Linie allgemein die Gestaltung des Entwurfs oder einfach das Aussehen von Tüchern, Stoffbahnen und so weiter verstanden, auch Mode- und Wohndesign.

destilliertes Wasser

Manche Seidenmaler vertreten die Ansicht, daß destilliertes Wasser zum ⇨ Verdünnen der Seidenmalfarben besser ist als normales Wasser. Eventuell gelöste Salze und Mineralstoffe unklarer Herkunft sowie Kalkrückstände könnten sich im Gewebe ablagern. Bei der Färbung und anschließenden Fixierung könnte es unter Umständen durch eine unkalkulierbare chemische Reaktion zu Farbveränderungen kommen.

Dichte

Das Maß der Dichte gibt bei Geweben an, wieviel Schußfäden und Kettfäden (⇨ Bindung) sich in einem bestimmten Ausschnitt eines Stoffes, meist auf einem Quadratzentimeter, befinden. Je mehr Fäden auf eine bestimmte Fläche des Gewebes verteilt sind, desto dichter ist das Gewebe. Die Dichte drückt zum Teil auch das Gewicht (⇨ Stoffgewicht) eines Seidenstoffes aus, das in Gramm pro Meter angegeben wird. Beispiel: Pongé 5 mit einem Stoffgewicht von knapp 20 g pro Meter (bei 90 cm Warenbreite) ist sehr viel weniger dicht gewebt als Pongé 12 mit einem Stoffgewicht von 48 g pro Meter. Die Dichte hat einen entscheidenden Einfluß auf die Menge der benötigten Farbe, auch auf das ⇨ Fließverhalten, das Eindringen von ⇨ Konturenmitteln und so weiter.
(Literatur: 27)

Diffusantmittel
⇨ Verdünner

Diluant
⇨ Verdünner

Dip-dyeing

Englisch für: Tauchfärbung. Bei der Garnfärbung bezeichnet man damit das stufenweise Eintauchen der Garnstränge in ein Färbebad, wodurch sich partieweise Farbänderungen erzeugen lassen. Nach diesem Vorbild kann auch ein Seidenstoff eingefärbt werden. Er wird dazu gefaltet, gewickelt oder geknotet. Statt ihn in ein Farbbad einzutauchen, kann mit einer ⇨ Pipette oder mit dem ⇨ Pinsel Seidenmalfarbe aufgetragen werden. Nach dem Trocknen wird der Stoff glattgebügelt. Je nach Farbwahl und Farbauftrag sind ungewöhnliche und bizarre Farbmuster entstanden, die erst jetzt deutlich sicht-

bar werden. Nun muß, je nach verwendetem Farbmittel, die Seide noch fixiert werden. Wird der Seidenstoff zusätzlich mit Schnüren abgebunden, arbeitet man in der Technik des ⇨ Plangi (⇨ Shibori).

Doppelkokon

Bei der ⇨ Seidenraupenzucht kommt es vor, daß zwei Raupen direkt miteinander verhaftet und verklebt sind, sozusagen wie siamesische Zwillinge. Die entstehenden Zwillingskokons werden oft auch Doppi genannt. Beim Abhaspeln dieser Kokons (⇨ Haspelseide) werden die verklebten Stellen zu unregelmäßigen flammig-noppigen Fadenverdickungen. Diese Fasern werden zu ⇨ Doupionseide verarbeitet.

Doppi
⇨ Doppelkokon

Dosierkanüle
⇨ Pipette

Doupionseide

1. Seidenstoff, dessen Fasern von ⇨ Doppelkokons gewonnen werden und der sich durch feine Unregelmäßigkeiten mit flammenartigem Charakter auszeichnet.
2. Französische Bezeichnung für ⇨ Shantungseide, eine unregelmäßige ⇨ Wildseide.
3. Allgemeinbezeichnung für Gewebe mit einer Kette aus Endlosgarn und unregelmäßigem Schuß.
Es gibt Indien-Doupion und China-Doupion. Indien-Doupion ist handgewebt und hat ausgeprägte unregelmäßig noppig-flammige Fadenverdickungen. Die Schußfäden sind aus den Fäden der ⇨ Doppelkokons des Maulbeerspinners gewonnen (⇨ Seidenraupenzucht). China-Doupion zeigt nicht sehr starke Fadenverdickungen,

ist feiner im ⇨ Griff und nicht handgewebt. Fließende Maltechniken können bei diesem Material aufgrund seiner geringeren ⇨ Dichte gut ausgeführt werden. Beide Sorten werden so gut wie nie als rollierte Ware angeboten, da sie relativ steif und nicht gut drapierfähig sind. Für Bekleidung und Heimtextilien sind sie dagegen sehr beliebt. (Literatur: 27)

Dreizackstifte

Befestigungsstifte, mit denen der Seidenstoff auf dem ⇨ Spannrahmen fixiert wird. Ihr Durchmesser beträgt etwa 1 cm, und sie bestehen aus leichtem Stahl (deshalb nicht rostfrei). Die drei Zacken bewirken eine stabile Befestigung der zarten Seide, der Zug wird auf drei Punkte verteilt, was das Ausreißen verhindert. Andere Befestigungselemente sind zum Beispiel ⇨ Spannadeln und ⇨ Spannkrallen, die für rollierte Tücher verwendet werden (⇨ Aufspannen des Seidenstoffes). Für solche Techniken, bei denen die Seide aufgespannt und flach auf dem Untergrund aufliegen muß (⇨ Frottage, ⇨ Monotypie), sind Dreizackstifte das Mittel der Wahl.

Druckmodel
⇨ Drucktechnik

Drucktechnik

Auch ein Seidenstoff läßt sich wunderbar bedrucken, mit vielfältigen Druckmodeln. Es seien an dieser Stelle nur einige genannt: Fertige Druckmodel, nach eigenem Entwurf zugeschnittene Kautschukplatten (auch „Moosgummi"), Linoleumplatten, Schwämme oder getrocknete Pflanzen. Eine besondere Art der Technik ist der ⇨ Siebdruck. Als erster Schritt muß die bei allen Verfahren zunächst flüssige Seidenmalfarbe, mit der man drucken möchte,

verdickt werden. Mit einem speziellen ⇨ Verdicker geht das problemlos. Den Druckmodel bestreicht man damit und druckt auf die bemalte oder unbemalte Seide. Vor jedem Aufsetzen des Models trägt man erneut die Farbpaste auf. Auch mit ⇨ Stoffmalfarben können Sie Seide bedrucken. Der Nachteil dieser Farben ist jedoch, daß sie die Seide etwas versteifen.

Duchesse

Hochwertiges, atlasbindiges Gewebe aus Seide oder Chemiefasern. Duchesse besitzt eine spiegelglatte, glänzende Oberfläche sowie einen vollen Griff. Es wird vor allem für Abend- und Cocktailmode verwendet.

Drucktechnik: Beispiele von Elisabeth Schwinge und Brita Hansen (unten)

Echtheiten
Siehe „Stichwort …"

Ecru-Seide
⇨ Seidenbast

Effekte
Der Begriff „Effekte" hat in der Seidenmalerei oftmals die Bedeutung einer „zufälligen" Wirkungsweise. Effekte sind dabei immer auf das besondere Wirkungszusammenspiel von flüssiger Seidenmalfarbe (⇨ Fließverhalten), dem Textilrohstoff Seide und anderen Materialien wie ⇨ Salz, ⇨ Alkohol, Zuckersirup (⇨ Zuckersiruptechnik) und ⇨ Wachs, um nur einige zu nennen, zurückzuführen.
Effekte können ganz gezielt gesteuert werden oder in einer Art Zufallsspiel entstehen.

Effektsalz
⇨ Salz

Eichenspinner
⇨ Wildseide

Eigenschaften der Seidenfaser
Siehe „Stichwort …" Seite 34

Eigenschaften der Seidenstoffe
Die verschiedenen Seidenarten unterscheiden sich hinsichtlich mehrerer Eigenschaften voneinander. Diese betreffen ⇨ Stoffgewicht und damit Dicke oder ⇨ Dichte, ⇨ Bindung, Intensität des ⇨ Glanzes, ⇨ Griff und ⇨ Fall. (Siehe Tabelle, Seite 188.) Von besonderem Interesse für das Seidenmalen ist oft die Frage, welche Seide sich am besten zum Malen eignet. Hier kann jedoch keine allgemeinverbindliche konkrete Empfehlung ausgesprochen werden. Allgemein läßt sich nur sagen, daß dünne Stoffe wie Pongé 5 oder 6 in dem Sinne „gut zum Malen geeignet" sind, als daß auf ihnen das ⇨ Fließverhalten der Seidenmalfarben besonders ausgeprägt ist und daß Techniken wie die ⇨ Auswaschtechnik oder das ⇨ Schattieren hier besser gelingen als auf einer dickeren Seide. Deshalb empfiehlt man Einsteigern in die Seidenmalerei gerne diese dünnen Qualitäten.
Am besten lernt man die Eigenschaften der verschiedenen Seidenstoffe bezüglich des Malens kennen, indem man auf kleineren Resten im ⇨ Tropfenversuch und durch Malübungen das Fließverhalten beobachtet.
Vor allem aber im Sinne der Eignung für verschiedene Zwecke, für ⇨ Tücher, Kleidung (⇨ Schneidern) oder ⇨ Heimtextilien, gibt es Empfehlungen bezüglich bestimmter Seidenarten.

Einlaufen
Jeder Seidenstoff hat einen Resteinsprung von 3 bis zu maximal 10(!) Prozent. Das heißt, beim ersten Waschen läuft die Seide um einen

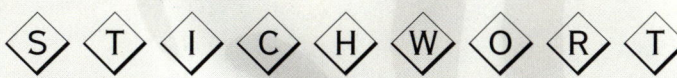

S T I C H W O R T

Echtheiten

◆ Die Brillanz der Seidenmalfarben ist ein wesentlicher Grund für die Attraktivität der produzierten Werke aus reiner Seide. Da es sich hier um eine textile Faser handelt, die im Alltag oft einer starken Benutzung unterliegt, ist die Echtheit der Malerei oder Färbung von besonderem Interesse.

◆ Mit Echtheit wird die Widerstandsfähigkeit gefärbter Textilien gegen Einwirkungen wie Licht, Luft, Wasser (Waschen) und Schweiß bezeichnet. Die Reibechtheit ist die Widerstandsfähigkeit gegen mechanischen Abrieb. Für den gesamten Textilbereich gilt: Absolute Echtheiten lassen sich nicht erzielen.

◆ In der Seidenmalerei erhalten die Farben ihre Farbechtheit durch die Fixierung. Wie haltbar ein Farbauftrag auf einem Seidenstoff ist, wenn er Faktoren wie stetigem Lichteinfall, häufigem Waschen und mechanischem Abrieb ausgesetzt ist, hängt von verschiedenen Faktoren ab: von dem Farbmittel selbst, vom einzelnen Fabrikat, vom Farbton, von der Helligkeit eines Tones und von der Dichte des bemalten Stoffes.

◆ Farbmittel: Bügelfixierfarben sind zwar nicht immer sehr brillant, haben aber sehr gute Lichtechtheiten und Waschechtheiten, ihre Reibechtheit dagegen läßt zu wünschen übrig. Dampffixierfarben hingegen sind sehr brillant, ihre Lichtechtheit ist aber, verglichen mit ihrer ursprünglichen Brillanz, nicht so gut. Die Waschechtheit läßt sich durch eine Essigspülung nach dem Waschen der Seide stabilisieren. In allen Punkten kann man Reaktivfarben als die Farben mit den höchsten Echtheiten bezeichnen.

◆ Zwischen den verschiedenen Fabrikaten einer Farbmittelart für die Seidenmalerei gibt es zum Teil erhebliche Unterschiede. Da die Hersteller oft keine Angaben über Konzentration und Lichtechtheiten ihres Produktes machen, hilft dem Verbraucher oft nur ein praktischer Vergleich oder eine fachmännische Beratung.

◆ Verschiedene Farbtöne haben unterschiedliche Farbechtheiten.

◆ Helle Farbschattierungen sind weniger lichtecht als dunkle.

◆ Färbungen auf transparenten Stoffen (zum Beispiel Chiffon, Mousselin) sind weniger lichtecht als auf dicht gewebten Stoffen (zum Beispiel Canton Satin).

gewissen Prozentsatz ein, im äußersten Fall kann das immerhin bis zu 8 cm auf einen Meter Stoff betragen. Das hat natürlich vor allem Konsequenzen für die Herstellung von Kleidung aus Seide (⮕ Schneidern). Hier sollten Sie deshalb folgendermaßen vorgehen: Beim Kauf großzügig die Stoffmenge kalkulieren (10 Prozent Aufschlag). Außerdem die Seide vor oder nach dem Bemalen waschen.

Einsprung
⮕ Einlaufen

Einstecktücher
Modische Accessoires für Blazer- und Jackettaschen. Als rollierte Tücher im Format von ca. 30 x 30 cm im Handel, sie werden in unterschiedlichen Seidenqualitäten angeboten und sind beliebt als kleine Geschenke. Kleinere ⮕ Spannrahmen zum Bemalen gibt es zu kaufen, oder man befestigt das Tüchlein einfach über einem Karton oder ähnlichem. Auch zum Ausprobieren bestimmter Techniken gut geeignet.

Eiweißfaser
⮕ Eigenschaften der Seidenfaser

Elastizität
⮕ Dehnung

Endlosfaser
⮕ Seidenfaser

Entbasten
⮕ Seidenbast

Entfärben
⮕ Farbentfernung

Entwurf gestalten
Wer nicht den Wunsch oder das Temperament zum freien, spontanen Malen hat, möchte einen Entwurf für ein Tuch

oder ein Bild aus Seide vielleicht zuerst auf Papier üben und die Wirkung der beabsichtigten Gestaltung ausprobieren.

1. Für einen zeichnerischen Entwurf benötigt man zum Beispiel Seidenpapier (Transparentpapier) und eventuell normales kariertes Papier oder Millimeterpapier. Darauf läßt sich mit Bleistift oder Filzstift eine lockere Skizze gestal-

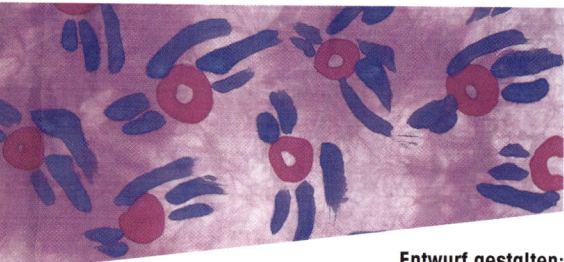

Entwurf gestalten:
hier zwei Farbentwürfe (Neubacher-Fesser)

ten oder auch mit Lineal eine genaue, maßstabsgetreue Vorzeichnung erstellen.

Eine andere Möglichkeit: Aus Papier oder Karton lassen sich Schablonen schneiden, die man auf der Entwurfsfläche hin und her schieben kann, um Musterabfolgen und Kompositionen durchzuspielen. Mit Layoutkleber (wieder abziehbar) werden die Schablonen dann aufgeklebt und eventuell zusätzlich auf Transparentpapier durchgezeichnet. Dieser Entwurf läßt sich mit verschiedenen Möglichkeiten zusätzlich verändern (⇨ Entwurf vergrößern und verkleinern).

STICHWORT

Eigenschaften der Seidenfaser

◆ Fast 5000 Jahre nach der Entdeckung des Rohstoffs Seide gibt es immer noch keine ihr ebenbürtige Faser. Die meisten ihrer Eigenschaften sind nach wie vor unübertroffen, wenn auch einige Nachteile in Kauf zu nehmen sind (Empfindlichkeit gegen Schweiß, elektrostatische Aufladung zum Beispiel).

◆ Seide besteht im wesentlichen aus Proteinen (Eiweiß). Der organische Aufbau der Seide kommt der menschlichen Haut und dem menschlichen Haar am nächsten. Seide läßt die Haut atmen und wirkt stimulierend. Aufgrund der hohen Isolationsfähigkeit wärmen Kleidungsstücke aus Seide im Winter und kühlen im Sommer. Man sagt auch: Seide ist wie eine zweite Haut. Die Brennprobe liefert ähnliche Ergebnisse bezüglich Rückstand und Geruch wie Wolle. Genauso wie das menschliche Haar muß Seide regelmäßig gewaschen werden, da es Schmutz bindet.

◆ Seide ist einer der feinsten textilen Naturrohstoffe (etwas gröber als Micro-Fasern, feiner als Kaschmir-Wolle) mit niedrigem spezifischen Gewicht, wie es nur noch von feinsten Wollen, Acetat und Synthetics unterboten wird. Trotzdem hat sie eine hohe Festigkeit, die nur noch von Synthetics übertroffen wird. Wegen ihrer Feinheit (angegeben in Titer) sollte sie nicht durch rauhe Gegenstände wie Bürsten (auch Bartstoppeln!) bearbeitet werden.

◆ Feuchtigkeit kann sie bis zu 35 Prozent ihres Eigengewichtes aufnehmen, ohne sich naß anzufühlen. Demnach ist sie stark hygroskopisch (feuchtigkeitsanziehend), was bei Textilien als eine gute hygienische Eigenschaft bewertet wird.

◆ Gegen Schweiß ist Naturseide sehr empfindlich. Um Beschädigungen und Fleckenbildung auf bemalter Seide vorzubeugen,

2. Farbentwurf: Nicht jeder hat im Umgang mit Farbe ein sicheres Gefühl für eine harmonische Farbgebung. Auf Papier kann daher als „Trockenübung" eine Farbzusammenstellung ausprobiert werden, bevor man auf Seide malt. Bunte Stifte, Kreiden oder Was-serfarben sind hier eine gute Hilfe. Man kann aber auch farbige Flächen aller Art (Zeitschriftenfotos, Buntpapiere, gefärbte Pappe und so weiter) zu einer Collage zusammensetzen. Oft erweitern die fertigen Farbnuancen solch vorgefundener Materialien das Vorstellungs-

empfiehlt es sich deshalb, Armblätter in Naturseiden-Kleidungsstücke einzunähen.

◆ Seide ist sowohl gegen sehr starke Säuren als auch gegen Laugen empfindlich. Deshalb kann sie instabil und brüchig werden, wenn auf Dauer zuviel Lauge (etwa Reste von Waschmitteln) auf ihr haften bleiben. Mit einer Essigspülung im letzten Spülgang kann dem vorgegriffen werden.

◆ Seide ist mit einem Wert von 20 bis 25 Prozent sehr dehnfähig, in feuchtem Zustand sogar bis zu 30 Prozent. Auch aufgrund ihrer hohen Elastizität behalten Kleidungsstücke aus reiner Seide ihre Form, knittern wenig, und Falten hängen sich rasch wieder aus.

◆ Seide als Eiweißfaser kann durch feuchte Hitzeeinwirkung auch dauerhaft „verformt" werden und läßt sich nicht wieder in den Ausgangszustand zurückführen. Wer hat nicht schon mal die Entdeckung von Knitterfalten im Stoff gemacht, die sich auch durch hartnäckiges Bügeln nie vollständig glätten ließen? Die Seide ist aufgrund ihrer Eiweißstruktur, genau wie das menschliche Haar, thermoplastisch; jede Falte wird bei starker Hitzeeinwirkung dauerhaft „dokumentiert" (fixiert). Diese Eigenschaft kann daher genutzt werden, um zauberhafte Plissees aus Seide herzustellen (Plissiertechnik).

◆ Beim Färben oder Bemalen (wobei die unterschiedlichsten Methoden denkbar sind) lassen sich extrem brillante Töne erzielen, deren Lichtechtheit jedoch leidet, setzt man sie direkter Sonneneinstrahlung aus. Kleidungsstücke aus Seide deshalb nie in der prallen Sonne trocknen! Auch sollten Bilder aus Seide nicht an einem sehr sonnigen Platz aufgehängt werden. Empfindlich ist Seide auch gegen trockene Hitze. Deshalb den Stoff immer feucht bügeln, eventuell mit dem Dampfbügeleisen oder durch vorausgehendes Besprühen mit Wasser. Doch Vorsicht: Manchmal hinterlassen die Tropfen Wasserflecken.
(Literatur: 27)

Entwurf übertragen: auf Transparentpapier und auf Seide (unten; B. Hansen)

vermögen für neue Farbkombinationen.
(Literatur: 22, 29)

Entwurf übertragen

Hat man aufgrund einer ⇨ Anregung oder eines ⇨ Vorlagebogens einen Entwurf gestaltet, erfolgt nun die Übertragung desselben auf den Seidenstoff. Damit werden zum Beispiel die Linien für die ⇨ Konturentechnik gezeichnet, oder es wird zum Beispiel eine grobe Skizzierung für eine Landschaftsgestaltung angelegt. Ein ⇨ Phantomstift, dessen Farbe von selbst wieder „ver-

schwindet", stellt eine große Hilfe dar. Vorgehensweise: Man legt die Skizze auf eine ebene Unterlage, dreht den ⇨ Spannrahmen mit der Seide um, so daß der Seidenstoff plan auf dem Skizzenblatt liegt (⇨ Dreizackstifte). Nun zieht man mit dem Phantomstift einfach die Linien nach, dreht die Seide wieder nach oben und beginnt mit der eigentlichen Gestaltung.
Sind die Linien des Entwurfs sehr deutlich mit einem schwarzen Filzstift gezeichnet, braucht man unter Umständen den Rahmen gar nicht umzudrehen, wenn alles durch die Seide gut zu erkennen ist, sondern kann die Zeichnung einfach unter den Rahmen legen. Man erspart sich einen Übertragungsschritt.

Entwurf vergrößern und verkleinern

Ein Entwurf oder ein Motiv in gleicher Größe wie der zu gestaltende Seidenstoff läßt sich meist aufgrund der

Transparenz des Seidenstoffes einfach übertragen (⇨ Entwurf übertragen). Hat man jedoch ein Motiv, welches zu klein oder zu groß ist, muß man dieses zuerst vergrößern oder verkleinern.

1. Der sogenannte Pantograph (auch: Storchenschnabel) ist das Hilfsmittel der Profis, welches jedoch Übung und Geschicklichkeit erfordert. Dieses Gerät besteht aus vier Stäben, die zu einem

Experimentelle Techniken: Hier wurden unter anderem Glasmurmeln mit Stoffmalfarbe über die Seide gerollt (Elfriede Möller)

Schenkelsystem zusammengesetzt werden. Man fährt die Konturen des Entwurfs mit einem Stift des Gerätes nach, und ein äußerer Stift zeichnet die Zeichnung auf gleiche Weise mit, jedoch in vergrößerter oder verkleinerter Form. Die Proportionen bleiben erhalten.

Experimentelle Techniken

◆ Experimentelle Techniken stehen im Gegensatz zu den klassischen Seidenmaltechniken. Meist aufbauend auf diesen, stellen die experimentellen Verfahren zum Teil eine Ergänzung, zum Teil eine Fortführung oder Weiterentwicklung der Arbeitstechniken in der Seidenmalerei dar, bis sie irgendwann selbst einmal klassisch zu nennen sind. Sie haben wenig, aber auch mit „Profi-Sein" zu tun, vor allem aber mit Kreativität und Inspiration. Denn oft spielt hier der Zufall und die Neugierde eine große Rolle, wie bei der Zuckersiruptechnik oder der Plissiertechnik.

◆ Meistens handelt es sich aber um Techniken, die mit (in der klassischen Seidenmalerei) fremden Materialien und Methoden arbeiten. So ist der Einsatz des Farbverdickers Basis für neue, spannende Verfahren wie die Monotypie, die Druck- oder Spachteltechnik.

◆ Die Fotokopiertechnik bietet die Möglichkeit, komplette Motive oder Bilder zu übertragen. Techniken wie das Action-painting, Shibori oder Plangi sind nicht nur Experimente, sondern lassen gerade ängstliche Neueinsteiger anfängliche Hemmschwellen überschreiten und können ein erstes Erfolgserlebnis geben. (Literatur: 6, 14, 17)

2. Haben Sie die Möglichkeit, mit einem Projektionsgerät zu arbeiten, bietet sich folgende Methode an: Man legt die Vorlage auf das Gerät und projiziert direkt auf das aufgespannte Seidentuch. Hier kann die Größe reguliert werden: durch die Entfernung zwischen Malfläche und Projektor.

3. Sehr einfach ist der Weg über ein Fotokopiergerät, mit dem man vergrößern und verkleinern kann. Sollte das Format zu groß sein, kopiert man zur Not etappenweise und fügt die Teilstücke aneinander.

4. Die klassische Rastermethode macht zwar etwas Mühe, bedarf aber keiner aufwendigen Geräte. Man zeichnet dazu über den Entwurf eine Art Quadratgitter aus Linien gleichen Abstands. Je detaillierter die Vorlage, desto „feinmaschiger" muß dieses Netz sein. Dann zeichnet man ein größeres (kleineres) Netz auf ein größeres (kleineres) Blatt Papier. Die Quadrate sind nun zwar größer oder kleiner, aber von gleicher Anzahl.
Nun zeichnet man die Vorlage so in das neue Gitter, daß immer die gleichen Linien in den gleichen Quadraten

Expressiver Stil: ein Beispiel von Shahida (Barbara Banach)

lien, um nur einige zu nennen. Es handelt sich meist um Teppiche, Wanddekorationen, Architektur, Keramik, Schmuck und sonstige kunsthandwerkliche Erzeugnisse, die als Lieferant für Ideen und ⇨ Anregungen dienen können.

Pablo Picasso (1881–1973) wurde zum Beispiel Anfang dieses Jahrhunderts durch afrikanische Masken inspiriert und begründete mit diesen Arbeiten die Phase des Kubismus in der modernen Malerei.

(Literatur: 5)

experimentelle Techniken
Siehe „Stichwort …"

expressiver Stil
Aus dem Lateinischen für: Ausdrücken, der Ausdruck. Ein expressiver Stil ist charakterisiert durch eine starke Fülle des Ausdrucks und nicht durch den Wunsch, Ideale oder die Realität wiederzugeben, wie es früher die akademische Kunst verlangte.

Ein leidenschaftliches Empfinden und der Ausdruck des innerseelischen Kampfes kennzeichnet so auch die Werke der Maler des Expressionismus etwa, der Künstlergruppen „Blauer Reiter" und „Die Brücke" zu Beginn des 20. Jahrhunderts. Die oft schwermütige Lyrik ihrer Werke spiegelt seelisch-geistige Prozesse der Künstler wider. Im Gegensatz dazu steht der ⇨ impressionistische Stil.

Um in der Seidenmalerei expressiv malen zu können, bedient man sich verschiedener freier Techniken (⇨ Aquarelltechnik, Verfahren mit ⇨ Verdicker, ⇨ Wachstechnik und so weiter). Solche Techniken weisen den Weg vom ⇨ Kunsthandwerk zur Kunst, wenn sie die inneren Gefühle des Künstlers in lebendiger Weise zum Ausdruck bringen.

liegen und in derselben Position. Die fertige Umsetzung kann dann, eben in vergrößerter oder verkleinerter Form, unter das aufgespannte Seidentuch gelegt und übertragen werden.
(Literatur: 22, 29)

Erschweren
⇨ Beschweren

Essigspülung
⇨ Eigenschaften der Seidenfaser

Etamine de Laine
⇨ Wolletamine

Ethno-Muster
Ethnische Motive können eine unerschöpfliche Quelle an ⇨ Motiven, ⇨ Ornamenten und ⇨ Mustern für die Seidenmalerei sein. Man kann einzelne Ornamente oder Formen separat als Gestaltungsschwerpunkt verwenden, ganze Bordüren aufeinanderfolgend daraus zusammensetzen oder flächendeckende Muster bilden.

Als Quelle dienen die verschiedensten (alten) Kulturen mit ihren spezifischen Motiven und Farben: Afrika, Orient, China, Indien, Japan, Indianische Urvölker, Ägypten, Mexiko oder Austra-

Fäden
⇨ Seidenfaser

Fadendichte
⇨ Dichte

fadengerade
Genau in der Kett- oder Schußrichtung liegender rechtwinkliger Verlauf der Gewebefäden, ohne Kurven oder Winkelabweichungen. Beim Schneidern wird auf das fadengerade Verarbeiten eines Stoffes großer Wert gelegt, damit das Kleidungsstück später richtig fällt, damit Muster zusammenpassen und so weiter.

In der Seidenmalerei wird damit oftmals auch das korrekte ⇨ Aufspannen des Seidenstoffes auf dem Rahmen bezeichnet. Es wird vor allem empfohlen, wenn man akkurat gerade Konturlinien erhalten möchte. In diesem Fall sollten die ⇨ Befestigungselemente in geringem Abstand zueinander aufge-

steckt werden, etwa 5 cm oder weniger. Auch kann sich eine Malerei mit Konturenmitteln verziehen, oder sie wirkt beulig, wenn sie vom Rahmen heruntergenommen wird.

Auch das Aufziehen der Seide für ⇨ Bilder sollte fadengerade vorgenommen werden, ebenso das Zuschneiden (Reißen) von geraden Stoffbahnen.

Fall
Der Fall eines Seidengewebes ist eines der Hauptcharakteristika, wenn man die ⇨ Eigenschaften der Seidenstoffe beschreiben möchte. Sie können duftig fallen, leicht oder schwer. Manche haben so gut wie keinen Fall, zum Beispiel solche wie ⇨ Doupionseide oder ⇨ Bouretteseide mit eher steifem Charakter.

Der Fall ist abhängig von ⇨ Bindung und ⇨ Dichte eines Gewebes. Die Überdrehung der Kett- oder Schußfäden (⇨ Grenadine) sorgt für einen schwe-

ren und guten Fall bei allen ⇨ Crêpe-Geweben trotz ihres zum Teil geringen ⇨ Stoffgewichtes. Der Fall eines Seidenstoffes ist ein wichtiges Kriterium, wählt man ihn für einen bestimmten Verwendungszweck aus, etwa für ⇨ Tücher, Kleidung (⇨ Schneidern) oder für ⇨ Heimtextilien wie Kissen oder Gardinen.

Fallschirmseide
⇨ Ballonseide

Farbbrillanz
⇨ Echtheiten

Farbe
⇨ Farblehre

Farbe-an-sich-Kontrast
⇨ Farbkontraste

Farbechtheit
⇨ Echtheiten

Färbemechanismen

Eine Färbung im Textilbereich bezeichnet den Vorgang der Fixierung eines Farbmittels auf einer bestimmten Faserart. In der Seidenmalerei haben wir es mit drei verschiedenen ⇨ Farbmitteln zu tun, die reine Seide einfärben. Wie funktioniert eine Färbung genau? Man muß vorweg sagen, daß trotz der vielfältigen Kenntnisse und Forschungen der Farbchemiker viele Theorien oft spekulativen Charakter haben. Diese im molekularen Bereich stattfindenden Vorgänge sind komplizierter Natur und entziehen sich oft der genauen Kenntnis. Zahlreiche Faktoren tragen oft dazu bei, die Farbstoffe an ihre Faser zu binden.

Der Mechanismus einer Fixierung des Farbmittels auf der Seide kann bei Seidenmalfarben durch drei verschiedene Arten des Färbeprozesses beschrieben werden:

1. Die Adsorption von Farbstoffen in wasserlöslicher Form durch hohe Temperatur. Dieser Mechanismus findet bei den ⇨ Dampffixierfarben statt.

2. Durch eine chemische Reaktion bei geringer Temperatur zwischen Faser und Faserstoff: ⇨ Reaktivfarben.

3. Durch eine Oberflächenbeschichtung, die ⇨ Pigmente haften auf der Faser mit Hilfe eines Bindemittels: ⇨ Bügelfixierfarben und Pigmentfarben (⇨ Stoffmalfarben).

(Literatur: 30)

Färben im Kochtopf

Siehe „Stichwort …" Seite 40

Farben mischen

Die nicht deckenden Seidenmalfarben mischen sich zum einen auf der Seide selbst, wenn man sie in ⇨ Schichten übereinander malt (⇨ Lasur), zum anderen kann man sie vor dem Malen gemischt anrühren.

In der Seidenmalerei hat man es normalerweise mit flüssigen Farben zu tun, die als solche natürlich optimal zu mischen sind. Optimal meint, daß sich die Farbkomponenten sehr schnell zu einer neuen, homogenen Farbe mischen. Darüber hinaus können alle Gesetze des Farbenmischens angewandt werden (geringe Einschränkungen bei den ⇨ Bügelfixierfarben), wie sie von Farbenforschern aufgestellt wurden. Voraussetzung ist immer die Verwendung von reinen ⇨ Grundfarben, will man die Grundlagen kennenlernen. Natürlich kann man auch andere Töne als die im folgenden angegebenen einsetzen, doch schränkt man sich damit von vornherein ein. Also nur wenn das reine (kalte) Gelb, das „pinkige", purpurartige Magentarot und das klare Cyanblau am Anfang der Mischreihe stehen, können tatsächlich alle Farben gemischt werden (soweit noch Schwarz hinzukommt). Dies sind die Farbbezeichnungen, wie sie auch vom deutschen Normenausschuß für Druckverfahren festgelegt wurden. Verwirrend kann jedoch die Zuordnung der verschiedensten Seidenmalprodukte werden, da fast jeder Hersteller seine Farben unterschiedlich benennt.

Zu Beginn des Farbenmischens steht zunächst die Kenntnis des ⇨ Farbkreises, wie er von Johannes Itten (1888–1967) aufgestellt wurde und der sich in der Praxis als brauchbar erweist. Zum Verständnis des systematischen Mischens der Farben geht man nun von der Basis, den drei Grundfarben Rot, Gelb und Blau, aus.

1. Die erste Stufe des Farbenmischens, das Erzeugen reinbunter Töne, die stets maximal zwei Grundfarben enthalten: Aus der Mischung von jeweils zwei Grundfarben in gleichen Anteilen entstehen die Sekundärfarben, oder Farben zweiter Ordnung: Grün, Violett und

Orangerot. Sie liegen optisch in der Mitte zwischen den Grundtönen (auch Primärfarben, Farben erster Ordnung). Zwei Grundfarben in unterschiedlichen Anteilen ergeben die Farben dritter Ordnung (Tertiärfarben).

2. Als nächste Stufe des Farbenmischens werden alle drei Grundfarben in unterschiedlichen Anteilen zueinander vermischt. Man erhält nun alle möglichen Nuancen, und wenn man sämtliche Töne auch noch aufhellt oder abdunkelt (dazu später mehr), kann man nun alle nur denkbaren Farben erzeugen.

Je näher diese Mischung aus den drei Grundfarben dabei zu einem je gleichwertigen Anteil dieser Farben tendiert, desto eher erreicht der erzielte Farbton ein Braun. Als Beispiel: Grün (bestehend aus Blau und Gelb) wird wenig Rot zugegeben. Man kann noch kaum einen Unterschied zum reinen Grün erkennen. Man gibt nun immer mehr Rot hinzu, die Farbe verändert sich langsam, das Grün wird „gebrochen". Mit etwa einem Drittel Rot gibt es dann Braun. So kann man mit allen Farben verfahren: Orangerot (Rot und Gelb) mit Blau, Violett (Rot und Blau) mit Gelb. Man kann auch sagen: Eine Farbe, zum Beispiel Gelb, mit ihrer Komplementärfarbe Violett (aus Blau und Rot) sukzessive gemischt, gibt „gebrochene" Töne bis hin zu Braun. Die Empfehlung, das Mischen mit den reinen Grundfarben zu üben, ist daher unbedingt sinnvoll, um die systematische Veränderung eines Farbtones für das anschließende freie Farbenmischen nachvollziehen zu können.

3. Das Mischen mit Schwarz ist auch eine Möglichkeit, eine Farbe zu „brechen" und sie so weit abzudunkeln, daß von ihrem Charakter nichts mehr erhalten ist. Schwarz sollte vom Ungeübten zuerst nur äußerst vorsichtig zugegeben werden, denn hier kann eine Mischung sehr schnell in einen unerwünschten Farbton umschlagen. Viele Farben werden durch Zugabe von Schwarz jedoch oftmals auch erst interessant, weil sie dadurch an Tiefe und Ausdruck gewinnen. Zum vorsichtigen Trüben eignet sich bisweilen ein Grauton (verdünntes Schwarz) besser.

4. Aufhellen durch Verdünnen der Farbe: bei deckenden Pigmentfarbstoffen (etwa bei Öl- oder Acrylfarben) muß zum Aufhellen Weiß zugegeben werden. Das gibt es jedoch in der Seidenmalerei nicht. (Ausnahme: Bei Bügelfixierfarben, die ja verdünnte Pigmentfarben sind, kann man Mischweiß dazukaufen.) Die Aufhellung eines Farbtones erfolgt in der Seiden- (und auch in der Aquarell-)malerei durch die ➪ Verdünnung mit Wasser, mit einem Wasser-Alkohol-Gemisch oder mit speziellem ➪ Verdünner. Auf diese Weise scheint einfach mehr vom weißen Seidenuntergrund durch. Ganz weiße Flächen auf der Seide werden durch eine ➪ Reservierung erzielt, man spart diese Stellen also aus.

5. Noch ein Tip: Am besten gibt man beim Mischen stets vorsichtig etwas von dem dunklen Ton zur helleren Ausgangsfarbe und nicht umgekehrt. Auch hat es sich bewährt, sich ein Farbmustertuch anzulegen.

Farbentfernung

1. Entfärben einer „mißglückten" Seidenmalerei: Inwieweit Sie einen bemalten und noch nicht fixierten Seidenstoff noch entfärben können, hängt in erster Linie davon ab, welches ➪ Farbmittel Sie verwendet haben. Haben Sie mit Bügelfixierfarbe gemalt, dann ist sie nicht mehr zu entfernen, da diese Substanz auch ohne Bügeln, also allein durch das Trocknen, schon fest mit dem Gewebe verbunden ist. Eine Ent-

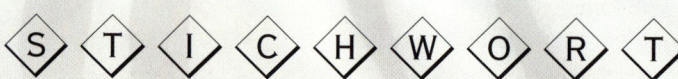

Färben im Kochtopf

◆ Seide kann im Kochtopf eingefärbt werden, ohne daß noch eine zusätzliche (Dampf-)Fixierung vonnöten wäre. Die einzelnen Arbeitsabläufe sind denkbar einfach.

◆ Man benötigt einen alten Kochtopf mit Emaillebeschichtung (keine Metalloberfläche), der nicht mehr zur Nahrungszubereitung verwendet wird. Er wird mit ausreichend Wasser gefüllt und auf den Herd gestellt. Dann gibt man Dampffixierfarben oder Reaktivfarben zu.

◆ Die Menge der Farbe bestimmt die Intensität der Färbung, die aber auch von der Dauer des Kochvorgangs abhängig ist.

◆ Nun gibt man die zuvor gewaschene Seide hinzu, am besten in nassem Zustand, das erhöht die Gleichmäßigkeit des ersten Farbanziehens. Rühren Sie sofort gut um, so daß sich die Farbe gleichmäßig im Stoff verteilen kann.

◆ Die Größe des Kochtopfes bestimmt hier, wieviel Meter Seide man darin gleichmäßig färben kann. Er sollte so bemessen sein, daß die Seide gut darin „schwimmen" kann und nicht zu stark geknüllt liegt, damit die Färbung gleichmäßig wird.

◆ Schalten Sie die Herdplatte auf Kochstellung. Wenn das Wasser anfängt zu kochen, kann die Temperaturzufuhr reduziert werden. Die Hitze sollte jedoch so stark sein, daß das Wasser immer

färbung durch Auswaschen der Seide ist somit nicht mehr möglich. ➪ Dampffixierfarben lassen sich durch einfaches Auswaschen zum größten Teil wieder etwas aufhellen. Weiter besteht bei diesen Farben – immer vorausgesetzt, die Seide ist noch nicht fixiert – die Möglichkeit des Entfärbens mit einem handelsüblichen Entfärbungsmittel. Hier gibt es welche, die extra schonend für feine Gewebe sind und deshalb die Seide nicht sehr stark strapazieren. Man erhitzt den Seiden-

stoff zusammen mit dem Entfärber in reichlich Wasser. Die Vollständigkeit der Entfärbung ist je nach Farbton unterschiedlich. Enthält die Bemalung viel Grundrot (➪ Magenta), so verbleibt meistens noch ein rosa Schatten auf der Seide, da Rot ein „starker" Farbstoff ist. Bei der nachfolgenden Neubemalung sollten Sie berücksichtigen, daß sich das Rosa mit der neu aufgetragenen Farbe mischt. ➪ Reaktivfarben lassen sich mit dieser Methode schwerer entfernen.

leicht simmert. Die Seide zieht die Farbe sukzessive (nach und nach) aus dem Wasser zu sich, die Intensität der Einfärbung wird also, zusätzlich zur zugegebenen Farbmenge, auch von der Dauer des Kochvorgangs bestimmt.

◆ Die Seide wird gleichzeitig gefärbt und auch fixiert. Ein anschlie-ßendes zusätzliches Fixieren ist daher nicht mehr erforderlich.

◆ Um einen Stoff besonders gleichmäßig zu färben, sind zwei Dinge zu beachten: Der Kochtopf sollte zum einen die je nach Seidenmenge entsprechende Größe haben, so daß die Seide nicht zu stark geknüllt darin liegt. Zum anderen sollte man während des Kochvorgangs immer wieder gut umrühren und den Stoff bewegen.

◆ Effektfärbungen gibt es, wenn man das Gegenteil tut, wenn man also den Stoff geknüllt und ohne Umrühren färbt. Die Farbe gelangt dann nur unregelmäßig an das Seidengewebe, und man erzielt reizvolle Effektfärbungen, die noch stark vom Zufall geprägt sind. Ähnliche Effekte, zudem gezielter, lassen sich durch die Technik des Plangi erzielen (Shibori).

◆ Nach der Färbung läßt man die Seide antrocknen und bügelt sie noch feucht, um eventuelle leichte Knitter zu beseitigen.

◆ Bedenken Sie: Hier wird die Seide einem regelrechten Kochvor-gang ausgesetzt. Zwar hat die lange Praxis gezeigt, daß das Gewebe keinen größeren Schaden nimmt; eine leichte Einschrän-kung im Glanz muß jedoch unter Umständen (in Ausnahmefäl-len) in Kauf genommen werden. Wenn man jedoch vermeidet, mit zu hoher Temperatur zu arbeiten, kann man hier entgegen-wirken.

Ob die Fleckentfernung aus Textilien gelingt, hängt also von mehreren Fak-toren ab. Vor allem gilt bei allen Farb-mitteln jedoch folgendes: Solange die Farbe noch nicht getrocknet ist, besteht eine gute Chance, ihn durch sofortiges Waschen zu entfernen. Bewährt hat sich auch der Einsatz von Gallseife: Vor der Wäsche wird der Fleck damit eingerieben. Nach dem Einwirken wäscht man den Stoff.

3. Entfernung von Farben von der Haut: Hartnäckige Flecken von Seidenmalfar-ben, die beim Arbeiten auf die Hände und in Fingernägel geraten sind, wer-den am besten mit einer speziellen ⇨ Reinigungspaste entfernt, die von ver-schiedenen Herstellern angeboten wird. Erste Hilfe, falls man keine Paste zur Hand hat, bieten natürlicher Zitronen-saft oder Haushaltsreinigungsmittel.

Farbfehler
Siehe Kapitel „Pannenhilfe"

Farbkontraste
Siehe „Stichwort ..." Seite 42

Farbkonzentrat
Ein Farbkonzentrat erhält man, wenn man flüssiges ⇨ Farbmittel verdunsten läßt, sehr schnell erfolgt dies durch Wärmeeinwirkung (Erhitzen). Das ent-sprechende Lösungsmittel der Farbe, also Wasser oder/und Alkohol verflüch-tigt sich, und zurück bleibt ein Konzen-trat aus Farbstoffen oder Pigmenten mit Bindemittel. Durch Zugabe des entspre-chenden ⇨ Verdünnungsmittels und nach sorgfältigem Umrühren kann die normale Konsistenz wieder hergestellt werden.
Will man feine lineare Zeichnungen auf der Seide anlegen, bedient man sich dieser Methode. Mit einem nur schwach mit Wasser oder Alkohol befeuchteten Pinsel nimmt man die

2. Fleckentfernung aus verschiedenen Textilien: Die Möglichkeit, Seidenmal-farbe von Textilien zu entfernen, hängt zum einen von der Art des verwendeten Farbmittels ab, zum anderen auch davon, um welche Textilfaser es sich handelt.
Bügelfixierfarben: Sie sind aus allen Textilien kaum zu entfernen, da dieser Farbstoff adhäsiv und ziemlich fest am Gewebe haftet.
Reaktivfarben: Der zugrunde liegende Farbstoff färbt sowohl Seide als auch Baumwolle. Die Entfärbung durch eine normale Wäsche ist daher nicht immer gewährleistet.
Dampffixierfarben: Diese traditionellen Farbstoffe färben alle tierischen, aus Eiweißmolekülen aufgebauten Stoffe, also Seide und Wolle. Wenn das Klei-dungsstück aus Baumwolle oder son-stigen Pflanzenfasern besteht, werden Flecken durch einfaches Waschen in der Maschine wieder entfernt. Haben Sie dagegen einen Wollpulli verfärbt, ist leider nichts mehr zu machen.

Farbkontraste

„Die Wirklichkeit einer Farbe ist nicht immer identisch mit ihrer Wirkung." (Johannes Itten, 1888–1967)

◆ Farbe ist relativ. Steht eine Farbe allein für sich, so spricht man von ihrer physikalisch-chemischen Wirklichkeit. Ihre eigentliche Wirkung spielt sich durch die sinnlich-optische Erfassung der Beziehung zu ihrer Umgebung ab. Diese physiologisch-psychologische Ebene kann man auch mit ihrer psycho-physischen Wirklichkeit bezeichnen, der eigentlichen Farbwirkung.

◆ Im Normalfall nehmen wir Farbe meistens im Zusammenhang wahr, in einem Bild oder in unserer täglichen farbigen Umwelt. So steht eine Farbe nie für sich, sondern immer im Kontext mit dem übrigen farbigen Umfeld. Rot hat eine unterschiedliche Wirkung, je nachdem, ob es mit Orange, Grün oder Grau in Nachbarschaft erscheint. Dem Phänomen der verschiedenen Farbkontraste liegen physiologische Gesetze des menschlichen Sehens zugrunde. Das Auge und unser Gehirn ergänzen sichtbare Farben um deren Gegen-(Komplementär-)farben, die gleichzeitig oder als Nachbilder geschaffen werden. Das Auge „strebt" sozusagen ständig nach einem Gleichgewicht, wie um für seine Ganzheit zu sorgen. Das hat auch seine Ursache in der Ermüdung unserer Sehzellen, in denen vermutlich bestimmte Stoffe die eintreffenden Lichtwellen als Nervenimpulse weiterleiten.

◆ Nachfolgend sind die wichtigsten Kontraste dargestellt. Das Wissen um sie sollte Grundlage jeder harmonischen Gestaltung sein. Wenn Sie sich Werke berühmter Maler anschauen, werden Sie erkennen, wie sich diese der Wirkung von Farbkontrasten bewußt waren und diese gezielt eingesetzt haben. Der Bauhausmaler und Farbenforscher Johannes Itten unterscheidet insgesamt sieben wesentliche Farbkontraste.

◆ Farbe-an-sich-Kontrast
Er stellt den am einfachsten darzustellenden Kontrast dar, der aus mindestens drei klar voneinander bestehenden Farben besteht. Von diesem Kontrast kann man im Prinzip immer dann sprechen, wenn eine Farbgestaltung sehr „bunt" wirkt, laut, kraftvoll und entschieden. Je intensiver, also in Richtung einer Grundfarbe gehend, ein Farbton ist, desto stärker wirkt er als Farbe im Zusammenhang. So ist Rot mit Blau ein stärkerer Kontrast als Petrolblau mit Weinrot.

◆ Hell-Dunkel-Kontrast
Hell und Dunkel sind hier als polare Gegensätze, wie Licht und Finsternis, ein wichtiges Gestaltungsmittel für viele Maler. Als Ausdrucksmittel ist die Gegenüberstellung von Schwarz und Weiß am deutlichsten verwirklicht, etwa in der japanischen und chinesischen Tuschmalerei. Die Künstler des Westens erzielten in ihren Holzschnitten, Radierungen und Kupferstichen durch die feinnuancierten Grautöne eine Meisterschaft der Darstellung von Ausdruck und Lebendigkeit, völlig ohne Farbe (mit „unbunten" Farben sozusagen oder auch monochrom in einem Farbton).
Der Hell-Dunkel-Kontrast ist also nicht nur bezogen auf alle Abstufungen zwischen Weiß und Schwarz, sondern gilt auch für Schwarz mit Farbe oder für Farbe an sich in verschiedenen Helligkeitsstufen, zum Beispiel Dunkelblau mit Hellblau.
Will man beim Malen einen Ton in all seinen Helligkeitsstufen ausspielen, wird man an Grenzen stoßen, wenn man von vornherein eine an sich schon helle Farbe, etwa Gelb, wählt.

◆ Kalt-Warm-Kontrast

Viele Versuche im Bereich der Farbforschung haben ergeben, daß der Mensch Rotorange-Töne als warm empfindet, Blaugrün-Töne als kühl. Den Charakter solcher Farben kann man neben kalt und warm auch noch beruhigend – erregend, fern – nah, durchsichtig – undurchsichtig oder schattig – sonnig definieren, womit man auf der Ebene der psychologisch-sinnlichen Bedeutung der Farben angelangt ist. Dem Malenden steht damit eine Vielfalt von expressiven Wirkungen durch den Kalt-Warm-Kontrast offen. Er ist ein wichtiges Gestaltungsmittel zur Darstellung von Nähe und Ferne, für perspektivische und plastische Darstellungen.

◆ Komplementärkontrast

Komplementärfarben sind die Farben, die sich im Farbkreis gegenüber stehen und die, mischt man sie, ein neutrales Grau ergeben. Solche Farbpaare enthalten also alle drei Grundfarben, die ja ebenfalls beim Mischen Grau ergeben. Beispielsweise ist Grün (bestehend aus Gelb und Blau) die Komplementär- (oder Ergänzungs-)farbe zu Magentarot. Jede bunte Farbe hat also ihre Komplementärfarbe.
Ungemischt und statt dessen nebeneinander gestellt aber steigern sie sich zu höchster Leuchtkraft. Die Wirkung etwa von Rot in Kombination mit Grün ist also wesentlich stärker, das Rot leuchtet intensiver, als wenn man es mit Orange kombiniert. Von diesem „verwandten" Umfeld hebt es sich nicht so gut ab.
Derartige Kontraste sind häufig von Malern wie Paul Klee (1879–1940), Cézanne (1839–1906) oder Hundertwasser (*1928) angewandt worden.

◆ Simultankontrast

Der Simultankontrast beschreibt das Phänomen, daß unser Auge automatisch die Komplementärfarbe zu einem Farbton erzeugt, wie bereits zu Beginn beschrieben. Ähnliches kann man beim sogenannten Nachbild beobachten: Schaut man lange auf eine rote Fläche und anschließend auf einen weißen Grund, erscheint ein grünes Nachbild.

Je weniger verwandt die benachbarten Farben sind, um so stärker wird es zu einer kontraststeigernden unruhigen Simultanwirkung kommen. Möchte man diesen Effekt eindämmen, empfiehlt es sich, die benachbarten Töne eher verwandt zu halten. Der Gesamteindruck wird ruhiger, da der Simultankontrast nicht so stark zur Wirkung kommt. Das Gegenteil ist der Fall, wenn sich annähernd komplementäre Töne gegenüber stehen.

◆ Qualitätskontrast

Dieser Kontrast bezieht sich auf den Reinheits- oder Sättigungsgrad der Farben. Am intensivsten sind die reinen Grundfarben Rot, Gelb und Blau in ihrer unvermischten Ausprägung. Man kann diese, und natürlich auch alle übrigen Farben, jedoch auch „brechen". Man erzielt dies durch die Zugabe von Schwarz oder Weiß. (Bei den Seidenmalfarben bedeutet Weiß eine Zugabe von Verdünnung). Ebenso spricht man von einer Brechung der reinen Farben, wenn schließlich alle drei Farben erster Ordnung (Grundfarben) zusammen vorkommen, ruhig in unterschiedlichen Anteilen. Eine einfache Regel: Man kann einen Farbton trüben, indem man seine Komplementärfarbe zugibt. Diese stumpfen Farbtöne leben übrigens, wenn leuchtende Farbtöne in ihrer Umgebung erscheinen.

◆ Quantitätskontrast

Dieser Kontrast betrifft das Größenverhältnis von zwei oder mehreren Farben auf einer Fläche. Geht es zum Beispiel darum, zwei oder mehrere Farben so in einem Größenverhältnis anzuordnen, daß keine Farbe besonders hervortritt und daß es eine harmonische Farbaufteilung gibt, stellt man fest, daß nicht nur die mathematische Größe einer Farbfläche ausschlaggebend ist, sondern auch die Leuchtkraft der beteiligten Töne. So ist Gelb die Farbe mit der stärksten Leuchtkraft, gefolgt von Orange, Rot, Grün, Blau und Violett. Das ist der Grund, warum wenig Gelb flächenmäßig viel Violett benötigt, dagegen Rot mit Grün in einem Verhältnis von eins zu eins auftreten muß, damit eine Farbe nicht dominiert. (Literatur: 28)

(fast) trockene Farbe auf. Beim Auftragen fließt sie kaum auseinander (Malen mit „trockenem" Pinsel). Man erspart sich dadurch das Anlegen einer ⇨ Grundierung. Bei ⇨ Bügelfixierfarben funktioniert diese Methode übrigens besser als bei den anderen Sorten, da Bindemittel und Pigmente mehr Substanz besitzen als lösliche Farbstoffe.

Farbkreis

Eine der Möglichkeiten, ein wenig Ordnung und System in die Welt der Farben zu bringen. Verschiedene Künstler haben sich mit solchen Modellen (Farbkreisen, -kugeln, -sternen, -pyramiden) befaßt, zum Beispiel auch Johann Wolfgang von Goethe (1749–1832), Philipp Otto Runge (1777–1810), Paul Klee (1879–1940) und Johannes Itten (1888–1967). Doch sind im Prinzip alle Formen insofern unvollkommen, als sie nicht alle Phänomene der Farben (Ton, Intensität, Helligkeit, Trübungen …) gleichzeitig in angemessener Weise erfassen können. Als Modell recht anschaulich ist der Farbkreis von Johannes Itten, auch wenn er nur die reinbunten Farben erfaßt und nicht von den „echten" ⇨ Grundfarben (Magenta, Cyan und Gelb) ausgeht, die eine DIN-Norm für Druckfarben festlegt. Dennoch ist er als Hilfe gerade auch für die Seidenmalerei äußerst hilfreich.

Der Farbkreis besteht aus 12 Segmenten und geht von einem gleichseitigen Dreieck aus, an dessen Spitze oben Gelb gesetzt ist, links unten Blau und rechts unten Rot. Das sind die Grundfarben oder Farben erster Ordnung (Primärfarben). Zu einem Sechseck wird das Gebilde, wenn auf die Schenkel dieses Dreiecks jeweils die mittleren Mischfarben von zwei Grundfarben gesetzt werden: Rot und Gelb gibt

Orange, Blau und Rot gibt Violett, Gelb und Blau gibt Grün. Diese bilden die Farben zweiter Ordnung, also Grün, Violett und Orange, die theoretisch aus genau gleichen Anteilen von jeweils zwei Grundfarben bestehen. Um dieses Sechseck kann man nun ein zwölfteiliges Kreisband legen, in das man zunächst an den entsprechenden Stellen die Farben erster und zweiter Ordnung einträgt, so daß zwischen jeweils zwei Farben ein leeres Feld bleibt. In diese Felder werden nun die Farben dritter Ordnung gesetzt, die aus einer Mischung zwischen einer Farbe erster Ordnung und einer benachbarten Farbe zweiter Ordnung bestehen. Gelborange, Rotorange, Rotviolett, Blauviolett, Blaugrün und Gelbgrün.

Dieser Farbkreis ist für jeden Menschen, der mit Farben praktisch arbeitet, ein sehr gutes Modell zum konstruktiven Farbenmischen.

Farblehre

Siehe „Stichwort …" Seite 46

Farbmischung, additiv

Dieser Begriff, der irrtümlich oft als das Gegenteil der ⇨ subtraktiven Farbmischung angesehen wird, beschreibt ein optisch-physiologisches Phänomen, das mit unserer Farbwahrnehmung zusammenhängt, also mit der Verarbeitung optischer Reize durch Netzhaut und Gehirn. Der Forschungsbereich des Farbensehens ist äußerst kompliziert, doch weiß man, daß die Netzhautre-

Farbkreis: gemischt aus den Grundfarben Gelb, Blau und Rot

zeptoren zunächst nur die elektromagnetischen Wellenlängen der Farben Rot, Blau und Grün wahrnehmen können (Primärvalenzen). Außerdem wird neben dem Ton noch die Sättigung und die Helligkeit registriert. Durch gleichzeitiges Auftreten verschiedener Wellenlängen oder durch sehr kleine nebeneinander liegende Farbpunkte, die das Auge nicht mehr unterscheiden kann, entstehen in unserer Wahrnehmung die Mischtöne (etwa auch beim Farbdruck mit Rasterpunkten). Dabei bildet die Lichtdichte der Komponenten eine Summe, es wird addiert. Beispiel: Stehen zahlreiche kleine weiße und schwarze Flecken nebeneinander, erscheint in unserer Wahrnehmung die Gesamtfläche grau. Die Summe des roten, grünen und blauen Lichts ergibt Weiß, was man auch durch Projektion farbiger Lichtkegel auf einer Leinwand demonstrieren kann. Die Impressionisten mit ihrer oft fleckhaften Malweise haben sich intensiv mit diesem Phänomen befaßt. Mit den (Seiden-)Malfarben Rot, Grün und Blau läßt sich jedoch kein Weiß ermischen, hier spielen kompliziertere Gesetzmäßigkeiten eine Rolle.

Farbmischung, subtraktiv

Die subtraktive Farbmischung klingt zwar wie das Gegenteil der ⇨ additiven Farbmischung, bei der sich die Lichtdichte und Werte der beteiligten Wellenbereiche in unserer Wahrnehmung summieren und als Mischung aus den drei Primärvalenzen Rot, Grün und Blau erscheinen. Hingegen befaßt sich die subtraktive Mischung gar nicht mit der physiologisch-optischen Wahrnehmung, sondern erklärt „lediglich" die physikalischen Vorgänge, die sich bei der Beeinflussung von Lichtstrahlungen im spektralen Bereich ergeben. Diese Phänomene, die auch viel mit Streu-

Farbtrennung: an manchen Stellen in dem Bild von Friedel Schilling (Ausschnitt) zu beobachten

ung, Reflexion, Durchdringung und so weiter zu tun haben, unterliegen äußerst verwickelten Gesetzmäßigkeiten und können hier nicht näher erläutert werden. Keinesfalls kann man jedenfalls vereinfacht sagen, daß es sich bei farbigem Licht um additive und bei Künstlerfarben um subtraktive Mischungen handelt, da es hier um „Körperfarben" gehe. Auch diese Farben werden schließlich als Lichtwellen in unserem Auge registriert und additiv verarbeitet. (Allerdings kann man sagen, daß etwa bei einer roten Fläche die Summe aller Gegenfarben absorbiert wird, also vom ursprünglich weißen Licht subtrahiert wird, so daß nur noch die Wellen unsere Netzhaut erreichen, die den Farbeindruck „Rot" hervorrufen.)

Farbmittel

Siehe „Stichwort …" Seite 49

Farbreste

Farbreste wegzuschütten ist sowohl vom ökologischen Standpunkt aus zu vermeiden als auch vom ökonomischen. Auch wenn man die Giftigkeit von Farben relativ bewerten sollte, gehören sie mit Sicherheit nicht ins Grundwasser! Zudem ist es absolute Verschwendung, „Reste" von Farbmischungen nicht weiter zu verwenden. Mit einer der drei reinen Grundfarben kann man jede auch noch so undefinierbare oder unschöne Farbe strecken, das heißt ihr ein neues Gewicht geben. Besonders empfehlenswert ist das strukturierte Sammeln von gemischten Farben. Man legt sich einige Farbbehälter zu, etwa leere Wasserflaschen, kleine Plastikkanister oder ähnliches. Sie werden eingeteilt und beschriftet nach Rot-, Blau-, Gelb-, Grün-, Schwarz- oder Braunmischungen. Die Farbreste werden nach dem jeweiligen Farbschwerpunkt in diese Behälter gefüllt. Auf diese Weise handeln Sie ökologisch und ökonomisch und haben dabei noch ein ständig variierendes Reservoir an gemischten Tönen.

Farbstoff

⇨ Farbmittel

Farbtrennung

In der Seidenmalerei ein Phänomen, das besonders bei der ⇨ Salzeffekttechnik oder beim Entstehen eines Trockenrandes (⇨ Randbildung) an der Grenze zwischen Farbe und weißer Seide zu beobachten ist. Es ist hierbei eine Art Aufspaltung der Farbe festzustellen, zum Beispiel ein grüner Streifen oder grünliche Schattierungen bei brauner Farbe. Hier haben sich die

FARBÜBERGÄNGE

Bestandteile der Farbmischung voneinander „getrennt". Das geschieht deswegen, weil die drei ➪ Grundfarben, aus denen alle gemischten Farben in variierten Anteilen bestehen, unterschiedliche Fließgeschwindigkeiten (➪ Fließverhalten) aufweisen. So ist die Grundfarbe Magentarot sehr träge, sie verbindet sich nach dem Auftragen schon sehr schnell mit dem Seidengewebe. Blau und vor allem Gelb fließen hingegen leichter. Bei der Farbtrennung, wie sie zum Beispiel beim Salzeffekt zu beobachten ist, trennt sich nun der Gelb-Blau-Anteil (=Grün) vom Rot und fließt nach außen, während das Rot „stehenbleibt". So entstehen schöne Farbspiele. Auch die Effekte der ➪ Auswaschtechnik beruhen zum Teil auf dem Phänomen der Farbtrennung. (Literatur: 1, 2, 3)

Farbübergänge
Da es sich bei Seidenmalfarben um flüssige Farben handelt, fließen zwei Farben, die man mit etwas Abstand gegeneinandersetzt, aufeinander zu und mischen sich in der Mitte. Die dort entstehende Farbe ist eine Mischfarbe

STICHWORT

Farblehre

◆ Was ist Farbe? Farbe ist ein Phänomen, welches sich nicht nur im Farbkasten abspielt. Auch wenn man um die praktische Anwendung der Farben, um das Farbenmischen und die Maltechniken mit den verschiedensten Farben weiß, hat man noch nicht alle Aspekte des Phänomens Farbe erfaßt.

◆ Die Farblehre ist in erster Linie eine aus der Erfahrung und Anschauung des Malenden entstandene Anleitung zur ästhetischen Farbgestaltung. Zum einen spricht man von Farbwirklichkeiten, wie sie vom Chemiker und Physiker erforscht werden. Die eigentliche Farbwirkung spielt sich zum anderen auf der Ebene der subjektiven Anschauung ab und ist somit psychologischer Natur. Zusätzlich kann man von der metaphysischen Bedeutung der Farben sprechen, denn die wirklich tiefen und geheimnisvollen Wirkungen von Farben werden eher mit dem Herzen als mit den Augen erfaßt.

◆ Begriffliche Formulierungen versagen, wo Intuition den Weg zeigen kann. Große Meister aus alten Zeiten schufen Meisterwerke der Kunst und zeigten damit ein Wissen über die Farbe, welches weit weg von Wissenschaftlichkeit war. Genialität verläßt immer den Weg der Lehre und geht den der sicher fühlenden subjektiven Anschauung. Dennoch gibt es weder ein Geheimnis der Farblehre, noch sind nicht wenige Künstler erst durch das theoretische Studium der Farben zu Meistern ihres Faches geworden. Wenn man die Theorie als das nimmt, was sie sein sollte, nämlich eine

Farbübergänge: in der Untermalung dieses Musters (E. Schwinge)

aus beiden Komponenten. Wie „hart" der Farbübergang ausfällt, läßt sich durch eine entsprechende Malweise steuern.
Auch wenn beide Farben gleichzeitig fließen, sind, auch ohne ➪ Konturenmittel, deutliche Grenzen zwischen den beiden Farben sichtbar. Möchte man weiche, schöne, sukzessiv ineinandergehende Farbübergänge oder ➪ Schattierungen mit vielen Nuancen herstel-

Befreiung von Unsicherheit und schwankendem Empfinden, dann kann man sie auch verlassen und wirklich frei werden von starren Regeln und Gesetzen.

◆ Die Farblehre sollte daher als ein Instrument angesehen werden, welches einen Einstieg vermitteln und eine Orientierung zum Umgang mit Farbe geben kann. Ittens Antwort auf die Frage seiner Schüler nach allgemein verbindlichen Regeln und Gesetzen gibt hier eine sehr schöne Beschreibung der Funktion der Farblehre: „Wenn Sie, ohne zu wissen, Meisterwerke der Farbe schaffen können, so ist das Nicht-Wissen Ihr Weg! Wenn Sie aber aus Ihrem Nicht-Wissen keine Meisterwerke der Farbe schaffen können, dann sollten Sie sich Wissen erarbeiten."

◆ Der Begriff der Farbe läßt sich also unter verschiedenen Gesichtspunkten betrachten. Zunächst einmal ist Farbe der Werkstoff oder das Farbmittel, mit dem sich der Künstler oder der sonst schöpferische Mensch im praktischen Umgang auseinandersetzt. Das Farbmittel ist hier gemeint als Substanz, die etwas färbt. Hier geht es um die Farbstoffe oder Pigmente, um deren Echtheiten und die Mischbarkeit. Dies gilt für die Seidenmalerei genauso wie für andere Maltechniken. Wirkliches Wissen über die Farbe beinhaltet aber nicht nur die künstlerisch-praktische Anwendung, sondern betrifft auch den Bereich der Chemie der Farben, der physikalisch-physiologischen Natur der Farben und der psychologischen Farbwirkung.

◆ Zusammenfassend lassen sich somit drei Ebenen des Begriffs Farbe unterscheiden: die chemisch-praktische Bedeutung als Werkstoff (Farbmittel), die physikalisch-optische Bedeutung (physikalische Farbwirkung), die psychologische Bedeutung (psychologische Wirkung, subjektives Empfinden).
(Literatur: 28)

Farbüberläufer

Farbüberläufer können beim Arbeiten mit ⇨ Konturenmittel entstehen: Die benzinlösliche ⇨ Gutta oder das wasserlösliche Konturenmittel soll die flüssige Seidenmalfarbe am Weiterfließen hindern. Sind diese Mittel jedoch nicht korrekt aufgetragen, bilden sie keine ausreichende Barriere für die Farbe. Dies kann mehrere Ursachen haben: Beim unsachgemäßen Auftragen entstanden zum Beispiel „Löcher" in der Konturenlinie; das Konturenmittel hatte nicht die richtige Konsistenz für die gewählte Seide, war zu dick oder zu dünnflüssig. Genaue Fehlerquellen und deren Behebung können Sie im Kapitel „Pannenhilfe" nachlesen. In der Praxis hat sich vor allem die benzinlösliche Gutta bewährt.
(Literatur: 1, 2, 3)

Farbverdichtung
⇨ Farbverschiebung

Farbverdickung
⇨ Verdicker

Farbverlauf
⇨ Schattieren

Farbverschiebung

Der Farbverdichtung geht zuerst eine Farbverschiebung voraus. Auf der unfixierten Seide lassen sich die Farbstoffe unter Einwirkung von Wasser, Farbe und Pinsel, auch durch die hygroskopische Wirkung von Salz (⇨ Salzeffekttechnik) oder durch die ⇨ Auswaschtechnik anlösen und im Gewebe bewegen. Die Farbstoffe wandern immer nach außen und verdichten sich zu einem dunklen, gezackten oder scharfkantigen Rand, je nach ausgeübter Technik. Zurück bleiben entsprechend an anderen Stellen partielle Entfärbungen. So bilden sich interessante Effekte,

len, gibt es in der Seidenmalerei die Möglichkeit des Lavierens. Die Farben lassen sich in unfixiertem Zustand immer noch aufschwemmen und verreiben (bei ⇨ Bügelfixierfarben sind hier jedoch Grenzen gesetzt).
Damit bei dieser Übung keine Ränder (⇨ Randbildung) entstehen, sind folgende Aspekte zu beachten: Je besser Sie die Farbstoffe mit dem Pinsel „vertreiben", desto feiner können diese sich

verteilen und schöne Nuancen erzielen. Deswegen ist ein stabiler Pinsel ebenso wichtig wie kontinuierliches, zügiges Malen. Sowohl der Farbe als auch dem Wasser, in das Sie ab und zu den Pinsel zur Hilfe tauchen können, sollte ⇨ Verdünner zugesetzt sein. Und das wichtigste: Wenn das Ergebnis beim ersten Mal nicht befriedigend ausfällt: Hier macht Übung den Meister!
(Literatur: 1, 2, 3)

etwa die bizarren Strukturen der Salztechnik oder die geheimnisvolle Tiefenwirkung der ⇨ Alkoholtechnik. Es geht
dabei keine Farbe verloren, sondern sie
sammelt oder verdichtet sich nur an
anderer Stelle.

Mit Pigmentfarben, also etwa mit
Bügelfixierfarben, lassen sich Farbverschiebungen und Farbverdichtungen in
der beschriebenen Weise nicht mehr
ausführen, wenn die Farbe erst einmal
trocken ist. Das enthaltene Bindemittel
wirkt dann bereits.

(Literatur: 1, 2, 3)

**Farbwirkung, physikalisch
und physiologisch**

Farbe wird vom Wissenschaftler in
einer ganz anderen Weise verstanden
als vom Maler. Der Wissenschaftler
versteht Farbe als physikalisch-optische Erscheinung, die physiologische
Wahrnehmungen hervorruft. Farben
sind, so weiß man seit Newton, elektromagnetische Schwingungen verschiedenster Wellenlängen und Teil-
chen. Sie treffen auf das Auge und
lösen erst dort und im Gehirn die

Empfindung einer bestimmten Farbe
aus. So ist Farbe zu verstehen als
eine von einem gefärbten Körper
oder von einer Lichtquelle ausgehende
und in uns wirkende Empfindung.
Somit ist sie auch eine subjektive

**Farbwirkung: intensiv durch klare und
gebrochene Farben, harte Kontraste und
weiche Übergänge
(Weiss-Rössner)**

Erscheinung, bei der auch psychologische Vorgänge eine wesentliche Rolle spielen.

An dieser Stelle seien jedoch die Vorgänge beschrieben, die eher objektiver und meßbarer Natur sind.

Der farbige Körper oder die Lichtquelle sendet verschiedene elektromagnetische Schwingungen aus. Je nach Wellenlänge und Schwingungszahl pro Sekunde registrieren wir die sichtbaren, ungetrübten Farben des sichtbaren Spektrums. Der Mensch sieht in einem Spektrum von 400–700 Millimikron Wellenlänge, Tiere registrieren auch andere Bereiche. Die Summe aller Farben des Spektrums ist für den Physiker Weiß, gemeint ist damit das Licht, man spricht von einer additiven Mischung. Die Farben „schlafen" sozusagen im weißen Licht. Demonstrieren kann man das dadurch, indem man Licht durch ein Prisma schickt. Es entsteht, ähnlich dem Regenbogen, ein Band reiner und satter Farben von Rot, Orange, Gelb, Grün, Blau, Indigo und Violett mit allen Übergängen.

Für das Farbensehen gilt nun: Trifft ein Lichtstrahl auf eine blaue Fläche, absorbiert sie einen Teil der Wellen und wirft nur die zurück, die dem Auge die Empfindung Blau vermitteln. Farbe ist demnach an Licht gebunden. Ein roter Körper dagegen „löscht" praktisch alle übrigen Lichtstrahlen (Wellenbewegungen) aus dem Spektrum außer Rot. Albert Einstein entdeckte 1921 die zweite wichtige Eigenschaft des Lichtes: Es ist Träger einer eigenen, meßbaren Energie, genauso wie Elektrizität oder Wärme. Unterschiede bestehen lediglich hinsichtlich der Wellenlänge. (Literatur: 28)

Farbwirkung, psychologisch

Farben sind elektromagnetische Schwingungen verschiedenster Wellen-

Farbmittel

◆ Als Farbmittel bezeichnet man die Substanzen, die etwas einfärben. Nach einer DIN-Norm teilt man die farbgebenden Stoffe ein in anorganische und organische Pigmente sowie lösliche organische Farbstoffe.

◆ In der Seidenmalerei gibt es im wesentlichen zwei zu unterscheidende Farbmittel, deren chemische Zusammensetzung und Eigenschaften die Fixierungsart, die Echtheiten und den möglichen Gebrauch für andere Fasern bestimmen. So kennt man zum einen die „echten" Farbstoffe, die in sehr stark gelöster Form vorkommen, so daß der Chemiker auch von untrüben Lösungen spricht. Weil die Moleküle von Farbstoffen sehr klein sind, können sie in die Faser eindringen. Sie besitzen eine starke Affinität (Anziehung) zur Faser und werden chemisch durch die jeweilige Fixierung an diese gebunden. Es handelt sich hier um die Dampffixierfarben und die Reaktivfarben.

Zum anderen gibt es die Pigmentfarben, etwa die Bügelfixierfarben. Es handelt sich hier um größere, unlösliche Farbsubstanzen. Die feinstverteilten Pigmente legen sich um die Faser herum und werden durch das Bindemittel, eine leichte Kunstharzdispersion, mit dieser verbunden. Sie benötigen zur Fixierung nur Trockenhitze (Bügeln). Die Farbe setzt sich aus dem Pigment organischen Ursprungs, aus dem Bindemittel und aus Wasser zusammen.

längen, welche auf die Netzhaut des Auges treffen und im Gehirn die Empfindung einer Farbe bewirken. Daß Farben somit eine eigene Kraft haben, die auch auf die Psyche und den Geist des Menschen einwirken, wußte man schon seit frühesten Zeiten der Menschheit. In frühen Kulturen des amerikanischen Kontinents zum Beispiel wurde eine Farbe selten wegen ihrer rein optisch-ästhetischen Wirkung eingesetzt, statt dessen hatte die Verwendung einer bestimmten Farbe einen starken Symbolcharakter und ist daher eher als Wortzeichen oder Hieroglyphe zu bewerten.

Die Verbindung bestimmter Farben mit symbolischem und mythischem Erleben ist von allen Kulturen der Welt schon in früherer Zeit entwickelt worden, ob es sich nun um Indianer, Griechen, Asiaten, Ägypter oder Christen handelte. Das Erleben von Farben in der Natur löst im Menschen bestimmte Gefühlsreaktionen aus, und von diesen vor allem werden die symbolischen

FARBZERSTÄUBER

Farbdeutungen abgeleitet, die ihren Niederschlag in Religion, Philosophie, Kunst und Psychologie finden. Die Übereinstimmungen der Symbolik vieler Farbwerte ist sowohl überkulturell als auch zeitgeschichtlich überdauernd und beweist, daß diese Kultsymbolik auf dem natürlichen seelischen Farberleben des Menschen beruht.

Die erste „Erforschung" der seelischen Wirkung von Farbe ist Johann Wolfgang von Goethe zu verdanken, dessen Kapitel über die sinnlich-sittliche Wirkung von Farbe an dieser Stelle zu nennen ist.

In der heutigen Zeit ist die psychologische Bedeutung von Farbe unumstritten, und oft findet sie leider nur eine oberflächliche Anwendung im rein optisch-materiellen Sinne. Die Erkenntnisse über die Bedeutung von Farben sind jedoch auch Grundlage ganzheitlich orientierter Mediziner und Psychologen.

Die Kirlian-Fotografie macht sichtbar, daß jeder Mensch eine eigene Grundschwingung besitzt, seine „Aura". Sie steht in wechselseitiger Abhängigkeit zu den Farben, die den Menschen umgeben. Die Kraft der Farbschwingungen wird hier zum Anknüpfungspunkt, um das gestörte Gleichgewicht von Körper und Seele wieder in Einklang zu bringen.

Den verschiedenen Farben werden spezifische Wirkungen zugeordnet: So ist Blau beruhigend, raumschaffend und kühlend. Es steht für die Seele, für Zugang zur eigenen Mitte und Harmonie, aber auch für Schwermut. Es ist dem Element Wasser zugeordnet.

Rot symbolisiert Feuer, Körper und Dynamik. Es wird immer dann eingesetzt, wenn es darum geht, gestaute Energien freizusetzen. Es dient aber auch zur Warnung: rote Ampel, Feuerwehrauto und so weiter.

Gelb ist die Farbe des Geistes, der Luft, der Kommunikation und Offenheit. Grün ist Leben, Wachstum und Hoffnung. Für den Psychologen ist Grün die Farbe des Ichs, da sie Selbstbehauptung und Sicherung des Daseins ausdrückt. Violett gilt als geheimnisvolle, ja verzauberte Farbe. Die violette Kleidung kirchlicher Würdenträger, als Vermittler zwischen der materiellen und der geistigen Welt, zeugt von der magischen Bedeutung der Farbe Violett. Schwarz ist zwar keine Farbe im strengen Sinn, erfährt jedoch durchaus psychologische Bedeutung. Sie steht für Verneinung und Opposition, aber auch für würdevollen Ernst und Eleganz.

Eine Vorliebe für oder eine Abneigung gegen eine bestimmte Farbe sagt also auch immer etwas über die Persönlichkeit eines Menschen aus. Man sollte sich jedoch davor hüten, dies in einer oberflächlich-eindimensionalen Ebene zu bewerten. Denn die Bedeutung einer Farbe hat, wie jedes Ding im Leben, zwei Seiten: positiv und negativ. Eine

Farbwirkung: ein eindringliches Beispiel von Friedel Schilling

sinnvolle Betrachtung kann hier nur in ganzheitlicher Form geschehen.

Für den mit Farben praktisch arbeitenden Menschen (und damit auch für den Seidenmaler) können die vorangegangenen, grob skizzierten Erkenntnisse über die Wirkung von Farben ein erster Weg sein, sich mit diesem spannenden Gebiet zu beschäftigen. Man wird sich jetzt vielleicht nicht mehr wundern, warum man am liebsten mit Blautönen arbeitet und an manchen Tagen kein Rot ertragen kann. Die Welt der Farben ist eine Ganzheit, in der optische, psychische und geistige Phänomene aufs engste miteinander verbunden sind.

(Literatur: 31)

Farbzerstäuber
⇨ Spritztechnik

Faseraufbau
⇨ Seidenfaser

Feder
⇨ Aufsatzdüse

Fehlerbeseitigung

Am häufigsten wird es als ein „Fehler" empfunden, wenn eine Kontur „undicht" und wenn Farbe „ausgelaufen" ist. Solche Fehler kann man, wörtlich genommen, nicht mehr beseitigen. Die Rettung ist dann eine ergänzende neue Kontur, die sich bezüglich der Gestaltung harmonisch in das Gesamtbild einordnet. Eine Beschreibung dieser Vorgehensweise finden Sie im Kapitel „Pannenhilfe" erläutert.

Generell sollte man eine als Panne empfundene „Fehlgestaltung" auch als eine Aufforderung sehen, die Gestaltung neu zu entwerfen. Gerade in der Seidenmalerei mit ihren vielfältigen Techniken hat man hier sehr viel Möglichkeiten. Man kann zum Beispiel

Fixiergerät

◆ Ein solches Gerät (oft auch Profifixiergerät genannt) dient zum Fixieren dampffixierbarer Seidenmalfarben; vor allem läßt sich eine größere Menge Seide darin faltenfrei behandeln, anders als bei der Verwendung eines Kochtopfes etwa. Hier gibt es im wesentlichen zwei Typen, Liege- und Standgeräte.

◆ Das traditionelle Standgerät mit integriertem Kocher muß man nach dem ordnungsgemäßen Befüllen an die Steckdose anschließen. Der Vorteil ist die platzsparende hohe Säulenform des Gerätes, welches sich bequem in einer kleinen Nische in der Wohnung unterbringen läßt. Nachteile sind der relativ hohe Preis von ca. 600–1000 DM und das hohe Gewicht.

◆ Eine ideale Alternative ist das Liegendgerät aus leichtem Aluminium mit einer Breite von 100 cm, das schon für knapp 280 DM zu haben ist. Es handelt sich hier um einen Kasten mit Einsatz und Deckel, der wie ein Dach geformt ist. Man benötigt hier allerdings eine externe Heizquelle, also den Herd oder zwei Heizplatten.

◆ Auf dem Einsatz im Innern solcher Liegendgeräte befindet sich die Fixierstange aus Aluminium. Sie wird entnommen, und die Seide, die man vorher in „Sandwichart" in Papier oder Baumwolltücher einpackt, wird darauf aufgerollt. Man verklebt das Ganze noch mit Paketklebeband, legt die Stange auf den Einsatz, setzt den Deckel auf und fixiert etwa 1½ bis 2 Stunden. Der Boden des Gerätes muß etwa zwei Zentimeter hoch mit Wasser bedeckt sein.

◆ Mit einem Fixiervorgang können in solchen Geräten zwischen 10 und 20 Tücher fixiert werden, je nach Stoffstärke.

◆ Sie sollten auch darauf achten, bei bestimmten Techniken mehr als eine Lage Papier oder Baumwolltuch zwischenzulegen. Beispiele: Wachstechnik – hier schmilzt das Wachs während des Fixierens, man benötigt einige Lagen (Lösch-)Papier; Salztechnik; Zuckersiruptechnik; außerdem alle Arbeiten, bei denen mit viel unverdünnter oder sehr kräftiger Farbe gemalt wurde.

durch die Schichttechnik (⇨ Schichten), die ⇨ Wachstechnik oder durch ⇨ Plangi eine Panne „retten", indem man die Gestaltung dadurch völlig verändert.

Feuerzeugbenzin
Benzin

Fibroin
⇨ Seidenfaser

Filament
⇨ Seidenfaser

Filieren
Verzwirnen von Fäden: Bei der Herstellung von Kettfäden und Schußfäden für Seidenstoffe werden mehrere Rohseidenfäden (⇨ Haspelseide) zunächst zu Grège leicht zusammengedreht, mehrere dieser Grègefäden filiert man dann zu einem stabileren Faden. Verzwirnt man dieses Produkt weiter, in anderer Richtung (montinieren), erhält man Organsin oder, wenn es stark überdreht wird, Grenadine (etwa für Crêpe-Seiden).

Filz
⇨ Seidenfilz

Fixativröhrchen
⇨ Spritztechnik

Fixierdienst
⇨ Fixierservice

Fixieren
Jede Seidenmalfarbe muß fixiert werden. Das ⇨ Farbmittel geht damit erst eine dauerhafte Verbindung mit dem Seidenstoff ein und erlangt die ⇨ Echtheit der Färbung. Die Fixierungsart unterscheidet sich hinsichtlich des verwendeten Farbmittels und ist abhängig von der Farbchemie:

- Bügelfixierfarben: Bügeln
- Reaktivfarben: Fixierung durch speziellen Flüssigfixierer oder durch
- Dampffixierung
- Dampffixierfarben: Dampf-fixierung

(Literatur: 1, 2, 3)

Fixiergerät
Siehe „Stichwort …" Seite 51

Fixiermittel
- Reaktivfarben

Fixierservice
Wer seine dampffixierbaren Farben nicht selbst fixieren möchte, kann seine

**Florale Gestaltungen: von Shahida (oben)
und Traudi Dwinger**

Fließverhalten

◆ Seidenmalfarben sind flüssige Farbmittel, die nicht wie auf Aquarellpapier dort stehenbleiben, wo man sie aufträgt, sondern auseinander fließen. Der Grund: Ein Seidengewebe besteht aus sehr vielen feinsten Fasern, die sich dicht aneinander legen, es gibt viele Zwischenräume und Spalten und eine große Oberfläche. Das zusammen erzeugt eine Kapillarwirkung, sobald Flüssigkeit auftrifft; diese breitet sich rasch aus, sie fließt.

◆ Das Fließverhalten der Farbmittel auf der Seide ist eines der wichtigsten charakteristischen Phänomene in der Seidenmalerei überhaupt und Basis für viele Techniken. Doch ist es nicht immer gleich; manche Faktoren – die Sie zum Teil selbst beeinflussen können – spielen eine große Rolle.

◆ Das Fließverhalten wird durch die Dichte des Seidenstoffes beeinflußt. Hier gilt: Je dichter oder dicker das Gewebe, desto träger fließt die Farbe. Es gibt Stoffe (wie zum Beispiel Bourette-seide), auf denen die Farbe fast stehenbleibt. Bei schlechtem Fließverhalten gelingen natürlich subtile Farbübergänge und Schattierungen weniger gut, weshalb vor allem Ungeübte nicht unbedingt mit sehr kräftiger Seide beginnen sollten. Mehr Erfolgs-erlebnisse sind zu erzielen, wenn man auf dünner Seide malt, zumindest bezogen auf das Fließverhalten.

◆ Besseres Fließverhalten ist gewährleistet, wenn die Farbe einen Anteil von Alkohol enthält, was bei Dampffixierfarben der Fall ist. Die Farbe kann das Seidengewebe besser „durchdringen", die Affinität zwischen Faser und Farbe wird erhöht. Spezielle Verdün-nungsmittel können der Farbe zugesetzt werden. Sie ersetzen zum einen die Eigenschaft des Alkohols, zum anderen verzögern sie die Trocknungszeit und reduzieren so das Entstehen von Rändern. Diese Mittel setzen die Oberflächenspannung des Wassers und der damit verdünnten Farbe herab und fördern dadurch die gleich-mäßige Benetzung der Seide mit Farbe.

◆ Die Farbe an sich besitzt ebenfalls unterschiedliche Fließeigenschaften, je nach Farbton. Das beruht auf den spezifischen Eigenschaften der beteiligten Grundfarben. So ist die dominante Grundfarbe Rot (Magentarot) so träge, daß sie bei dickeren Stoffen fast stehenbleibt. Das kann man feststellen, wenn man versucht, einen magentaroten Farbstrich mit weichem Übergang an einen Farbverlauf anzugleichen.
Die Grundfarbe Blau dagegen fließt am besten, und auch Gelb ist als schwächster Farbstoff selten problematisch. Das ist auch der Grund dafür, warum ein warmes Rot (welches eine Mischung aus $2/3$ Magenta mit $1/3$ Gelb darstellt) besser fließt als das unvermischte Grundrot Magenta selbst.

◆ Die Art der Bindung eines Seidenstoffes wirkt sich ebenfalls auf das Fließverhalten der Farbe aus. Lockere Gewebe wie Chiffon, Georgette oder Musselin lassen ein anderes Fließverhalten zu als ein Stoff mit zwar demselben Stoffgewicht, aber mit dichterer Webart oder festerem Faden. Bei glatten Seiden fließt die Farbe in den meisten Fällen stärker in die Richtung der Kettfäden, bei Seidenstoffen mit Verdickungen im Schuß verändert sich das Fließverhalten wiederum.

◆ Appreturen in der Seide können die Fließeigenschaften der Farbe beeinträchtigen; doch in der Regel ist das selten, da die meisten Seidenstoffe nicht stark ausgerüstet sind. Es kann sogar im Gegenteil vorkommen, daß ein vor dem Malen gewaschener Seidenstoff später ein weniger gutes Fließverhalten zeigt, als ursprünglich angenommen.

◆ Will man das Fließen der Farben aus gestalterischen Gründen einschränken, kann man die Seide mit verschiedenen Grundierungen präparieren.

◆ Konturenmittel setzen dem Fließen Grenzen, das Sichausbreiten der Farben wird gestoppt.

◆ Verdickungsmittel geben den sonst sehr flüssigen Farben eine andere Konsistenz, sie bleiben auf der Seide stehen. Nach dem Trocknen, Fixieren und Waschen ist die Seide so geschmeidig wie vorher.
(Literatur: 1, 2, 3)

Malerei einem Service anvertrauen, den viele Hobbygeschäfte und Fachgeschäfte für Seidenmalbedarf anbieten. Legen Sie Ihrem Auftrag stets einen Lieferschein bei, in dem die Anzahl und Größe der Arbeiten sowie besondere Maltechniken festgehalten sind. Die Preise richten sich nach der Größe der zu fixierenden Stücke (etwa zwischen 2 und 10 DM).

Flammencharakter
◌ Wildseide

Flecken
◌ Farbentfernung

Fließeigenschaften
◌ Fließverhalten

Fließmittel
◌ Verdünner

Fließstop
◌ Grundierung

Fließverhalten
Siehe „Stichwort …"

florale Gestaltung
Bezeichnet den ◌ Entwurf pflanzlicher Motive und Muster, vor allem Blumen. Diese Vorliebe für derartige Formen begleitet das gesamte gestalterische Schaffen des Menschen, in verschiedenen Epochen und in unterschiedlichsten Kulturen. Die Vielfalt der Pflanzenwelt regt stets zu neuer Umsetzung an, seien es Säulenkapitelle, Tapeten, alte Buchmalereien und so weiter. Auch in der Seidenmalerei sind Pflanzen ein beliebtes ◌ Design für Tücher und modische Stoffe sowie Bildthema.
(Literatur: 24, 26)

Florettseide
◌ Schappeseide

Fotokopiertechnik: ein Beispiel von Karin Huber

Flüssigfixierung
⇨ Reaktivfarben

Fön

Ein Fön leistet gute Dienste, wenn man einen soeben bemalten Seidenstoff schnell weiter bearbeiten möchte, ohne die lange Trocknungszeit abzuwarten. Man muß jedoch einen ausreichenden Abstand (mindestens 30 cm) zwischen Fön und Seide einhalten und darf nicht zu lange an einer Stelle verharren, sondern man fönt in lockerer Bewegung gleichmäßig die gesamte Fläche. Andernfalls riskieren Sie, daß eine Stelle schneller als ihr Umfeld trocknet, und es entstehen unschöne Ränder (⇨ Randbildung).

Bei der ⇨ Salztechnik beschleunigt man normalerweise das Trocknen nicht, bei anderen Techniken hingegen dient der Fön als besonderes Hilfsmittel während des Malvorgangs selbst. So kann man mit ihm das Weiterfließen der Farbe verhindern, was es zum Beispiel ermöglicht, in bestimmten Formen, zum Beispiel gegenständliche Motive oder klare Muster ohne Konturen auf nicht vorbehandelter Seide zu malen (⇨ Grundierung).

Fotokopiertechnik

◆ Die Fotokopiertechnik ergänzt die Techniken der Seidenmalerei um eine Möglichkeit des experimentellen Arbeitens. Hier wird eine ganz normale Schwarzweiß- oder Farbkopie (Fotokopiergerät) auf die Seide übertragen. Das Motiv ist dann spiegelverkehrt auf der Seide zu sehen. Die Technik als solche ist sehr einfach, und es läßt sich jedes beliebige Motiv auf die Seide übertragen. Spannend wird dieses Thema, wenn das Motiv so in eine Gestaltung integriert wird, daß der Fotodruck später fast nicht mehr als solcher zu erkennen ist. Hier kommt Kreativität und künstlerische Fertigkeit ins Spiel.

◆ Was man für diese Technik, außer dem üblichen Seidenmalzubehör, braucht: Nitroverdünnung (Baumarkt), als Alternative Balsamterpentin; außerdem Küchenkrepp, Watte oder einen Lappen; und natürlich eine Fotokopie. Sie können über ein normales Fotokopiergerät (Copy-Shop) alles mögliche übertragen: eine Seite aus einer Zeitschrift oder aus einem Buch, eine persönliche Fotografie, sogar eigentlich alles, was Sie auf die Glasplatte des Kopierers legen können und was bei geschlossenem Deckel kopiert werden kann. Sie haben außerdem die Möglichkeit, ein Motiv zu vergrößern, zu verkleinern, je nachdem, welche Gestaltung Sie beabsichtigen.

◆ Ein Tip: Wollen Sie Ihr Motiv später richtig herum auf die Seide übertragen, bietet sich eine Zwischenkopie auf transparente Folie an (Material für Tageslichtprojektoren). Erst von dieser Folie (sie wird herumgedreht) fertigen Sie die spiegelverkehrte Papierkopie an, die Sie für die Seide benötigen.

Fotokopiertechnik
Siehe „Stichwort …"

Fotovorlage
Eine Fotovorlage kann zur Ideen- und Motivfindung eine wertvolle Hilfe sein. Zum einen kann das Motiv der Fotografie mit den verschiedensten Seidenmaltechniken (⇨ Fotokopiertechnik, ⇨ Ent-

◆ Die Arbeitsschritte: Die Seide wird zuerst mit Dreizackstiften auf den Rahmen aufgespannt. Nun drehen Sie diesen um, so daß der Stoff plan auf einer geeigneten (abwaschbaren) Unterlage liegt.

◆ Die Fotokopie wird direkt auf die Seide gelegt, so daß nun die unbedruckte Seite sichtbar ist. Man befeuchtet den Lappen (Küchenkrepp, Watte) mit der Nitroverdünnung oder dem Balsamterpentin und reibt damit die Kopie durch. Diese Technik wird deshalb manchmal auch Nitrofrottage genannt.

◆ Üben Sie zuerst einmal an einem kleinen Probestück, denn hier kommt es sowohl darauf an, das notwendige Maß an Durchnässung des Lappens herauszufinden als auch das Ausmaß an Druck, den Sie beim Reiben ausüben sollten. Ist der Lappen zu naß, kann die Kopie beim Übertragen verschwimmen; zu sanfter Druck auf das Papier mit zu wenig Nitroverdünnung gibt ein unzureichendes Ergebnis. Auch ist es wichtig, daß das Papier beim Reiben nicht verschoben wird.

◆ Ist die Arbeit beendet, können Sie die Seide ganz normal weiter bearbeiten; je nach Gestaltungswunsch lassen sich alle Techniken der Seidenmalerei durchführen. Der Druck kann nicht angelöst werden. Auch auf einen bereits bemalten Stoff kann man Kopien übertragen. Es spielt dabei keine Rolle, ob die Bemalung bereits fixiert ist oder nicht, denn Nitroverdünnung löst die Farbe nicht an, wie es im Gegensatz dazu Wasser oder Alkohol tut. Nach der üblichen Fixierung kann die Seide ganz normal gewaschen werden, das Motiv bleibt erhalten. Auch eine chemische Reinigung hält sie aus.

◆ Bedenken Sie, daß es sich bei den hier verwendeten Lösemitteln um leicht flüchtige Chemikalien handelt, mit denen man nicht leichtfertig umgehen sollte. Der Raum ist stets gut zu lüften, auch ist intensiver Hautkontakt zu vermeiden.
(Literatur: 14)

Fransentuch: eine Gestaltung von Traudi Dwinger

Fransentücher

Im Handel werden auch Tücher (und Schals) mit Fransen angeboten. Man sollte nachfragen, aus welchem Material diese Fransen gearbeitet sind. Bestehen sie aus reiner Seide, können sie wie üblich mit allen ⇨ Farbmitteln bemalt werden. Meistens handelt es sich jedoch um Viskose (⇨ Kunstseide). Da der Rohstoff der Viskose pflanzlichen Ursprungs ist (Zellulose, etwa Baumwollabfälle), können solche Fransen gut mit ⇨ Bügelfixierfarben bemalt werden, hervorragend auch mit ⇨ Reaktivfarben. Sie werden zuerst fixiert, bevor man eventuell das gesamte Tuch dampffixiert.
Die Fransen legt man zum Bemalen am besten über saugfähigen ⇨ Küchenkrepp und malt oder tupft die Farbe mit dem Pinsel auf. Man sollte vorher dafür sorgen, daß die Farbe nicht in die Tuchfläche laufen kann (Konturenmittelrand ziehen).

französische Seidenmalfarben
⇨ Dampffixierfarben

Frottage
⇨ Fotokopiertechnik, ⇨ Wachsmalkreide

wurf gestalten) kreativ umgesetzt werden, wobei man auf das Wiedererkennen des Gegenständlichen Wert legt. Gestaltungen von Landschaften lassen sich zum Beispiel anhand eines Fotos oft leichter nachvollziehen als allein „aus dem Gedächtnis".
Zum anderen kann die grafische Einteilung der Fotografie ⇨ Anregungen zur

mehr abstrakten, ungegenständlichen Umsetzung auf den Seidenstoff sein. Ein Tip: Kneift man die Augen etwas zusammen, läßt sich der Entwurf in seinen Kontrasten besser erkennen, man reduziert die Informationsfülle.

Frankreich
⇨ Geschichte der Seidenmalerei

Gallseife
⮕ Farbentfernung

Gaze
Schleierartiger dünner Stoff, auch Seide, in ⮕ Taftbindung. Das transparente Gewebe ist locker gewebt und nicht sehr verschiebefest, da es im Gegensatz etwa zum ebenfalls transparenten ⮕ Georgette oder ⮕ Chiffon nur aus schwach überdrehten und daher glatten Fäden besteht. Daher ist Gaze weniger strapazierfähig. Zu bedenken ist auch, daß beim Bemalen solch extrem dünner Stoffe keine sehr intensive, tiefe Farbwirkung zu erzielen ist, denn die Aufnahmefähigkeit ist natürlich beschränkt. Durch seinen zart-duftigen Charakter ist Gaze sehr beliebt für Tücher und Schals. Bisweilen wird dieses Gewebe auch ⮕ Musselin genannt.

gegenständlich
⮕ abstrakt

geometrischer Stil
Geometrische ⮕ Motive sind vor allem Vierecke, Quadrate, Dreiecke und Kreise, eben solche Formen, die sich mathematisch berechnen lassen und klare Gesetzmäßigkeiten widerspiegeln. Man bezeichnet damit aber auch abgewandelte Gebilde, etwa Mäander und andere durch strenge oder stilisierte Linienführung gekennzeichnete Motive. Hier ist besonders die griechische Kunst zu nennen, vor allem die frühzeitliche Vasenmalerei: Der geometrische Stil gerade dieser Epoche bietet vielfältige ⮕ Anregungen zum ⮕ Entwurf von Tücher- und Stoffgestaltungen für die Seidenmalerei, vor allem, wenn es um eine dekorative Malerei geht. (Literatur: 24, 26)

Georgette
Ein leichtes, transparentes Kreppgewebe aus Seide, oft auch Crêpe Georgette genannt. Sowohl die Kettfäden als auch die Schußfäden (⮕ Bindung) sind stark und in verschiedene Richtungen gedreht (⮕ Grenadine), so daß sich eine wirrkörnige Oberfläche mit sandigem Griff ergibt. Georgette ist etwas schwerer als ⮕ Chiffon, der auf die gleiche Weise (⮕ Taftbindung) hergestellt wird. Beide Stoffe sind knitterarm, rutschen nur wenig und lassen sich gut bemalen.

Geschichte der Seidenherstellung
Die ersten Hinweise auf die Seidengewinnung finden sich in China und deuten auf die Zeit um etwa 3 000 v.Chr. Über viele Jahrtausende gelang es den Chinesen, das Geheimnis der Seidenraupenzucht für sich zu bewahren, bis etwa im zweiten Jahrhundert vor Christus ein gewaltig steigender Handel mit kostbaren Seidenstoffen einsetzte. Die berühmte Seidenstraße verlief von China über Persien bis nach Tyros, einer phönizischen Hafenstadt am Mit-

telmeer, und von dort aus über den Seeweg bis nach Rom. Bald gelangten auch Chinas Nachbarländer wie Korea und Japan in den Besitz der Seideneier und eigneten sich die Kenntnisse der Seidenraupenaufzucht und der Weiterverarbeitung zur Herstellung von Seidenstoff an. Der Monopolverlust Chinas erfolgte endgültig in der Zeit des oströmischen Kaisers Justinian im 6. Jahrhundert n.Chr., wo zwei Mönche den Samen des Maulbeerbaumes und einige Seidenraupeneier in ihren Besitz brachten und diese bis nach Byzanz führten. Nach einem Sieg über die Perser im 7. Jahrhundert verbreiteten die Araber die Seide über den gesamten islamischen Herrschaftsbereich im Mittelmeerraum. Bis zum 10. Jahrhundert war Damaskus das Seidenzentrum, vom 13. bis 15. Jahrhundert Italien. Von dort aus gelangte die Produktion auch in andere Länder Europas. Schließlich gelangte Frankreich unter der besonderen Förderung von Ludwig XI. (1423–1483) zur Vormachtstellung in der Seidenproduktion. Lyon wurde zur europäischen Seidenmetropole, eine Stellung, die die Stadt bis heute halten konnte. In Deutschland förderte vor allem Friedrich der Große (1712–1786) die Seidenraupenzucht. Die Herstellung von Fallschirmseide, damals aus echter Seide, spielte vor allem zwischen 1934 und 1945 eine große Rolle.
Heute hat die Seidenraupenzucht in Europa keine marktwirtschaftliche Bedeutung. Länder wie China, Japan, Indien oder Brasilien nehmen eine übergeordnete Stellung ein (⁘ Seidenproduktion).
(Literatur: 8)

Geschichte der Seidenmalerei

Zunächst war es die ⁘ Batik, die in den siebziger Jahren in großem

Geometrischer Stil: ein großes Tuch von Karin Huber

Umfang auch auf Seide gearbeitet wurde. Die Seidenmalerei mit ihren ⁘ klassischen Techniken ging von Frankreich aus und ist dort vor allem mit dem Namen Litza Bain verbunden. Viele Künstler beherrschten die klassischen Techniken bis zur Perfektion. In den letzten Jahren haben die USA und vor allem Deutschland eine führende Rolle in der Seidenmalerei eingenommen – nicht zuletzt wegen der Entwicklung von neuen Techniken, die den konventionellen Ansatz des Seidenmalens verlassen und neue Wege kreativen Schaffens beschreiten lassen. Experiment und künstlerischer Ausdruck traten an die Stelle der bloßen perfekten Beherrschung der Technik. Es wurde damit ein wichtiger Schritt gemacht, um den Grenzbereich zwischen ⁘ Kunsthandwerk und Kunst zu erweitern.
(Literatur: 19)

Gestaltung

In der Seidenmalerei versteht man darunter das eigenständige Schöpfen eines Kunstwerkes oder eines kunsthandwerklichen Gebrauchsgegenstandes mit Hilfe von Seide, Farbe und eventuell diversen Hilfsmitteln. In vielen Fällen ist das Werk erst mit der Weiterverarbeitung des Stoffes abgeschlossen (⁘ Schneidern, ⁘ Bild, ⁘ Broschen

beziehen). Die Gestaltung hängt von folgenden Komponenten ab: Malgrund, Farben und Hilfsmittel, Technik, Komposition, Farbzusammenhänge, Themen, Stil, persönlicher Ausdruck, Verwendungszweck und so weiter.
Eine gelungene Gestaltung zeichnet sich dadurch aus, daß möglichst alle Komponenten sinnvoll aufeinander bezogen sind. Auch wenn Zufallstechniken mit einbezogen werden: Immer sollte eine persönliche Gestaltungsabsicht des Malenden zum Ausdruck kommen. Ein Beispiel: Herabgefallenes Laub stellt noch keine Gestaltung dar. Fotografiert man es dagegen, trifft man dazu bewußt Entscheidungen (Abstand, Perspektive und so weiter). Noch intensiver ist die Gestaltungsabsicht gefordert, wenn man das Laub mit Stiften oder Farben auf Papier oder Seide bannen möchte.
(Literatur: 22, 29)

Gesundheit
Siehe „Stichwort …" Seite 58

Gewebe
Ein textiles Flächengebilde, das durch rechtwinkliges Verkreuzen von meist zwei Fadensystemen entsteht. Die Kettfäden verlaufen in Richtung der Webkante, die Schußfäden quer dazu. Die Art des verwendeten Materials, aber auch die ⁘ Bindung und ⁘ Dichte haben einen entscheidenden Einfluß auf den Charakter des Gewebes (⁘ Griff, ⁘ Fall). Auch die Bemalbarkeit hängt von der Art des Gewebes ab. Nicht gewebt sind dagegen Vliesstoffe (⁘ Seidenfilz) oder Maschenwaren, zum Beispiel der elastische ⁘ Seidenjersey.
(Literatur: 27)

Gewichtsangaben
⁘ Stoffgewicht

Gesundheit

◆ Wer mit Farben arbeitet, sollte ein Bewußtsein dafür entwickeln, wie man sich vor eventuellen Gesundheitsgefährdungen
schützen muß. Grundsätzlich gibt es fast nie eine absolute Giftigkeit oder Ungiftigkeit von Substanzen; sie ist meistens abhängig
von der Dosierung oder der Häufigkeit der Anwendung. Deshalb:
Auch von amtlicher Seite als ungefährlich eingestufte Substanzen
dürfen nicht ohne Maß und Ziel verwendet werden.

◆ Bevor Farben jeglicher Art, also auch Seidenmalfarben, im
Handel vertrieben werden dürfen, müssen sie bei Giftzentralen auf
ihre Giftigkeit hin geprüft werden. Sind Gefährdungen für Gesundheit und Umwelt zu befürchten, müssen die Produkte mit einem
Warnhinweis versehen werden. Die üblichen Seidenmalfarben
gelten als im Prinzip ungiftig. Dennoch sollte man mit ihnen sorg-
sam umgehen, da es sich schließlich um Chemikalien handelt,
die zum Teil Lösemittel enthalten. Falls Sie stets großzügig mit
den Farben hantieren, sollten Sie also Plastikhandschuhe tragen.
Auch sollten die Farben (und alle anderen Hilfssubstanzen) für
Kleinkinder unzugänglich aufbewahrt werden.

◆ Oft wird aber nicht nur mit Farben, sondern zusätzlich mit weiteren Mitteln gearbeitet (Benzin bei der Guttatechnik, Alkohol zum
Verdünnen der Farbe). Es muß daher stets gut gelüftet und natürlich offenes Feuer vermieden werden.

◆ Beim Umgang mit heißem Wachs ist darauf zu achten, daß es
nur im Wasserbad oder in einem speziellen Wachskocher erhitzt
wird und keinesfalls direkt in einem Topf auf dem Herd. Wachs-
dämpfe sind leicht entzündlich, sogar ohne daß Funken nötig
wären. Im Brandfall: Keinesfalls zum Löschen Wasser auf die
Flammen gießen, das verschlimmert nur alles! Am besten erstickt
man den Brand mit Decken.

◆ Um Rückenprobleme zu vermeiden, sollte man langes Arbeiten
in vorgebeugter Haltung (etwa beim Bemalen großer Formate)
vermeiden. Entspannen Sie sich, und machen Sie Lockerungs-
übungen zwischendurch. Je nach Maltechnik kann man auch an
der schräggestellten Seidenfläche arbeiten, während man bequem
sitzt. Im Handel werden sogar spezielle kipp- und drehbare Stän-
derrahmen angeboten.

Glanz

Der unvergleichliche edle Glanz der
Seide zählt zu den wichtigsten Gründen
für die Beliebtheit dieses Materials.
Doch fällt er nicht immer gleich aus.
Betrachten wir zuerst den einzelnen
Seidenfaden, die ➪ Seidenfaser: Die
➪ Maulbeerseide hat einen vieleckigen
Querschnitt, der durch die Brechung
des Lichts für den hohen Glanz der
Seide sorgt. Hinzu kommt, daß es sich
hier meist um sehr lange parallel lie-
gende Fasern handelt; es müssen also
nicht viele kurze Fasern zum Garn ver-
sponnen werden, was schließlich zu
einer rauhen Oberfläche mit wenig
Glanz führen würde.
Der Faserquerschnitt der ➪ Wildseide
ist hingegen keilförmig, es haftet mehr
➪ Seidenbast daran, und dadurch ist
diese Seide eher matt, zusätzlich
begünstigt durch das Verspinnen kür-
zerer Fasern.
Die Zwirnung der einzelnen Fäden im
Seidengewebe spielt ebenfalls eine
Rolle: Je weniger das Seidengarn
gedreht ist, desto glänzender ist es.
➪ Trame (auch Stickseide genannt) ist
ein solches Garn mit wenig Drall.
➪ Grenadine dagegen, welches für
Crêpe-Gewebe als Kette oder Schuß
verwendet wird, ist ein Garn mit sehr
starker Drehung und stumpfem Aussehen.
Auch die Art der ➪ Bindung des Seidengewebes spielt eine große Rolle.
Hier gilt: Je weniger Bindungspunkte es
gibt, das heißt, je weiter der Schußfaden über mehreren Kettfäden liegt
oder umgekehrt, desto stärker glänzt
das Seidengewebe. Besonders die
➪ Atlasbindung, mit der Satinseiden
gewebt sind, ist hier zu nennen.

Glasscheibe

Für manche Techniken der Seidenmalerei benötigt man eine sehr glatte Unter-

lage, um dort etwa verdickte Farbe aufzutragen und diese auf die Seide zu drucken (⇨ Monotypic, ⇨ Verdicker). Wer die Seide nicht auf einem ⇨ Spannrahmen befestigen möchte, kann sich der Maltechnik bedienen, die Ute Patel-Missfeldt entwickelt hat (⇨ Plattentechnik). Anstelle einer Glasscheibe kann man auch eine sehr glatte Kunststoffplatte oder einen mit Folie bezogenen Tisch verwenden. (Literatur: 4)

Glitzerfarben

Schimmernde Effektfarben mit metallisch glitzernden Partikeln. Sie werden meist als ⇨ Stoffmalfarben oder auch als ⇨ Konturenmittel angeboten. Bevor man sie in der Seidenmalerei für Gebrauchsgegenstände, etwa für Kleidung oder für ⇨ Kissenbezüge einsetzt, sollte man sich vergewissern, ob sie reibfest, waschecht oder reinigungsbeständig sind (⇨ Reinigungsbeständigkeit).

Goldener Schnitt

Die Regel des „Goldenen Schnitts" ist in der Kunst eine Methode, Idealproportionen in ihrer Gesetzmäßigkeit herzustellen. Man befaßte sich damit vor allem in der antiken Architektur und in den Kunstwerken der Renaissance. Er basiert auf der übereinstimmenden Einschätzung von Harmonie und Ästhetik einer Bildaufteilung bei einer Mehrzahl von Betrachtern. Auch ohne daß man die genaue Formel kennt, werden kompositorische Schwerpunkte oft intuitiv „richtig" gesetzt. Daher nur als grobe Richtschnur: Wird eine Strecke nach dem Goldenen Schnitt geteilt, ist das Verhältnis der Abschnitte etwa 5:8. Mit dieser Hilfskonstruktion kann man die geometrische Flächenaufteilung eines Seidentuches gut bestimmen, oder man setzt bei einem Bild oder sonstigen Entwurf ganz gezielt Schwerpunkte oder „Hingucker" an der „richtigen", in der Gesamtgestaltung harmonisch wirkenden Stelle.

In der Praxis wird diese streng mathematisch-geometrische Regel selten angewandt werden. (Sie lautet vollständig, bezogen auf die Streckenteilung, übrigens: Der kleinere Teil verhält sich zum größeren wie der größere Teil zur gesamten Länge der ungeteilten Strecke.) Man sollte den Goldenen Schnitt wohl eher als orientierende Hilfe vor Augen haben. Die meisten Menschen haben ohnehin ein natürliches Gefühl für Harmonie, und oftmals ist die Lebendigkeit eines Entwurfs schnell verloren, geht man zu „kopflastig" nach starren Regeln vor.
(Literatur: 22, 29)

Grafikbücher

Bücher, die der ⇨ Anregung und Ideenfindung dienen können. Es gibt auch Zeitschriften und Software mit ähnlichem Ziel. Gut sortierte Buchhandlungen oder auch der Fachbuchversand bieten solche Werke an, die sich vorwiegend an Profis (Grafiker, Textildesigner und so weiter) richten. Meist sind die (urheberrechtsfreien) Vorlagen thematisch zusammengefaßt, zum Beispiel: Blumen, Art déco, Paisley, Ethno, Geometrie und vieles mehr. Solche Bücher dürften gerade für Seidenmaler mit Sinn für dekorative Gestaltung sehr interessant sein.

grafischer Stil

Während der ⇨ malerische Stil in der Kunst und eben auch in der Seidenmalerei vom Fleck und von der Fläche ausgeht, fallen bei grafischen Arbeiten vor allem die Elemente Punkt und Linie ins Gewicht. Das Fließverhalten der Seidenmalfarben begünstigt natürlich in erster Linie das malerische Vorgehen, doch kommen auch die grafisch orientierten Künstler zu ihrem Recht: Zahlreiche Hilfsmittel und Techniken lassen auch lineare Gestaltungen zu, etwa das Setzen feiner Linien auf ⇨ Grundierungen, die ⇨ Fotokopiertechnik, ⇨ Drucktechniken und nicht zuletzt vor allem der Einsatz von ⇨ Konturenmitteln aller Art.

Grège

Die langen Rohseidenfasern (⇨ Haspelseide) von 5 bis 10 Kokons werden zusammengefaßt und nur leicht miteinander verdreht. Diese Grègefäden können durch weitere Arbeitsgänge zu verschiedenen feinen Garnen, Zwirnen und

Grafischer Stil: von G. Sipos-Gwenda ...

... und von U. Weiss-Rössner

schließlich zu Seidenstoffen werden. Von der Geschicklichkeit der Arbeiterin, Kokons mit möglichst ähnlicher Seide zur Grège zusammenzufügen, hängt in hohem Maße die Gleichmäßigkeit des Produkts ab.
(Literatur: 27)

Grenadine

Sehr stark gedrehter Seidenfaden (überdrehtes ⇨ Organsin). Aus ihm stellt man etwa ⇨ Georgette und ⇨ Chiffon her, wobei hier die starke Drehung sowohl für die Kettfäden als auch für die Schußfäden verwendet wird. Dadurch weisen solche Stoffe eine geringe Knitterneigung auf, haben einen körnigen ⇨ Griff und sind etwas elastisch. Der in der Seidenmalerei so beliebte ⇨ Crêpe de Chine enthält derart stark gedrehte Fäden nur in einer Richtung (Halbkrepp).

Griff

So bezeichnet man die Empfindung auf der Haut bei Berührung von Stoffen. Der Griff ist eine gute Unterscheidungshilfe bei der Beurteilung von Textilien. Er hängt zum Beispiel von folgenden Komponenten ab:

1. Art der Faser oder des Garns: Stark gedrehte Fäden wie ⇨ Grenadine, welche für Kreppgewebe verwendet werden, fühlen sich körnig-sandig an. Wenig gedrehte Fäden wie ⇨ Grège oder ⇨ Trame werden zu feinen Seidenstoffen mit weichem Griff verarbeitet. Die noppigen Fäden aus ⇨ Doppelkokons von ⇨ Wildseide werden zu im Griff strukturierteren Stoffen verarbeitet.
2. Die Bindung, mit der die Fäden in der Seidenweberei zu Seidenstoffen gewebt werden: Die ⇨ Atlasbindung ergibt ein extrem glattes, geschmeidiges Gewebe.
3. Die ⇨ Ausrüstung: Sie kann unter Umständen den Griff der ungewasche-

nen Seide beeinträchtigen. Da es sich hier meist um eine leichte Stärkeappretur handelt, verschwindet diese nach einem einfachen Waschvorgang jedoch völlig.
4. Das verwendete ⇨ Farbmittel kann den Griff der Seide negativ beeinflussen, wie das bei den ⇨ Bügelfixierfarben sowie bei Pigmentfarben allgemein der Fall ist. ⇨ Reaktivfarben und ⇨ Dampffixierfarben beeinträchtigen den weichen Griff des Seidenstoffes nicht, denn es handelt sich hier um Farbstoffe mit extrem kleiner Molekularstruktur, die eine echte Verbindung mit der Faser eingehen. Farben, die bügelfixierbar sind, enthalten dagegen Bindemittel, die auch nach der Wäsche im Gewebe bleiben.
5. Präpariert man die Seide mit einer ⇨ Grundierung oder verwendet man verdickte Farbe (⇨ Verdicker), verändert das ebenfalls den Griff, jedoch nur vorübergehend, denn nach dem Waschen oder Reinigen ist die ursprüngliche Geschmeidigkeit wieder hergestellt.
6. Manche farbigen Konturenmittel, die in der Seide bleiben, verhärten dort das Gewebe.

Grundausstattung

Siehe „Stichwort ..."

Grundfarben

Der Begriff der Grundfarbe gilt für alle Arten von Farbmitteln, also nicht nur für Seidenmalfarben. Es handelt sich hier um die Farben, die selbst nicht durch Mischen herzustellen sind. Sie sind sozusagen die Ursprungsfarben, aus denen jedoch alle übrigen Farbtöne durch Mischen hergestellt werden können. Diese Grundfarben werden bezeichnet als Magenta, Gelb und Cyan. Magenta ist danach das „echte" Grundrot, welches man als „pinkig"-

Grundfarben: ein Muster von R. Henge

purpurrot beschreiben kann. Es ist nicht das oftmals fälschlicherweise als Grundrot angegebene warme, dem Klatschmohn ähnelnde Rot, das aber schon Gelb enthält und somit eine gemischte Farbe ist. Cyanblau ist das Blau, welches weder grün noch rotstichig ist. Gelb ist das kalte, grelle Zitronengelb, das weder warm wie Goldgelb noch grünstichig ist.
Die Bezeichnungen Magenta und Cyan beziehen sich auf internationale Vereinbarungen und auf die deutsche Norm, die für Druckverfahren diese Grundfarben durch exakte Maßzahlen bezüglich ihres Aussehens bestimmt (DIN). Schwarz ist keine Farbe im strengen Sinn, sie gibt es als Farbe für den Physiker nicht. Schwarz bedeutet für sie: kein Licht. Für den Maler hat sie dennoch Bedeutung. Schwarz ist sowohl beim Mischen mit allen Farben wichtig (zum Trüben und Abdunkeln) als auch als „Farbe" für sich. Wenn man in Betracht zieht, worauf der Grundstoff von Schwarz basiert, nämlich auf Kohle oder sonstigen „natürlichen" Materialien, ist die Bezeichnung Grundfarbe zumindest im praktischen Anwendungssinn naheliegend.

Grundausstattung

◆ Wer als Einsteiger die „klassische" Seidenmalerei kennenlernen möchte, benötigt im Prinzip nur folgende Materialien als wichtigste Grundausstattung: Seide (Pongé-Qualität); Spannrahmen; Dreizackstifte; Pinsel; die Grundfarben Rot, Blau, Gelb und zusätzlich Schwarz. Als Hilfsmittel gehören dazu: Wassergefäße; Mischgefäße oder eine (weiße) Palette mit großen Vertiefungen; verschließbare Gefäße zum Aufbewahren angemischter Farbe; Küchenkrepp oder Baumwollappen.

◆ Als erste Ergänzung, für alle Grundtechniken: Konturenmittel (wasserlöslich) oder Gutta (benzinlöslich); Plastikfläschchen und eine Aufsatzdüse; Salz; Alkohol oder Brennspiritus.

◆ Weiterführende Techniken verlangen in der Regel noch andere Materialien, die hier aber nicht alle aufgezählt werden können – sie gehören nicht zur Grundausstattung der „klassischen" Seidenmalerei und werden jeweils unter dem Stichwort der jeweiligen Technik abgehandelt.
(Literatur: 1, 2, 3)

Schon Goethe ordnete diese drei Farbtöne dem fundamentalen Farbkreis als Grundfarbe zu, obwohl er zu seinen Lebzeiten keine hochwertigen Farbmittel zu dessen Darstellung zur Verfügung hatte. Geht man in der Geschichte der Erde noch weiter zurück, so stellt man fest, daß man auch in den großen Kulturen, etwa bei den Griechen und Ägyptern, die drei Grundfarben als solche kannte (⟨: Farbwirkung, psychologisch).
Alle Hersteller von Seidenmalfarben benennen die Grundfarben leider mit unterschiedlichen Namen. So heißt Magenta beispielsweise Kardinalrot, Grenadierrot, Rubinrot oder Brillantrot. Deshalb ist es gerade für Einsteiger

schwierig, die echten Grundfarben im Sortiment zu identifizieren. Beachten Sie deshalb die vorab aufgeführten Merkmale für die echten Grundfarben, falls Ihnen beim Kauf kompetenter Rat versagt bleibt.
(Literatur: 28)

Grundierung
1. Als Grundierung wird eine Vorbehandlung mit einer das Gewebe beschichtenden Lösung bezeichnet, also im Sinne eines Malgrundes oder Aquarellgrundes (⟨: Aquarelltechnik). Manchmal wird diese Grundierung auch Imprägnierung genannt. Allerdings ist dieser Begriff nicht ganz korrekt, denn eine Imprägnierung im übli-

chen Sinn soll ja die auftreffende Flüssigkeit völlig abperlen lassen.
Beim Grundieren überzieht man den Seidenstoff praktisch mit einer dünnen Schicht, so daß das sonst übliche ⟨: Fließverhalten der Farbe herabgesetzt wird. So läßt sich auf der Seide zum einen wie auf trockenem Papier malen, der Pinselstrich bleibt stehen. Zum anderen kann man aber auch naß in naß Farben ineinanderfließen lassen. Da die ⟨: Kapillarwirkung des Gewebes aufgehoben ist, erinnert die Malweise an das klassische Aquarellieren auf Papier mit all seinen Möglichkeiten (nicht nur Naß-in-Naß-Technik!). Es gibt mehrere Möglichkeiten, das Gewebe zu grundieren: die ⟨: Gutta-Benzin-Grundierung, die ⟨: Salzgrundierung, das Grundieren mit ⟨: Verdicker, auch der Auftrag bereits fertiger Malgründe verschiedener Hersteller (Aquarellgrund, Antifusant).
2. Mit Grundierung wird manchmal auch das erste Einfärben der Fläche im Sinne eines Hintergrundes bezeichnet. Sie dient dann als Ausgangsbasis für die weitere Gestaltung mittels vielfältiger Techniken. Die Grundierung ist dann meistens in einer oder in mehreren Farben gehalten, die mit der späteren Farbgestaltung harmonieren, oftmals auch mit stark verdünnten oder zumindest mit hellen Farben. Denn da die Seidenmalerei keine Deckfarben verwendet, mischen sich die nachfolgend aufgetragenen Farben stets optisch mit der Grundierung. Um von vornherein die Fläche lebendig zu gestalten, wird oft mit dem ⟨: Schattieren ein Farbverlauf erzeugt.
Falls nicht anders erwähnt, wird in diesem Lexikon der Begriff Grundierung nur im oben beschriebenen Sinn, also als eine Beschichtung des Seidenstoffes, verwendet.
(Literatur: 1, 2, 3)

Gutta

◆ Gutta bezeichnet eine natürlich vorkommende, kautschukähnliche braune Substanz, die aus dem getrockneten Milchsaft exotischer Bäume gewonnen wird. Sie wird mit Benzin versetzt, damit sie flüssiger wird. Durch Wasser oder wasserhaltige Flüssigkeiten (also auch Farbe) läßt sie sich nicht anlösen. Diese Eigenschaft macht Gutta so ideal für den Gebrauch in der Seidenmalerei, sowohl als gut abdichtende Kontur (Konturentechnik) als auch für Reservierungen verschiedenster Art. In der richtigen Konsistenz (weich wie klarer Honig fließend), ist sie das optimale Konturenmittel vor allem auch für dickere Seidenstoffe.

◆ Gutta kann in diesem Sinne nicht verderben, sondern nur unbrauchbar werden, wenn das Lösungsmittel, also Benzin, verdunstet. Sie dickt dann ein und wird zäh wie Gummi. In diesem Fall läßt sie sich durch Zugabe von Waschbenzin wieder flüssiger machen. Vorbeugen läßt sich, wenn man die Gutta immer gut verschließt, damit das Benzin nicht verdunsten und die Gutta gar nicht erst eindicken kann.

◆ Das Entfernen von Gutta aus dem Gewebe kann auf zwei Arten erfolgen. Zum einen kann der Seidenstoff nach dem Fixieren in ein gut abgedecktes Waschbenzinbad eingelegt werden, wo sich diese Hilfssubstanz langsam auflösen kann. Diese Praxis ist jedoch nicht unbedingt zu empfehlen, da die entstehenden Benzindämpfe gesundheitsschädlich und feuergefährlich sind. Wenn schon, dann sollte man diese Arbeit deshalb unbedingt im Freien oder bei offenem Fenster ausführen. Zum anderen kann man den Stoff mit der fixierten Malerei in die Reinigung geben, wo ein normales Kleiderbad (niemals Vollreinigung!) alle Spuren der Substanz entfernt. Dieser Weg ist allemal der bessere.

Grundtechniken
⇨ klassische Seidenmaltechniken

Gummiarabicum
Pflanzenschleim aus afrikanischen und australischen Akazien, je nach Sorte in kaltem oder heißem Wasser löslich. Kann als Verdickungsmittel für alle wasserlöslichen Farben verwendet werden. Da es aber als Naturprodukt sehr teuer ist, wird es in der Seidenmalerei heutzutage kaum verwendet. Hier ist als preiswerte Alternative der synthetisch hergestellte Verdicker zu nennen.

Gürtel
Modisches Accessoires. Häufig wird er ganz aus bemalter Seide gefertigt, ansonsten läßt sich ein eher schlichtes Exemplar mit einer dekorativen Gürtelschnalle zieren.

Gutta
Siehe „Stichwort ..."

Gutta-Benzin-Grundierung
Die Gutta-Benzin-Grundierung ist eine ⇨ Grundierung des Seidenstoffes, die das ⇨ Fließverhalten der Farbe einschränkt, und sie kann auch als Aquarellgrund bezeichnet werden. Sie dichtet die Seide so ab, daß ein Malen wie auf (Aquarell-)Papier möglich wird. Ein Pinselstrich auf trockenem Grund bleibt erhalten, die Farbe verläuft nicht wie normalerweise auf unbehandelter Seide. Ist der Auftrag noch naß, kann mit einem weiteren Farbauftrag naß in naß hineinaquarelliert werden. Ist er trocken, „steht" die nachfolgende Bemalung auf dem ersten Auftrag (⇨ Lasur) und sorgt für einen Mischton aus beiden Farben. Rezept: 1 Teil Gutta wird mit 8 Teilen Waschbenzin vermischt. Es entsteht eine gelblich-trübe Flüssigkeit. Bei Aufbewahrung: Diese Lösung sehr gut verschließen!
Das Mittel wird zügig mit einem weichen Pinsel oder mit einem Wattebällchen auf den aufgespannten Seidenstoff aufgetragen. Sie können sowohl die gesamte Fläche als auch nur partiell bestimmte Bereiche damit benetzen, um später interessante Effekte zu erzeugen. Diese Flüssigkeit löst Farbe nicht an, deshalb kann sie auch auf einem schon eingefärbten und auch noch nicht fixierten Seidenstoff angewendet werden. Das Benzin verdunstet, und auf dem Stoff bleibt eine sehr feine Schicht von Gutta zurück, wie ein hauchfeiner Gummibelag.

Gutta-Benzin-Grundierung: auf derart präparierter Seide malten Renate Henge ...

Achten Sie beim Auftragen des Gemisches darauf, daß durch häufiges Übermalen die Schicht nicht zu dick wird. Denn sonst wirkt sie wie eine herkömmliche Imprägnierung: Die Farbe erreicht das Gewebe gar nicht mehr und würde abperlen.

Gutta, eingefärbt

Einige Hersteller bieten auch bereits eingefärbte Gutta an, mit einer Farbe auf Ölbasis, da wasserhaltige Farbe sich nicht mit ➪ Gutta vermischen kann. Möchte man die Gutta entfernen (da sie vielleicht sehr dick aufgetragen ist und den Stoff verhärtet), wird in der Reinigung auch der größte Teil dieser Farbe mit entfernt; zurück bleibt, zum Beispiel bei schwarz eingefärbter Gutta, oftmals nur eine hell- bis dunkelgraue Kontur.

Tip: Überlegen Sie zuerst, ob es überhaupt notwendig ist, die Gutta zu entfernen. Der Vorteil dieser Substanz ist ja vor allem, daß sie sich relativ dünnflüssig auftragen läßt und daß sie trotz-

dem für die notwendige Abdichtung sorgt, weil die Gummierung nicht durch Wasser oder Farbe anlösbar ist. Man kann Gutta deshalb so fein auftragen, daß sie im Seidenstoff oft kaum zu spüren ist.

Möchten Sie das Mittel trotzdem entfernen, dann haben Sie folgende Möglichkeit der Nachbesserung: Im Handel sind ➪ Textilmalstifte und ➪ Signierstifte erhältlich, deren Farbe permanent in allen textilen Geweben erhalten bleibt. Mit diesen Stiften können Sie die Kontur in der gewünschten Farbe „nachziehen".

Gutta, metallicfarben

Der „normalen" benzinlöslichen ➪ Gutta sind hier feine Metallpartikel in Gold, Silber oder auch Kupfer beigemischt. Damit können die sehr beliebten glitzernden Konturen gezeichnet werden. Wenn man nun die Gutta, die das (dünne) Gewebe verhärtet, entfernen möchte, verschwindet aber auch der Metallicanteil, der jetzt keine Bindungs-

möglichkeit mehr an das Gewebe hat. Der Einsatz bei Tüchern oder Kleidungsstotten sollte deshalb stets gut überlegt werden; vielleicht verwendet man doch lieber das besser haftende wasserlösliche Mittel (➪ Konturenmittel, wasserlöslich und metallicfarben). Denn ein weiterer Nachteil bei Metallic-Gutta ist die geringe Reibechtheit (➪ Echtheiten). Allein durch mechanischen Abrieb können die Partikel leicht abgelöst werden. Auf jeden Fall sollte man einige Sorten erproben, bevor man sich an eine aufwendige Arbeit mit derartigen Mitteln begibt – zumal verschiedenste Hersteller ganz unterschiedliche Produkte anbieten.

Guttapercha
➪ Gutta

Guttatechnik
➪ Konturentechnik

... und Karin Huber

Habotai
‹: Habutai

Habutai
(Sprich: Abütä). Japanseide mit
‹: Taftbindung. Ähnelt optisch der
etwas leichteren ‹: Pongéseide. Kette
und Schuß bestehen aus ‹: Grège.

Haltbarkeit der Malerei
‹: Echtheiten

Haltbarkeit der Malmaterialien
Siehe „Stichwort ..."

Handel mit Seide
‹: Preis der Seide

handgewebte Seide
Steht im Gegensatz zur maschinell
gewebten Seide. Handgewebte Seide
erkennt man oft an einer etwas unregelmäßigen Webkante. Die indische
‹: Doupion ist ein handgewebter Stoff;

Indien ist auch das Land, welches
überwiegend handgewebte Ware her-
stellt. Nur in geringem Maß wird in
China von Hand gewebt, dort vor allem
die traditionelle ‹: Honanseide.

Haspelseide
Die Haspelseide entsteht beim Abhaspeln (Abwickeln) des Seidenfadens
vom Kokon in der ‹: Seidenraupenzucht, um mög-

lichst lange Fasern für den nachfolgenden Spinnprozeß zu gewinnen. Der
Kokon besteht zu etwa einem Drittel
aus dem wertvollen abhaspelbaren
Endlosfaden (auch Filament
oder reale Seide ge-
nannt), der

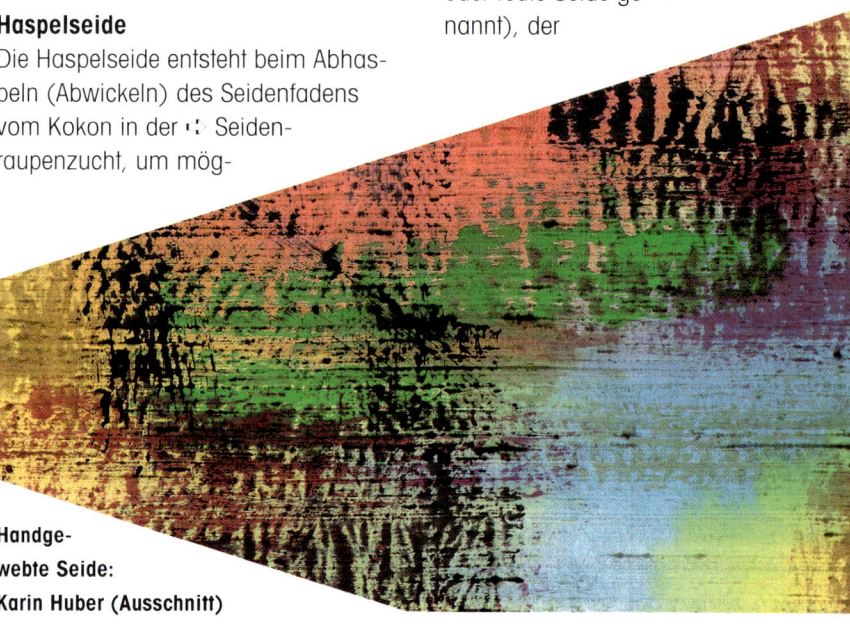

**Handge-
webte Seide:
Karin Huber (Ausschnitt)**

schließlich zur Haspelseide wird
(◊ Grège). Den überwiegenden Teil
des Kokons bilden die kurzen, nicht
abhaspelbaren Fäden, die zu
◊ Schappeseide versponnen werden.
(Literatur: 27)

Haushaltssalz
◊ Salz

Heimtextilien
Neben der Tücherherstellung, dem
◊ Schneidern von Kleidung und dem
Anfertigen von ◊ Bildern bietet sich ein
weiteres Anwendungsgebiet für die Seidenmalerei in den eigenen vier Wänden. Vor allem durch den Einsatz
dicker, strapazierfähiger Seidenstoffe
bieten sich hier viele Möglichkeiten der
individuellen Gestaltung im Wohnbereich: Bettwäsche und Bettüberwürfe,
Vorhänge, Paravents, Rollos, Kissen,
Wandbehänge und Dekorationen verschiedenster Art. Seide als edler Natur-
faserstoff findet hier aufgrund ihrer
Eigenschaften (◊ Eigenschaften der
Seidenfaser) eine besonders interessante Einsatzmöglichkeit: Ihr schöner
Fall und edler Glanz läßt ihren luxuriösen Charakter gerade bei großflächigen
Objekten, also etwa bei Vorhängen
oder Bettwäsche verschiedenster Art,
erst richtig zur Geltung kommen.
Man kann einen Seidenstoff drapieren,
spannen oder sogar rahmen. Zum Drapieren eignen sich Seidenstoffe, die in
der ◊ Plissiertechnik gestaltet wurden,
besonders gut.
Der Wahl der Motive oder Muster sind
keine Grenzen gesetzt, man sollte sie
jedoch auf den Einrichtungsstil abstim-
men. Bevorzugt man einfarbige Bemalungen, so kann man durch die Wahl
eines in sich leicht gemusterten ◊ Sei-
denjacquards dennoch für eine besondere Note der individuellen Gestaltung
sorgen.

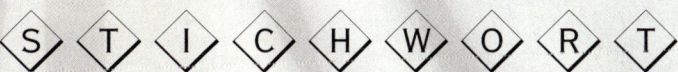

STICHWORT

Haltbarkeit der Malmaterialien

◆ Farbmittel: Prinzipiell gilt die Haltbarkeit aller für die Seidenmalerei verwendeten Farbmittel als sehr dauerhaft, zumal in den
meisten Produkten Konservierungsmittel enthalten sind. Viel häu-
figer ist das Phänomen des Verdunstens, wenn der Farbbehälter
nicht richtig verschlossen ist oder wenn ein gefüllter Mischbehälter einige Tage offen stehenbleibt. In den meisten Fällen lassen
sich danach alle Farbmittel durch Hinzufügen ihres Lösemittels
(also Wasser oder Wasser-Alkohol-Gemisch) wieder brauchbar
machen. Die Pigmente der Bügelfixierfarben können sich unter
Umständen am Glasboden etwas absetzen, deshalb vor
Gebrauch immer gut schütteln.

◆ Ansonsten ist bei Farbmitteln zu beachten: Als organische Chemikalie können sie auf jede Art von Energieeinwirkung reagieren.
Wärme und Licht sind hier gleichermaßen als Energiequelle zu
sehen. Man sollte Farben also stets kühl und dunkel lagern und
vor Frost, Hitze und starker Sonneneinstrahlung schützen.

◆ Farbe kann verklumpen, wenn sie durch Verschmutzungen
oder Salz verunreinigt wird. Das muß die Farbe jedoch nicht
unbrauchbar machen: Man kann sie durch einen Kaffeefilter laufen lassen, um so die Klümpchen von der noch stabilen Farbflüssigkeit zu trennen.

◆ Gutta: Sie verdirbt nicht, sondern durch das schnell verdun-
stende Lösemittel Benzin wird sie zu zähflüssig. Auch hier gilt:
Behälter immer gut verschlossen halten! Mit Benzin kann eine
dickliche Gutta wieder flüssiger gemacht werden.

◆ Wasserlösliches Konturenmittel: Auch hier gilt das Verdun-
stungsprinzip, wenn auch schwächer als bei Gutta, da hier das
Lösemittel Wasser nicht so flüchtig ist wie Benzin.

◆ Die Seide selbst kann als sehr haltbar bezeichnet werden,
sofern sie nicht starker Lichteinstrahlung ausgesetzt wird. Ein Aufrollen des Stoffes zur Aufbewahrung ist zu empfehlen. Alte japa-
nische Schriftrollen aus Seide haben sich zum Teil mehrere hun-
dert Jahre lang gehalten.

HELL-DUNKEL-KONTRAST

Im Handel gibt es ⇨ Spannrahmen mit einer Leistenlänge von 200 cm zu kaufen. Da die maximale Stoffbreite normalerweise 140 cm beträgt, kann ein Seidenstoff von 140 x 200 cm bequem bemalt werden – für den Bereich der Heimtextilien, etwa für Gardinen, ein optimales Maß, da die Raumhöhe der

Heimtextilien: Paravants von F. Schilling und I. Walter-Ammon (unten)

meisten Wohnungen zwischen 220 und 240 cm beträgt. Auch für einen Bettüberwurf für ein Einzelbett reicht das angegebene Rahmenmaß, man kommt ohne störende Naht aus. Anregungen zur allgemeinen Gestaltung des Wohnbereichs finden sich in den letzten Jahren in zunehmendem Maß in Wohn- und Einrichtungszeitschriften. Auch wenn es sich nicht direkt um Vorschläge für die Seidenmalerei handelt, so kann man doch so manche Idee für sich daraus entwickeln, bezogen auf Farben, Formen, Muster oder die Verwendung schöner Stoffe überhaupt.

Ein Tip für die Malerei: Gerade bei großen Flächen ist es wichtig, stets das Gesamte im Auge zu behalten und sich nicht in Details zu verzetteln. Vor allem sollte man stets ausreichend Farbe bereitstehen haben, denn der Versuch, etwas nachzumischen und Unterbrechungen schaden dem Werk nur.

Hell-Dunkel-Kontrast
⇨ Farbkontraste

Honanseide
Seidengewebe mit glatter ⇨ Maulbeerseide in der Kette und unregelmäßiger ⇨ Wildseide im Schuß, so daß nur quer zur Webkante Fadenverdickungen auftreten. Daraus ergibt sich eine stark betonte Webstruktur. Diese Seide ist matt und wenig glänzend und eignet sich für Kleidung und ⇨ Heimtextilien. Früher war Honanseide ein beliebter Kleiderstoff, denn er ist äußerst stabil, haltbar und strapazierfähig, was damals aufgrund der hohen Seidenpreise ein wichtiger Pluspunkt war. Die klassische Honanseide aus China ist handgewebt.

hygroskopische Eigenschaften
⇨ Seidenfaser, ⇨ Salz

Ideenbuch

Wenn man es sich zur Gewohnheit macht, alle ⇨ Anregungen, ⇨ Entwürfe und Vorlagen zu sammeln und in einem Ordner zu verwahren, hat man immer eine wertvolle Hilfe beim Entwerfen eines Seidenstoffes. So entsteht allmählich eine ganz persönliche Fundgrube mit Ausschnitten aus Zeitschriften, Fotokopien, Fotografien, Collagen, selbstentworfenen Zeichnungen, Stoffmustern oder kleinen Texten und Notizen.

Ideenfindung

⇨ Anregung

Ikat

Ein Musterungsverfahren in der Textilweberei, bei dem die Kettfäden vor dem Weben entsprechend einem vorher genau festgelegten Muster abgebunden und eingefärbt werden. Beim anschließenden Weben erscheinen die gefärb-

Impressionistischer Stil: im unteren Bild (von A. Eßer) deutlicher ausgeprägt als im oberen (Shahida)

ten Partien in dem typischen Ikatmuster, das sich durch leicht verzogene, fransige Konturen auszeichnet. Diese Technik stammt aus Indonesien.

Imprägnierung

⇨ Grundierung, ⇨ Ausrüstung

impressionistischer Stil

Die impressionistische Malerei steht im Gegensatz zum ⇨ expressiven Stil (französisch „l'impression": der Eindruck). Die sinntrunken-farbenfrohe, oft fleckenhafte Malweise der Impressionisten wie Manet (1832–1883), Monet (1840–1926), Degas (1834–1917) oder Renoir (1841–1919) spiegelt den Eindruck wider, welche die Künstler im Augenblick des Malens von der Natur haben. Ihre Darstellung ist also nicht „naturgetreu" in den Farben, sondern durch eine grelle, zum Teil durch optische Farbmischung im Auge entstehende Farbpalette gekennzeichnet.

Nicht mehr der Gegenstand, sondern die Farbe, nicht die Form, sondern das Spiel des Lichts dominiert.

In der Seidenmalerei ist ein impressionistischer Stil (noch) nicht sehr häufig anzutreffen, denn vielfach wird die Seide zu Gebrauchszwecken eingesetzt. Daher spielt dort das dekorative Moment eine große Rolle, nicht die Wiedergabe einer bestimmten Wirklichkeit. Am ehesten steht diese Malweise noch bei Landschaftsbildern im Vordergrund. Doch ist auch zu beobachten, daß sich viele Hobbykünstler leider mit schematisch-oberflächlichen Andeutungen zufriedengeben und sich nicht ernsthaft um die Eindrücke bemühen, die auf sie „vor Ort" einwirken.
(Literatur: 24, 26)

indianischer Stil
Die indianische Kulturgeschichte läßt sich bis zur Zeit der Inkakultur um 1500 bis 1200 v. Chr. zurückverfolgen, deren Wurzeln gleichwohl noch weiter. Die Kunst der Inka steht, neben der Kunst der nordamerikanischen Inuit-Eskimos und der vielfältigen Indianerstämme im Westen des amerikanischen Kontinents, für den indianischen Stil. Diese Kunst besteht (wie auch der ⇨ afrikanische Stil zeigt) nicht um ihrer selbst willen. Die vielfältig dekorierten Keramiken und textilen Gewebe, Silberschmuck und Masken sollen die Welt verschönern. Zusammen mit ornamentalen Skulpturen und Schnitzarbeiten vermitteln sie magische und mystische Inhalte. Die typische Farbgebung der warmen und kräftigen Erdtöne betont dies noch. Als Quelle der Inspiration bietet die indianische Kunst Kunsthandwerkern und Designern vielfältige ⇨ Anregungen und kann auch Seidenmaler ermuntern, sich einmal auf eine andere Formensprache einzulassen.
(Literatur: 24, 26)

Indien
⇨ Seidenproduktion

Indien Doupion
⇨ Doupion

Indigo
Indigo ist ein blauer Farbstoff, der älteste organische Farbstoff überhaupt. Aus dem tropischen Indigostrauch gewonnen, wurde er schon im Altertum zum Färben von Textilien verwendet. Natürlicher Indigo ist heute sehr selten, da er mittlerweile auf synthetischem Weg preiswerter hergestellt wird.
Indigo ist ein Küpenfarbstoff, der erst durch die Oxidation im Luftsauerstoff blau wird. Küpenfarbstoffe werden für die Seidenmalerei normalerweise nicht verwendet, da die Haltbarkeit der Seide darunter leiden kann. Da eine Färbung mit Indigo jedoch eine sehr hohe ⇨ Echtheit aufweist, wird dieser Nachteil, der im Prinzip wenig praktische Bedeutung hat, in Kauf genommen. Eine Färbung mit Indigo eignet sich gut für Techniken wie ⇨ Plangi, ⇨ Shibori, oder ⇨ Dip-Dyeing (⇨ Pflanzenfarben).
(Literatur: 25)

Inspiration
⇨ Anregung

International Silk Association (ISA)
Die ISA ist eine offizielle Körperschaft, die die Interessen der Seidenindustrie auf internationaler Ebene durch Kontakte mit internationalen Organisationen der Vereinten Nationen in Rom und Bangkok, mit der Weltbank, der Internationalen Kommissionen für Seidenraupenkulturen und so weiter zu vertreten sucht. Dieser Verband mit Sitz in Lyon (Frankreich) befaßt sich somit mit allem, was mit Seide zu tun hat. Nach dem zweiten Weltkrieg von Seidenindu-

striellen gegründet, fördert sie international verflochtene Kontakte zwischen Produzenten, Organisationen und den mit Rohseide Handelnden und bemüht sich um die stetige Forschung in der Seidentechnologie. Sie ist weltweit eine Art Sammelstelle für alle Informationen, statistischen Daten und für die Auswertung von aktuellen Forschungsergebnissen des Materials Seide. Ihre Mitglieder setzen sich unter anderem zusammen aus Deligierten und Beobachtern der Silk Association of Great Britain, dem Verein Schweizerischer Textilindustrieller, der China International Silk Cooperation oder der Japan Silk Association.
Für alle mit starken geschäftlichen Interessen rund um die Seide (Handel, Produzenten von Farbe und so weiter) ist diese Vereinigung eine wichtige Anlaufstelle.
Adresse: International Silk Association (ISA)
Secrétariat général
20, rue Joseph-Serlin
F-69001 Lyon-Cedex

islamische Kunst
⇨ Ornament

Isopropylalkohol
⇨ Alkohol

Jacquard
⇨ Seidenjacquard

Japan
⇨ Seidenproduktion

Japanseide
Sammelbegriff für Seidengewebe in ⇨ Taftbindung ohne Fadenverdickungen, im Aussehen glatt, feinfädig und recht dicht. Sie besteht aus dem sehr gleichmäßigen ⇨ Grège oder aus ⇨ Maulbeerseide.

**Jugendstil: nach-
empfunden von
Renate Henge**

Bei Japanseide handelt es sich neben dem Naturseidentaft und Toile vor allem um Pongéseide, die feinste Japanseide, gefolgt von der etwas schwereren ⟡ Habutai.

Japon
Andere Bezeichnung für ⟡ Japanseide.

Jodsalz
⟡ Salz

Jugendstil
Deutsche Bezeichnung für einen von etwa 1890 bis zum ersten Weltkrieg unter verschiedenen Namen verbreite-

ten Stil (art nouveau, modern style, Sezessionsstil), der erstmals nach der Fülle der sogenannten Neostile wieder eine eigenständige und alle Bereiche der bildenden Kunst umfassende Formensprache entwickelte. Kennzeichen sind die Betonung des ⟡ Ornaments, die Verwendung vor allem pflanzlicher, zum Teil abstrahierter Vorbilder sowie eine flächig-dekorative (Gustav Klimt, 1862–1918) oder eine ausdrucksstarke geschwungene Linienführung. Der Jugendstil beeinflußte nicht nur die Malerei der damaligen Zeit, sondern auch die Gestaltung dreidimensionaler Gebilde wie Möbel, Geräte, Gläser und

die dekorative Baukunst; auch erblühte eine Plakatkunst, die das Element Schrift mit einbezog.
Aufgrund seiner schwungvollen Linienführung und des abstrakt-ornamentalen Charakters der Motive und Muster ist der Jugendstil als ⟡ Anregung zum ⟡ Entwurf von Seidentüchern und Stoffen für die Seidenmalerei eine beliebte Quelle. Vermutlich ist es nicht nur der ⟡ dekorative Stil, sondern auch der ⟡ grafische Stil dieser Epoche, der sich in der Seidenmalerei ganz hervorragend mit Hilfe der ⟡ Konturentechnik umsetzen läßt.
(Literatur: 24, 26)

Kalligraphie

Aus dem Griechischen: Schönschreib-
kunst. Eine Schrift, die unter kalligraphischen Gesichtspunkten bewußt
gestaltet ist, hat nicht nur Mittei-
lungscharakter, sondern betont im
Sinne eines ⇨ Ornaments die selbstän-
dige Schönheit der Linienführung. In
den alten islamischen Reichen und in
Ostasien waren große Kalligraphen
ebenso geachtet wie Maler. Hier ist die
Schrift eine Kunstform; der Inhalt, welchen die Schrift transportiert, verliert an
Bedeutung gegenüber der Überbetonung
der Gestalt.
Die Linienführung, vielmehr der Duktus
des Pinselstriches oder der Schreibfe-
der mit seiner eigenen Formensprache,
drückt etwas aus, was auch moderne
Maler und Designer beeinflußt und sie
häufig zu abstrakten Linienkompositio-
nen anregt. So wurde in der modernen
Malerei der Begriff der kalligraphischen
Abstraktion durch die Kunst von Paul

**Kalligraphie: abstrakte, an Schrift erin-
nernde Formen (Shahida)**

Klee (1879–1940), Hans Hartung
(1904–1935) oder Pierre Soulages
(*1919) geprägt.
In der Seidenmalerei läßt sich die Kalligraphie ebenfalls in eine Gestaltung
integrieren, wobei man die ⇨ Schrift in
verschiedenen Techniken auf die Seide
setzen kann. Der Ausdruckscharakter
ist je nach verwendetem Material ein
völlig anderer.
(Literatur: 24, 26)

kalte Farben
⇨ Farbkontraste

Kalt-Warm-Kontrast
⇨ Farbkontraste

Kapillarwirkung

Aus dem Lateinischen: Haarröhrchen-
wirkung. Der Begriff der Kapillarität
beschreibt den Effekt beim Eintauchen
eines Röhrchens (oder eines Spaltes)
in eine Flüssigkeit, etwa in Wasser: Der
Flüssigkeitsspiegel innerhalb des Röhrchens ist aufgrund der Oberflächenspannung höher als der außerhalb des
Röhrchens. Auf dieser Wirkung beruht
auch die Saugeigenschaft von Lösch-
papier und das Farbhaltevermögen von
⇨ Pinseln genauso wie das ⇨ Fließverhalten der Seidenmalfarbe auf der
Seide. Das Gewebe mit seinen zahlreichen langen, glatten und eng anliegen-
den sowie parallel verlaufenden Fasern
bietet der Farbe zahlreiche Spalten und

feinste röhrchenartige Zwischenräume, so daß sie sich sofort in alle Richtungen ausbreitet. Die Kapillarwirkung wird von der Art des Seidenmaterials, vom Spinn- und Webverfahren beeinflußt, außerdem von ⇨ Grundierungen.

Kaufentscheidung
Siehe „Stichwort …"

Kautschukplatten
In ca. 3–5 mm Stärke im Bastelbedarf erhältliche Platten aus Natur- oder Kunststoffkautschuk. Für die Seidenmalerei finden sie Anwendung in der ⇨ Drucktechnik, wo man aus ihnen Druckmodel herstellen kann. Der Vorteil gegenüber Pappe: Sie sind geschmeidiger und leichter zu schneiden. Verwendet man keine schwarzen Kautschukplatten, kann ein Motiv mit Kugelschreiber oder Filzstift vorgezeichnet werden. Mit einer Schere wird es nur noch ausgeschnitten und eventuell zur Stabilisierung und für eine bessere Griffigkeit auf der Rückseite mit einem Stück Schaumstoff, Holz oder ähnlichem beklebt. Vor dem Druck bestreicht man das Motiv mit verdickter Seidenmalfarbe (⇨ Verdicker).
(Literatur: 17)

Kalligraphie: Malerei in Anlehnung an asiatische Schriftzeichen (R. Henge)

◇ S T I C H W O R T ◇

Kaufentscheidung

◆ Gerade der Einsteiger wird sich angesichts des umfangreichen Angebots an Materialien für die Seidenmalerei oft etwas verloren vorkommen: Was ist für den Einstieg in dieses Kunsthandwerk unbedingt notwendig, und was kann, aus Kostengründen etwa, vielleicht zuerst einmal weggelassen werden? Die Motivation, mit der man diesen Bereich für sich entdeckt, spielt ebenfalls eine Rolle: Will man zuerst einmal neugierig hineinschnuppern, oder hat man bereits einen Kurs über Seidenmalerei besucht und möchte Materialien ergänzen? Vielleicht ist man aber auch schon voller Begeisterung dabei und möchte professioneller arbeiten, also durch Erforschung neuer Techniken etwa seine Erfahrungen und Fähigkeiten schulen und erweitern. Hier nun einige Tips.

◆ Seide: Als Einsteiger kann man aus Kostengründen zuerst einmal eine leichte Pongéseide wählen. Nachdem Sie dann schon etwas Erfahrung haben, sollten Sie auch schwerere Seiden ausprobieren. Diese sollten Sie auch dann bevorzugt auswählen, wenn Sie aus dem bemalten Seidenstoff ein Kleidungsstück herstellen möchten. Daher sind auch die Eigenschaften der verschiedenen Seidenarten zu berücksichtigen.

◆ Farbe: Gleichgültig, welche Farben Sie auswählen (Bügelfixierfarben, Reaktivfarben, Dampffixierfarben) – Sie sollten immer zu den Grundfarben Rot, Gelb und Blau und zu Schwarz greifen. So reduzieren Sie beim ersten Kauf die Kosten und üben sich im Mischen von Seidenmalfarben.

◆ Zubehör: Für den Einsteiger reicht zunächst ein (verstellbarer) Spannrahmen, ein mitteldicker Pinsel, Dreizackstifte, Konturenmittel in Tuben oder im Plastikfläschchen mit Aufsatzdüse, Behälter für Wasser und zum Mischen sowie etwas Küchenkrepp.

◆ Für Fortschreitende empfiehlt sich eine Ergänzung von Materialien für die verschiedenen experimentellen Techniken, an vorderster Stelle ist hier der Verdicker zu nennen. Auch der Kauf eines Pinsels in Künstlerqualität kann hier empfohlen werden.

◆ Das Material für weit Fortgeschrittene und Profis kann hier nicht allgemein aufgeführt werden, es richtet sich ganz nach den Erfahrungen und Vorlieben des einzelnen Künstlers.
(Literatur: 1, 2, 3)

Kinder malen auf Seide

◆ Sowohl Mütter als auch Kursleiterinnen machen interessante Beobachtungen, wenn sie mit Kindern auf Seide malen. Einmal kommt es dem kindlichen Naturell sehr nahe, wenn die Farben so schön fließen und wenn man wie zufällig die tollsten bizarren Effekte erzielt. Man muß weiterhin feststellen, daß die Unbefangenheit, mit der Kinder oftmals an die Sache herangehen, in erfrischendem Gegensatz zum eigenen, die Kreativität behindernden Perfektionsanspruch steht.

◆ Zum ersten Üben empfiehlt sich eine leichte Seide (Pongé 5 oder 6), mehrere Pinsel, kräftige Farben und eine Umgebung, in der man keine Angst haben muß, daß einmal Farbe „daneben" geht. Die Kleidung der Kinder sollte ebenfalls ruhig einen Spritzer Farbe vertragen dürfen.

◆ Bügelfixierfarben sorgen dafür, daß die Kinder ihr Werk gleich verwenden können und nicht erst die kompliziertere Dampffixierung abwarten müssen. Begeisterung und Farbenfreude bringen Kinder normalerweise „von Natur" aus mit.

Kissenbezug

Ein Kissenbezug aus einem handbemalten Seidenstoff läßt sich auch von einer Hobbyschneiderin einfach nähen. Darüber hinaus gibt es auch bereits konfektionierte Bezüge, mit eingearbeitetem Reißverschluß und im Format 40 x 40 cm. Sie können sie auf folgende Weise bearbeiten:

1. Der ganze Bezug wird nicht bemalt, sondern im Kochtopf eingefärbt (☼ Färben im Kochtopf).

2. Bemalung mit speziellem Kissenrahmen: Er besteht aus vier auf Kissengröße abgestimmte Holzleisten, die im Inneren des Bezuges jeweils an eine Kante geschoben und von einem Plastikring, der dann in das Kissen gesetzt wird, mit Spannung in dieser Lage gehalten werden. So berühren sich die beiden Stoffstücke nicht. Der Nachteil dieser Methode: Wird das Kissen vollflächig bemalt, bilden sich an den Kanten Ränder, wenn die Farbe auf die Holzstäbchen trifft. Hier gibt es als „saubere" Lösung nur: Man trennt zuvor einen Rand mit ☼ Konturenmittel ab.

Kerzenwachs
☼ Wachs

Kettfaden
☼ Bindung

Kimono
Mantelartiges Kleidungsstück, meistens aus Seide, das seinen Ursprung in Japan hat. Die Ärmel sind breit, angeschnitten oder eingesetzt, ein Gürtel (Obi) hält den Kimono, der vorn weit übereinandergelegt wird, zusammen. Kosode wird dieses Gewand genannt, wenn es kurzärmelig ist.

Kinder malen auf Seide
Siehe „Stichwort …"

Kimono: ein aus Seidenstreifen gewebtes Modell von Traudi Dwinger

Kleidung bemalen: die konfektionierte Bluse gestaltete Brita Hansen

3. Bemalung auf normalem Seidenmalrahmen: Hier bietet sich der stufenlos verstellbare ‹› Spannrahmen an, der genau auf das erforderliche Maß einstellbar ist. Dann wird mit den ‹› Spannadeln das Kissen am Rahmen befestigt. Empfehlenswert sind hier auch ‹› Spannkrallen. Schließlich schneidet man noch eine Folie oder auch saugendes Material wie Küchenkrepp auf Maß zu und schiebt es in das Innere des Kissenbezuges, um zu verhindern, daß die Unterseite mitbemalt wird. Allerdings hat solch eine Einlage auch Nachteile, denn sie kann das Fließverhalten der Farbe negativ beeinflussen.

Kissenrahmen
‹› Kissenbezug

klassischer Stil
Allgemeine Kennzeichnung für den Höhepunkt eines Stils, einer Kunstentwicklung. Generell zielt das „Klassische" auf einen harmonischen Ausgleich zwischen Körper und Seele, Ruhe und Bewegung, Natur und Geist. Solch ein Kunstwerk, welches ein harmonisches Gleichgewicht dieser Pole herzustellen vermag, wird als klassisch bezeichnet. Kennzeichen sind ferner ein maßvoller inhaltlicher Ausdruck und ausgewogene Formverhältnisse. Im weitesten Sinne wird jedoch auch jedes vollkommen scheinende Werk „klas-

sisch" genannt. Die Vollkommenheit bezieht sich im weitesten Sinn auch auf dessen überzeitliche Dauerhaftigkeil. In der bildenden Kunst ist etwa die Malerei der Renaissance, etwa von Raffael (1483–1520) als klassisch zu bezeichnen, ebenso die griechische Kunst zwischen 480 und 320 v. Chr. oder die hochmittelalterliche Figurenplastik. In der Mode sind es zum Beispiel Muster wie ‹› Paisley, Pepita oder Hahnentritt.
(Literatur: 24, 26)

klassische Seidenmaltechniken
Siehe „Stichwort …"

Klebeband
‹› Lampenschirm

Kleidung
‹› Schneidern, ‹› Mode

Kleidung (fertig konfektioniert) bemalen
Einige Händler für Seidenmalbedarf bieten weiße, komplett genähte Kleidung an, die Sie nur noch bemalen müssen – jeder Schneideraufwand entfällt. Dabei handelt es sich meistens um Tops, T-Shirts, Blusen, Shorts oder gar um Kimonos aus edlem, schweren Seidenmaterial. Meistens lassen sich diese Stücke nicht auf dem normalen Spannrahmen befestigen, es sei denn, man hantiert geschickt mit den ‹› Spannkrallen, die hier gute Dienste leisten. Darüber hinaus gibt es jedoch auch Gestaltungstechniken, bei denen sich ein Aufspannen erübrigt, was dennoch zu äußerst reizvollen Ergebnissen führt.
1. Einfärben und gleichzeitiges Fixieren im Kochtopf. Zum ‹› Färben im Kochtopf gibt man dampffixierbare Seidenmalfarbe in eine ausreichende Menge

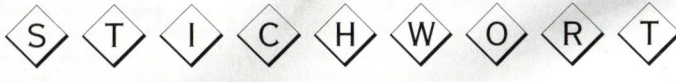

Klassische Seidenmaltechniken

◆ Als klassische Seidenmaltechniken werden hier die traditionellen Techniken bezeichnet, auch oft Grundtechniken genannt. Diese sind: Aquarell-, Auswasch- oder auch Naß-in-Naß-Technik; Konturentechnik; Alkoholtechnik, Salztechnik; zum Teil auch das Malen auf Grundierungen.

◆ Klassisch werden sie genannt, weil sie zu den Anfängen der Seidenmalerei gehören, wie sie vor allem in Frankreich ausgeübt wurde. Sie zeigen zudem die typischen Effekte und charakteristischen Malresultate, wie man sie in der typischen Ausprägung weder auf einer sonstigen textilen Faser noch auf Papier erzielen kann. Weiterführende Verfahren werden oft als experimentelle Techniken bezeichnet, doch gehören sie in einigen Jahren vielleicht selbst bereits zu den klassischen Techniken.
(Literatur: 1, 2, 3)

Wasser und läßt alles zusammen mit der Seide kochen. Das Ergebnis muß nicht unbedingt unifarben sein, denn hier sind Varianten möglich, so daß sich Muster und weiche Farbverläufe zeigen. Denn Sie können das Kleidungsstück, genau wie auch einen normalen Seidenstoff, verschnüren, wickeln, verknoten oder knüllen (➪ Plangi, ➪ Shibori). An diese „reservierten" Stellen gelangt dadurch nur wenig oder keine Farbe, woraus sich bizarre Musterstrukturen ergeben, ein oftmals überraschendes Zufallsspiel mit Farbe und Seide. Ein angenehmer Aspekt ist sicher auch der, daß bei dieser Vorgehensweise die Farbe durch den Kochvorgang schon auf der Seide fixiert ist, so daß man auf eine weitere Dampffixierung verzichten kann. Nach dem Färben und Ausspülen lassen Sie das Stück leicht antrocknen und bügeln es dann in feuchtem Zustand trocken. Auf diese Weise können leichte ➪ Knitterfalten entfernt werden.

2. Wilde Bemalung. Für dieses Verfahren wird das Kleidungsstück einfach auf eine Plastikfolie gelegt. Mit dem Pinsel, mit zwei oder mehreren Farben und viel Wasser bearbeitet man dann den Stoff. Bei dieser Technik kommt es nicht auf eine Bemalung im herkömmlichen Sinne an, also mit konkreten Formen, sondern man läßt hier dem freien Fließen der Farben und damit Zufallsergebnissen freien Lauf (➪ Action-painting). Nach dem Trocknen bügelt man die Seide, damit eventuell vorhandene Knicke geglättet werden. Bei dieser Methode muß dann allerdings unbedingt noch fixiert werden. Je nach Form des Kleidungsstückes läßt es sich dabei allerdings nicht immer vermeiden, daß bei der Dampffixierung Seide auf Seide liegt, man sollte jedoch, soweit es geht, das Fixierpapier auch zwischen die Stoffla-

Kokon: ein Seidenspinner schlüpft aus dem Gehäuse, das er sich als Raupe vor der Verpuppung selbst angelegt hat

gen plazieren. Reaktivfarben haben hier den Nachteil, daß es oft nicht einfach ist, das Fixiermittel auf so einer großen Fläche gleichmäßig aufzutragen.

3. Bemalung auf dem Rahmen. Für diese Methode sind als Befestigungssystem die sogenannten ➪ Spannkrallen ein optimales Hilfsmittel, denn sie sind mit einem flexiblen Gummiband versehen, so daß man das Kleidungsstück recht paßgenau aufspannen kann. Man legt nun etwas Papier oder auch Folie zwischen Vorder- und Rückseite und beginnt mit der Bemalung. Mit dieser Methode lassen sich vor allem gegenständliche Gestaltungen, Musterbordüren oder sonstige Motive auf die Seide bringen. Eine weitere Möglichkeit ist auch die ➪ Drucktechnik mit Hilfe eines Druckmodels. Auch in der ➪ Wachstechnik läßt sich mit dieser Methode wunderbar gestalten. Auch hier gilt: Beim ➪ Dampffixieren Papier zwischen Vorder- und Rückseite legen. (Literatur: 11)

Knitterfalten

Knitterfalten bei Seide gibt es unter mehreren Gesichtspunkten zu betrachten: das normale Knittern beim Ge-

brauch der Textilie; das Knittern beim ➪ Dampffixieren im Dampfdrucktopf; das absichtliche Knittern bei der ➪ Plissiertechnik.

1. Das normale Knittern der Seide, beim Tragen eines Seidentuches oder bei Seidenkleidung, läßt sich, wie bei fast allen Naturfasertextilien, kaum vermeiden. Für Seide trifft dies auch zu, wobei sie aber aufgrund ihrer hohen Elastizität noch als relativ knitterarm im Vergleich zu anderen textilen Geweben zu bezeichnen ist (➪ Dehnung). Baumwolle und Viskose etwa knittert eher. Doch nicht nur der Rohstoff selbst ist dafür ausschlaggebend, sondern auch die Art der Faserweiterverarbeitung. Je schwerer ein Seidenstoff ist und je mehr überdrehte, elastische Kreppgarne er enthält, desto besser können sich Knitter glätten und Falten wieder aushängen. Das kann man feststellen, wenn man eine Bluse aus schwerem Crêpe de Chine mit einer aus leichter Pongéseide vergleicht. Ein Kleidungsstück aus einem schwer fallenden Seidenstoff „zieht" sich fast von allein durch sein Eigengewicht glatt. Ansonsten ist Seide jedoch ein Material, welches sich durch etwas Befeuchten beim Bügeln wunderbar glätten läßt.

2. Eine Besonderheit stellen die Knitterfalten dar, die beim Dampffixieren in einem Kochtopf entstehen können. Auch bei der Verwendung eines ➪ Fixiergerätes können durch unsachgemäße Handhabung (etwa wenn die Seide ungebügelt eingewickelt wird) unerwünschte Knitterfalten entstehen. Wie kommt es nun dazu, daß die bei der Dampffixierung entstehenden Knicke sich auch durch Bügeln zum Teil nur schwer wieder entfernen lassen?

Seide ist eine tierische Faser und besteht zum größten Teil aus Eiweiß. Eiweiß ist unter Einwirkung von Hitze

**Komplementärfarben: oben in einer Malerei
von U. Weiss-Rössner, rechts in einem
Musterausschnitt von Shahida**

Knitterneigung
⇨ Knitterfalten

Kokon
Man unterscheidet den Eikokon, der
von vielen wirbellosen Tieren als
Schutzschicht um ihre Eier gehüllt wird
(etwa bei Regenwürmern und Spinnen)
von dem Kokon, der von den Raupen
vieler Insekten gebildet wird, um sich
darin zu verpuppen. In der klassischen
⇨ Seidenraupenzucht und bei der
⇨ Seidenproduktion verwendet man
die Kokons des Seidenspinners bombyx mori, eines eher unscheinbaren
Falters, dessen Raupen sich mit Vorliebe von Maulbeerblättern ernähren.
Die Raupe „spinnt" sich vor der Verpuppung ihre Hülle innerhalb von etwa
zwei Tagen. Danach ist der Kokon, der
die Puppe einhüllt, hergestellt. Er ist
etwa 3–4 cm lang, hat eine eiförmige
Gestalt, die in der Mitte leicht einge-
schnürt ist, und sieht leicht gelblich
aus. Fast unglaublich ist die enorme
Festigkeit des Kokons. Die Japaner
formten während des Krieges durch
Pressen Helme daraus.
(Literatur: 27)

Komplementärfarben
Auch: Ergänzungsfarben. Als komplementäre Farben werden diejenigen
bezeichnet, die sich im ⇨ Farbkreis
genau gegenüberstehen; denn sie
ergänzen sich als Mischfarbe im Ideal-
fall zu Grau (als Lichtfarben zu Weiß),
da sie alle Komponenten des reinbunten Farbkreises enthalten.
Beispiele: Grün (= Blau mit Gelb) ist
die Komplementärfarbe zu Rot; Violett
(= Rot mit Blau) hat die Komplementärfarbe Gelb; Orangerot (= Rot mit
Gelb) ergänzt sich komplementär mit
Blau.
Komplementärfarben haben in der
praktischen ⇨ Farblehre (hier geht es

verformbar, man spricht auch von dessen Thermoplastizität (⇨ Plissee). Die
Struktur der Faser ist an der Stelle, an
der der Stoff sehr scharf geknickt ist,
möglicherweise verändert und unter
Umständen dauerhaft fixiert.
Wenn man also im Haushalt mit dem
Kochtopf fixiert, sollte man zum Einwickeln der Seide am besten ein weiches Baumwolltuch verwenden, damit
keine scharfen Knicke entstehen. Falls
doch welche entstehen, hilft nur noch
eines, um diese wenigstens abzu-
mildern: Seide gut befeuchten und mit
relativ hoher Temperatur (Leinen,
Stufe 3) von der linken Seite bügeln.

3. Ansonsten muß in diesem Zusammenhang noch eines erwähnt werden:
So wie alles seine zwei Seiten hat, verhält es sich auch hier so. Man kann
also die Thermoplastizität unter Einwirkung von Feuchtigkeit und Hitze nutzen, um in der Plissiertechnik wunderschöne Seidenplissees herzustellen.

S T I C H W O R T

Komposition und Struktur

◆ Sinnvolle Zusammenstellung von Einzelformen innerhalb einer Fläche (bezogen auf Gewicht, Menge, Stellung und Ausformung dieser Elemente); innerer Aufbau, Gefüge des Ganzen, seine Struktur.
Bei jeder Gestaltung, ganz gleich, ob es sich um den Entwurf eines Stoffmusters, eines Seidentuches oder Bildes handelt, ist die Anordnung, die Komposition der einzelnen Bildelemente besonders wichtig. Im täglichen Leben erfahren oder praktizieren wir oft unbewußt die Gesetze von Harmonie und Ausgewogenheit. Wir treffen eine Auswahl bestimmter Kleidungsstücke oder richten die Wohnung nach unseren Vorstellungen ein. Oftmals empfindet man rein gefühlsmäßig, daß nur eine bestimmte Zusammenstellung von Farbe, Form oder Arrangement in Frage kommt.

◆ Doch hat nicht jeder dieses sichere Gefühl, auch wenn die meisten Menschen instinktiv sofort eine Komposition als angenehm oder unangenehm beurteilen können. Ein Gefühl für die Komposition eines Entwurfs, für ein interessant wirkendes Verhältnis der Flächen und Formen zueinander und für die Dynamik des Ausdrucks kann man lernen. Natürlich geht das nicht von heute auf morgen, es bedarf vielmehr der Übung und des Experimentierens – und vor allem muß man neu sehen ler-

nen, wobei man das Inhaltliche beiseite schieben muß, um sich ganz auf die rein formalen Zusammenhänge konzentrieren zu können.

◆ Eine Komposition kann man zum Beispiel hinsichtlich folgender Aspekte beurteilen: Größen-, Flächen-, Mengenverhältnisse, Anordnung der Elemente, Positiv-Negativ-Flächenanordnung, Hintergrund und Vordergrund, Proportionsverschiebungen, Tonwerte der Farbe (Hell-Dunkel), Perspektive, Goldener Schnitt, natürliche Farbkomposition (Farbkontraste).
Hier nun einige Vorschläge zu Kompositionselementen, die als Orientierungshilfen beim Entwurf von Seidentüchern dienen können.

◆ **Flächenmuster oder Einzelmotive:** Während beim Muster die gesamte Fläche des Seidenstoffes beinahe tapetenartig mit einem Dekor ganzflächig überzogen wird, wobei das Prinzip der Wiederholung eine große Rolle spielt, ist umgekehrt das Setzen eines oder mehrerer Schwerpunkte durch Einzelmotive denkbar, etwa in den Ecken eines Tuches.

◆ **Streuung:** Wie „hingeworfen" sollen solche Flächenmuster wirken, meist bestehend aus gleich aussehenden Motiven oder Formen. An einigen Stellen können sie

nicht um Lichtfarben) fundamentale Bedeutung. Die wichtigsten Aspekte sind hier aufgeführt:
1. Farben mischen – eine Grundfarbe mit ihrer Komplementärfarbe gemischt, ergibt im optimalen Fall ein neutrales Grau. Da die Farbmittel für die (Seiden-) Malerei aber so unterschiedlich hergestellt werden und da es keine Normwerte dafür gibt, ist das eher selten. Man erzielt meistens einen Farbton, der zwischen Braun und Grau schwankt.

Dieses Prinzip ist jedoch eine wichtige Orientierungshilfe beim Farbenmischen.
2. Gestaltungslehre – die Harmonie einer Farbgestaltung wird im wesentlichen durch die verschiedenen Kontrastwirkungen der Farben bestimmt (◆ Farbkontraste). So steigern sich beim Komplementärkontrast die Farben, wenn sie nebeneinander aufgetragen sind, zu höchster Leuchtkraft.
3. Physiologisch – der Effekt des komplementären Nachbildes tritt als opti-

Komposition und Struktur: Beispiele …

dichter auftreten, an anderen mit mehr Abstand zueinander. Solche Gestaltungen haben dadurch oft auch einen rhythmisch-lebendigen Charakter im Gegensatz zu exakt gleichen Formen in streng gleichen Abständen, nach mathematischen Regeln angeordnet.

◆ **Ballung:** Verdichtung von Bildelementen. Ein Blumenbouquet, etwa in einer Ecke eines Seidentuches angeordnet, zum Beispiel, wenn rundherum Blumen in locker gestreuter Anordnung verteilt sind.

◆ **Reihung:** Abfolgen von Einzelelementen in regel- oder unregelmäßiger Anordnung neben- oder untereinander; Bordüren. Oft als Abschlußmuster entlang dem Rand von Seidentüchern. Setzt man mehrere Reihen nebeneinander, führt das zu einem Flächenmuster.

◆ **Rapport:** Bei einem regelmäßigen Muster bezeichnet der Rapport die kleinste Einheit, die wiederholt in alle Richtungen aneinandergefügt das Muster unendlich weiterlaufen lassen könnte. Man spricht auch vom Musterumfang. Aus drucktechnischen Gründen ist auch bei großzügig wirkenden Mustern bei großen Flächen (Tapeten, Gardinen) ein Rapport notwendig.
Doch auch in der Seidenmalerei kann man durch einen Rapport Wiederholungen und eine optische Ordnung schaffen. (In der Weberei spricht man auch vom Bindungsrapport.)

◆ **Symmetrie:** Die Fläche des zu gestaltenden Seidentuches oder einzelner Formen kann in (gedachte) Achsen eingeteilt werden: Waagerechte, Senkrechte,

Diagonale und so weiter, mit einer oder auch mit mehreren Linien. Fügt man nun die Muster oder Motive nach symmetrischem Prinzip ein, werden sie parallel angeordnet, was hier bedeutet, daß sie sich sozusagen auf der gedachten Achse spiegeln. Das sorgt für Ordnung und Harmonie in der Gestaltung, kann aber auch langweilig wirken.

◆ **Asymmetrie:** Spannung ist dagegen eher in einer asymmetrischen Gestaltung gewährleistet. Man setzt das Motiv oder die Form als Schwerpunkt nur auf eine Seite der Achse, man verschiebt die Proportionen. Asymmetrische Gestaltungen wirken dadurch lebendiger, herausfordernder, sie „springen" viel stärker ins Auge, können aber auch sehr unruhig, vielleicht sogar viel zu „chaotisch" wirken. Bildkompositionen sind fast immer nach diesem asymmetrischen Prinzip aufgebaut, während das Dekorative gern auf Symmetrien zurückgreift, die den zu verzierenden Gegenstand gerade nur so viel betonen, daß er von der Bemalung nicht gänzlich „erschlagen" wird.

◆ **Farbkontraste:** Gerade in der Seidenmalerei ein ganz wesentliches Kompositionselement bei der Gestaltung eines Tuches oder Bildes. Die Brillanz der intensiven Farben fordert geradezu heraus, vor allem mit den Farbkontrasten auf verschiedenste Art zu spielen. Farben können Gewichte und Schwerpunkte setzen, können Verbindungen schaffen und trennen, können sich zurücknehmen und so weiter.
(Literatur: 8, 12)

... von R. Correll-Becker und Shahida

sches Phänomen auf. Man „sieht" Grün (als Komplementärfarbe zu Rot), wenn man unmittelbar davor lange Zeit auf eine rote Fläche geblickt hat. Das spielt sich zwar nur im Auge und Gehirn des Betrachters ab, bewirkt aber den Simultankontrast, der in der Farbgestaltung betrachtet werden muß. Auch Flimmereffekte können auftreten.

Komplementärkontrast
⊡ Farbkontraste

Komposition und Struktur
Siehe „Stichwort ..."

Konservierungsmittel
⊡ Haltbarkeit der Malmaterialien

Konsistenz
Konsistenz meint in der Regel die Beschaffenheit eines Stoffes oder einer Substanz. In der Seidenmalerei ist dieser Begriff oft von zentraler Bedeutung, zum Beispiel spielt die Konsistenz des

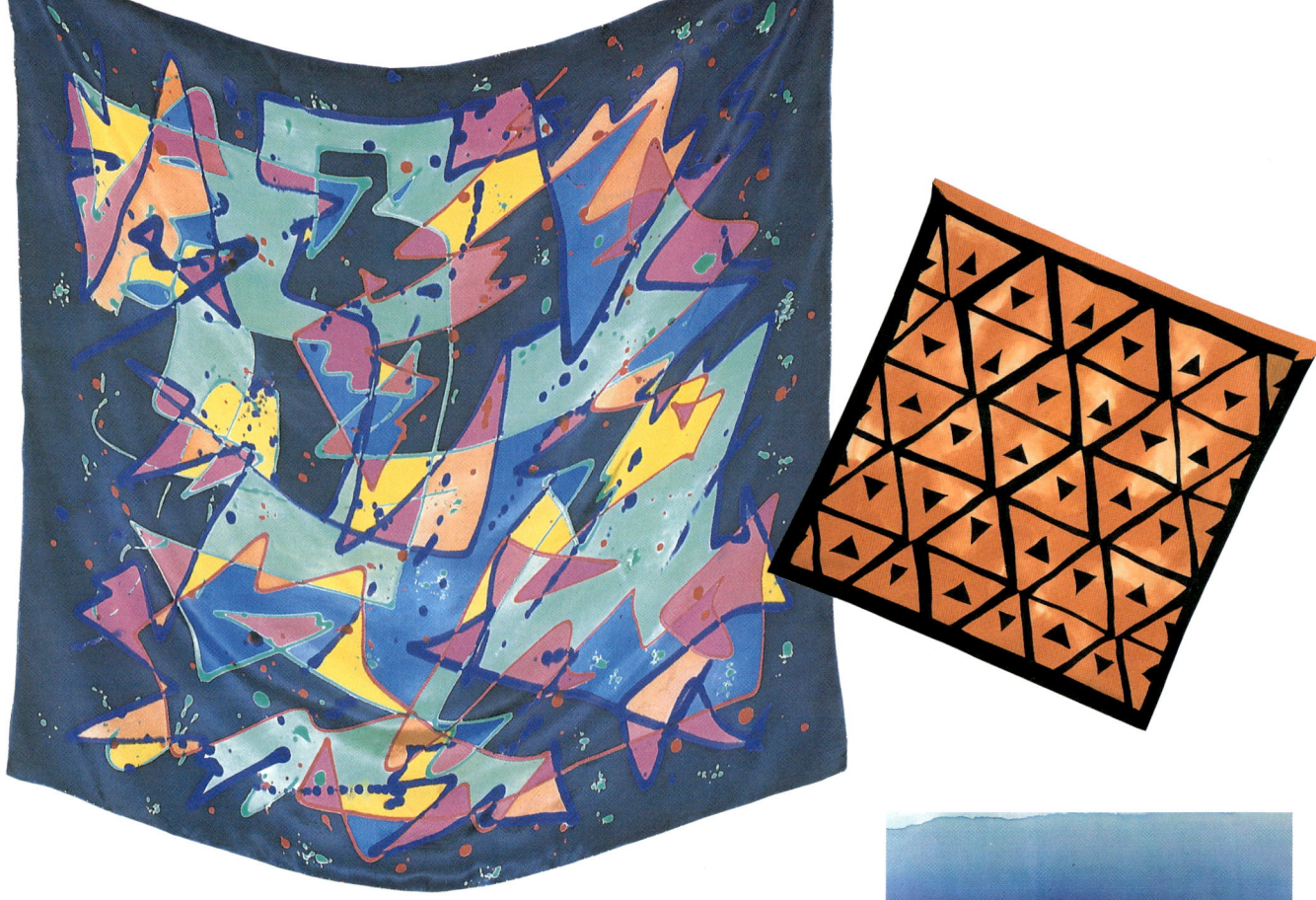

Konturentechnik: einige gegensätzliche Beispiele von Elfriede Möller (oben), Elisabeth Schwinge (rechts) und Shahida (unten)

⇨ Konturenmittels oft die entscheidende Rolle für ein sicheres Arbeiten in dieser Technik. Auch die Farben benötigen, je nach Gestaltungsabsicht und Technik, eine ganz unterschiedliche Beschaffenheit: etwa bei der ⇨ Drucktechnik, bei der ⇨ Monotypie und so weiter verändert man die gewohnte ⇨ Fließeigenschaft der Farbe durch Zugabe eines ⇨ Verdickers. Interessant für ⇨ experimentelle Techniken ist ebenfalls das Spiel mit der Konsistenz durch den gezielten Einsatz von Verdickungsmitteln.

Eine besondere Beschaffenheit haben die speziellen ⇨ Wachsmalkreiden für die Seidenmalerei. Sie erlauben durch den „trockenen" Farbauftrag ganz eigene Möglichkeiten. Beim ⇨ Marmorieren spielt die Konsistenz des Marmorierungsgrundes eine wichtige Rolle.

Konturenmittel

Alle Mittel, mit denen man eine Begrenzung für die flüssige Seidenmalfarbe auf die Seide ziehen kann, werden so bezeichnet (auch: Trennmittel, Begrenzungsmittel). Sie sind somit Voraussetzung für das Gestalten in der ⇨ Konturentechnik und haben deshalb mit der verwendeten Seidenmalfarbe zunächst nichts zu tun (⇨ Mischbarkeit).

Das bedeutet, es gibt nicht „das" Konturenmittel oder „die" Gutta für „die" spezielle Farbe.

Unterschieden werden die Konturenmittel danach, welche Lösemittel sie enthalten, das heißt, ob sie auf Wasserbasis oder auf Benzinbasis hergestellt wurden (⇨ Konturenmittel, wasserlöslich; ⇨ Gutta).

Welches man benutzt, hängt nicht von der verwendeten Seidenmalfarbe ab,

sondern muß nach anderen Überlegungen entschieden werden: Seidenqualität (⇨ Stoffgewicht); Verwendungszweck des hergestellten Werkes; Größe der ⇨ Aufsatzdüse; Erfahrung und Übung in der Konturentechnik; der Aufwand, den man beim Entfernen des farblosen Konturenmittels in Kauf nehmen möchte; Ansprüche an die Dichtigkeit der Konturen und so weiter.

STICHWORT

Konturentechnik

◆ Von einer Kontur wird im Zusammenhang mit der Seidenmalerei im Sinne einer Begrenzung gesprochen. Die flüssige Seidenmalfarbe fließt normalerweise beim Auftragen auf den nicht präparierten Seidenstoff nach außen und verteilt sich diffus. Möchte man nun aber klar begrenzte Farbflächen erzielen oder auch verschiedenfarbige Bereiche direkt aneinanderstoßen lassen, muß eine Begrenzungslinie mit einem wasserlöslichen Konturenmittel, mit benzinlöslicher Gutta, eventuell auch mit Wachs, verdickter Farbe oder ähnlichem gezogen werden.

◆ Vor allem gegenständliche Gestaltungen und die verschiedenartigsten Motive und Muster lassen sich mit diesem Verfahren anfertigen. Die Konturentechnik zählt neben der Aquarell-, der Auswaschtechnik und der Salzeffekttechnik zu den klassischen Techniken der Seidenmalerei.

◆ Aufgetragen werden Konturlinien zumeist mit Hilfe eines Plastikfläschchens und einer Aufsatzdüse. Viel freier läßt sich jedoch arbeiten, wenn man diese Mittel auch einmal mit dem Pinsel aufträgt, wenn man sie tropfen und fließen läßt, aufdruckt und ähnliches. Hier findet dann ein Übergang von der Kontur zur Reservierung flächiger Bereiche statt.

◆ Vielfältige Gestaltungsmöglichkeiten ergeben sich durch das Schichten, bei dem mehrere Farb- und Konturenmittelaufträge interessante Tiefenwirkungen erzeugen. Auch das Spiel mit versteckten Linien ist hier zu nennen.
(Literatur: 1, 2, 3, 4)

Auch kann man alle Materialien, die, linear oder flächig auf der Seide aufgetragen, eine „Mauer" für die flüssige Seidenmalfarbe bilden, als Konturenmittel bezeichnen. Als Beispiel: Wachs (⇨ Wachstechnik; ⇨ Tjanting); Verdickte Farbe oder ⇨ Verdicker pur; Zuckerlösung (⇨ Zuckersiruptechnik); ⇨ Stoffmalfarbe (⇨ Plattentechnik). (Literatur: 1, 2, 3, 4)

Konturenmittel, wasserlöslich

Wie der Name bereits verrät, sind diese Mittel auf Wasserbasis hergestellt, sie sind also auch wasserlöslich. Im Gegensatz zur ⇨ Gutta handelt es sich um ein künstlich hergestelltes Produkt. Sein Aussehen ist meistens klar, und es riecht kaum. Aufgrund der Wasserlöslichkeit kann man es auch mit Seidenmalfarben einfärben. Zu beachten ist

dabei jedoch, daß sich die Konsistenz dabei verändert, das Mittel wird dünnflüssiger. Am besten macht man vor dem Malen eine Probe, um die Dichtigkeit zu kontrollieren.

Nach dem Fixieren der bemalten Seide kann das Mittel durch einen normalen Waschvorgang aus der Seide wieder entfernt werden, was ja vor allem bei der farblosen Sorte wichtig ist, denn der ⇨ Griff des Gewebes verändert sich ja durch Konturenmittel. (Gutta muß in Benzin, in der Reinigung entfernt werden.) Dieser Aspekt läßt für viele Anwender dieses Mittel im Vergleich zur Gutta attraktiver erscheinen. In der Praxis hat sich jedoch gezeigt, daß einige Produkte sich nur äußerst schwer herauswaschen lassen, vor allem, wenn eine Dampffixierung vorausging. Tip: In solch einem Fall weicht man die Seide zunächst in kaltem Wasser ein (nach dem Fixieren!), bevor man warm wäscht; meistens hilft das.

Im praktischen Gebrauch sollte man größere Sorgfalt auf die Trocknungszeit des Mittels legen, als dies im Vergleich zu Gutta nötig ist. Das wasserlösliche Konturenmittel sollte am besten einige Stunden trocknen, bevor mit dem Malen begonnen wird, oder man hilft mit dem Fön nach. Ansonsten löst die Farbe die Linien sehr leicht an.

Konturenmittel, wasserlöslich und farbig

Eingefärbte wasserlösliche Konturenmittel sind (nach dem Bügeln) waschbeständig, wenn sie mit Bügelfixierfarben getönt wurden. Einige der im Handel bereits farbig angebotenen wasserlöslichen Konturenmittel sind jedoch bisweilen mit dampffixierbaren oder chemisch fixierbaren Farben getönt. Hier ist folgendes zu beachten: Das eigentliche in ihnen enthaltene Konturenmittel löst sich hier beim

KONTURENMITTEL

Waschen, und nur die Farbe bleibt in der Seide, sofern man korrekt fixiert hat. Wenn man jedoch mit ‹: Bügelfixierfarben malt und im Gegensatz dazu anders zu fixierende Konturenmittel verwendet, kann sich dessen Farbe beim späteren Waschvorgang lösen und die Arbeit verderben. Denn das Bügeln allein reicht ja für diese Sorten nicht aus. Deshalb: Stets auf der Packung nachsehen, um welches ‹: Farbmittel es sich handelt.

Konturenmittel, wasserlöslich und metallicfarben
Wasserlösliche Metallic-Konturenmittel (in Gold und Silber zum Beispiel) zeigen sich meistens reibechter gegenüber ‹: Gutta mit Metallic-Effekt. Sie sind zudem waschecht, nachdem man sie eingebügelt hat. Wichtig ist, daß man sich nach der Reinigungsbeständigkeit erkundigt, denn wenn man – etwa um farblose Gutta entfernen zu lassen – die Seide in die Reinigung gibt, kann es zu unliebsamen Überraschungen kommen.

Konturentechnik
Siehe „Stichwort …" Seite 79

Köperbindung
Eine Grundbindungsart, sie erzeugt ‹: Gewebe mit „Effekt". Bei der Köperbindung bestimmen Kett- und Schuß-

Krakeliereffekt: von Karin Huber

fäden in der Regel nicht in gleicher Weise die Oberfläche des Stoffes. Vielmehr werden Kette oder Schuß versetzt gewebt, es werden Fäden übersprungen. So sind deutlich schräg verlaufende Linien sichtbar, der Köpergrat, wie man ihn vom Jeansstoff kennt. In Köperbindung sind zum Beispiel ‹: Twill oder Gabardine gewebt. (Literatur: 27)

Krakeliereffekt
Hier handelt es sich um einen besonderen Effekt, der in der Seidenmalerei durch die ‹: Wachstechnik herstellbar ist. Der Seidenstoff, auf dem man diesen Effekt erzielen möchte, kann bemalt sein, braucht aber nicht fixiert zu sein. Er wird auf einem Spannrahmen befestigt und vollständig mit flüssigem ‹: Wachs bestrichen. (Das Wachs wird dazu in einem Wachswärmer vorab verflüssigt.) Das Wachs erstarrt sofort. Dann nimmt man die Seide vom Rahmen herunter und zerknüllt sie, so daß sich kleine, oft haarfeine Risse bilden. Man spannt sie wieder auf und malt mit einer dunkleren Farbe über die gesamte Fläche. Sie perlt am Wachs ab, sickert aber in die feinen Risse ein. Es entstehen dadurch hauchdünne Linien, ein Verlauf, der feinen Adern ähnelt.
Man kann das Zerknüllen spärlich ausführen oder sehr stark – entsprechend wird das Ergebnis sehr fein bis bizarr ausfallen. Es ist zudem auch möglich, das Zerknüllen ganz gezielt für die Gestaltung eines Motivs, zum Beispiel für die Verästelungen eines Baumes, einzusetzen. Nach dem Trocknen der Farbe entfernt man das Wachs durch Aufbügeln zwischen sehr altem Zeitungspapier und fixiert wie üblich. Restwachs kann durch eine chemische Reinigung (Kleiderbad) vollständig entfernt werden.

Die Wahl des Wachses beeinflußt übrigens die Intensität und die Feinheit der entstehenden Krakelüren. Paraffin ist spröde, was zu sehr starken Rissen führt. Das elastischere Bienenwachs ergibt filigrane Linien.
(Literatur: 14)

Krawatten
Krawatten aus handbemalter Seide sind nicht zuletzt deswegen sehr beliebt, weil sie die Möglichkeit bieten, auch einem Herrn ein sehr persönliches, einzigartiges Geschenk zu machen. Ist man geschickt im Nähen, dann kann man einen bemalten Seidenstoff zu einer Krawatte weiterverarbeiten. Entsprechende Schnitte gibt es im Handel zu kaufen.
Bequemer geht es mit fertig genähten Krawatten, die Sie nur noch bemalen müssen. Es gibt sie in verschiedenen Seidenqualitäten, von Pongé 8 über Twill, Crêpe de Chine bis hin zu Doupionseide, aber auch Seidenjacquard mit eingewebtem Muster. Welche Sie auswählen, ist eine Frage des Preises und des Geschmacks. Zum Teil gibt es leichte Qualitätsunterschiede, was die Verarbeitung betrifft. Auch wirken Krawatten aus schwereren Stoffen meistens edler und schöner. Wie Sie sie bemalen, ist denkbar einfach und auch für Einsteiger in die Seidenmalerei kein Problem: Man legt auf eine abwaschbare Unterlage eine Lage Küchenkrepp, darüber die Krawatte – und los geht's. Die Krawatte muß nicht unbedingt zum Bearbeiten aufgetrennt oder auf einen Rahmen gespannt werden. In der Regel empfiehlt es sich, mit der Vorderseite zu beginnen, da beim Überlaufen der Farbe von der Rückseite her leicht Ränder entstehen können, vor allem bei bügelfixierbaren Farben. In jedem Fall zuerst die eine Seite bemalen, wenden und danach die andere fertigstellen.

Nach Beendigung der Malarbeit läßt man die Krawatte mit der Rückseite nach unten auf einer Unterlage liegend trocknen.

Für die Wahl einer Maltechnik hier ein paar Vorschläge: alle ⇨ klassischen Techniken: (Aquarell-, Salz-, Alkohol-, Konturentechnik und so weiter), die ⇨ Fotokopiertechnik, die ⇨ Monotypie, verschiedene ⇨ Reservierungen. Sämtliche für die Seidenmalerei üblichen Farben können verwendet werden, also ⇨ Bügelfixierfarben, ⇨ Reaktivfarben und ⇨ Dampffixierfarben. Die Fixierung erfolgt dann entsprechend. Allerdings sollte man bei der Materialwahl gleich an die Nachbehandlung denken: Wäscht man eine Krawatte, riskiert man, daß sie sich verzieht oder wellt. Besser gibt man sie in die chemische Reinigung, dann aber nur ins Kleiderbad. Tip für die Dampffixierung: Nach dem Trocknen der Farbe die Krawatte schon unbedingt vor dem Fixieren glattbügeln und längs zur Fixierstange in den Apparat legen. (Also nicht quer gelegt um die Stange herum aufrollen, sonst wird die Krawatte wellig!) Beim Fixieren im Kochtopf: Weich einwickeln. Nach dem Fixiervorgang sofort nochmals glattbügeln. Diese Vorgehensweise hat sich bewährt, sie vermindert das Risiko, daß die Krawatte aus der Form gerät.

Bei den konfektionierten Krawatten kann es vorkommen, daß sich die Naht an der Rückseite früher oder später löst. Denn manche Hersteller solcher Seidenrohlinge gehen davon aus, daß die Krawatten zum Bemalen aufgetrennt werden, was natürlich ebenfalls eine Möglichkeit ist, um sie sehr gleichmäßig bemalen zu können. Deshalb wird die Rückseite von vornherein oft nur leicht vernäht. Unter Umständen sollte diese Naht also zusätzlich vernäht werden.

Krawatten: Beispiele von Shahida und von Karin Huber

Ein wirklich echtes Unikat wird die Krawatte natürlich erst dann, wenn sie durch Ihre Unterschrift (mit dem ⇨ Signierstift) gekennzeichnet ist. Oder wenn man sie gar mit einem individuellen Webetikett versieht!
(Literatur: 15)

Kreativität
Siehe „Stichwort ..."

Kreide
⇨ Wachsmalkreide

Kreppseide
⇨ Crêpe

Kristallbildung
Beim Trocknen einer Grundierung mit einer Salzlösung (⇨ Salzgrundierung) zu beobachtender Effekt. Das vorab in heißem Wasser gelöste Salz bildet beim Trocknen feine Kristalle auf der Seide, wenn die Trocknung durch sofortiges Fönen erfolgt. Läßt man die Salzgrundierung jedoch von allein trocknen, bilden sich größere Kristalle. Bei der anschließenden Bemalung zeigen sich auch unterschiedliche Ergebnisse: Nach sofortiger Trocknung liegen die Salzkristalle sehr fein und zahlreich auf der Seide verteilt, der Farbauftrag wird eher weich wirken. Körnige Strukturen können dagegen entstehen, wenn sich bei längerer Trocknungszeit größere und somit auch weniger Salzkristalle gebildet haben.

Küchenkrepp
Küchenkrepp, meist als „Haushaltsrolle" angeboten, ist ein wichtiges Hilfsmittel für die Seidenmalerei. Man kann Pinsel daran abstreifen, gleichzeitig die Farbe (auf weißem Küchenkrepp) antesten und hat immer ein saugfähiges Material zur Hand, wenn etwas danebengeht. Auch Pfützen auf dem Seiden-

S T I C H W O R T

Kreativität

◆ Kreativität ist ein Begriff, mit dem gerade in heutiger Zeit gerne „gehandelt" wird. In einer Zeit, in der die Freizeit einen immer stärkeren Stellenwert erhält, sucht der Mensch nach einer sinnerfüllten Beschäftigung, die ihn sich selbst neu entdecken läßt. Es wächst das Bedürfnis, die musische Seite in sich zu fördern, und Möglichkeiten dazu gibt es viele. So sprießen die Angebote an Kursen verschiedenster Art aus dem Boden, und „Kreativmärkte" liefern das Zubehör dazu.

◆ Manch ein „professioneller Künstler" mag die Nase rümpfen, wenn er beobachtet, was auf dieser Welle so alles an Schönem und weniger Schönem hochgeschwemmt wird. Doch jeder kann nur von dort aus etwas geben, wo er gerade steht. So sollte Kreativität mit einem professionellen und mit einem nachsichtigen Auge betrachtet werden.

◆ Kreativität in eigentlicher Definition bedeutet: das Schöpferische; das Entdecken von Neuem, von nicht Vorhergesehenem; das Hervorbringen eigener Ideen. Möchte man Kreativität genauer erfassen, kann man ihre besonderen Aspekte einmal dem Nichtkreativen gegenüberstellen. Hier einige Begriffspaare, die die beteiligten Dimensionen etwas beleuchten:
Spontaneität – angepaßtes Verhalten; Innovation – Tradition; Nonkonformität – Konformität; Freiheit – Regel; divergierendes Denken – konvergierendes Denken; expressives Verhalten – defensives Verhalten; Offenheit – Geschlossenheit; Selbsttätigkeit – Geleitetwerden.

◆ Außerdem weiß die Kreativitätsforschung, daß schöpferisches Verhalten, Ideenfindung und Problemlösung in mehreren typischen Phasen abläuft. Würde man sie auf die Seidenmalerei übertragen, so könnte das – sehr vereinfacht – etwa so aussehen:
1. Was möchte ich aus Seide gestalten, für welchen Zweck, aus welchem Beweggrund?
2. Was steht mir an Material, was an Zeit zur Verfügung? Welche Techniken beherrsche ich?

3. Überlegungen zur genauen Vorgehensweise, Entwurfsstadium, Ideenfindung.

4. Entscheidung für einen Entwurf, für eine bestimmte Technik, ein Material.

5. Praktische Ausführung des Geplanten, Umsetzung der Idee auf Seide, Weiterverarbeitung.

6. Kontrolle über die Wirkung des Geschaffenen durch Selbstnutzung, Verschenken, Verkaufen, Ausstellen und so weiter.

◆ Leider glauben viele Menschen, daß der kreative Genius nur ganz wenigen vorbehalten ist, viele Mythen bezüglich der „hohen Kunst" spielen dabei eine große Rolle. Deshalb bleibt auch im Bereich der Seidenmalerei, der viel mit Hobby und Freizeitbeschäftigung zu tun hat, Kreativität allzu oft beschränkt auf das „Nachmalen".

◆ Eine Brücke zwischen diesen beiden Polen könnte vielleicht mit dem „Nachempfinden" geschaffen werden. Die Begeisterung und Freude an schönen Dingen ist dann eine Aufforderung zum eigenen Tun, das sich allmählich weiter entwickeln kann und schließlich die eigene Persönlichkeit widerspiegelt. Es ist zudem noch anzumerken, daß auch große Meister der Kunst wie Picasso, Klee, Miró und andere ganz eindeutig die Kunst primitiver Völker nachempfunden haben und sich dadurch zu eigenem Schaffen aufgefordert sahen.
Auch das Betrachten einer Landschaft, deren Zauber und Schönheit auf eine ganz persönliche Art durch Farben „eingefangen" wird, stellt eine kreative Neuschöpfung dar. Die „Tunisreise" von Klee, Macke und Moillet sind hier ein schönes Beispiel dafür, wie man die Welt mit neuen Augen empfinden und das Empfundene ausdrücken kann. Solche Meisterschaft des kreativen Schaffens kann natürlich als Vorbild, sollte aber nicht als Maßstab verstanden werden.

◆ Man sollte also gerade im Bereich von Hobby und Freizeit den Sinn von Kreativität in der positiven Beschäftigung mit sich selbst sehen, im Entdecken von noch nicht geförderten Seiten: Kreative Menschen sind glücklichere Menschen, sie sind zu größerer Offenheit und Flexibilität fähig, haben ein sicheres Selbstbild und mehr Möglichkeiten, sich auszudrücken. Und nicht nur die Zunahme von Kreativitäts-, von Kunsttherapien beweist, daß Kreativität etwas mit Gesundheit und Wohlbefinden zu tun hat.

stoff, die nach zu starkem Farbauftrag entstehen, lassen sich damit abtupfen.

Kunst
⇨ Kunsthandwerk

Kunsthandwerk
Auch: Kunstgewerbe oder angewandte Kunst. Schwer abzugrenzender Sammelbegriff für handwerkliche Zweck- und Ziergegenstände, die durch Form und (oder) Dekor künstlerischen Rang besitzen. Als angewandte Kunst unterscheidet sich das Kunsthandwerk von den sogenannten freien Künsten; beides zählt zur bildenden Kunst. (Die bildende Kunst umfaßt neben dem Kunstgewerbe noch die Architektur, Bildhauerei, Malerei, Graphik und Zeichnung – nach klassischer Einteilung.) Zum Kunsthandwerk gehören: Keramik, Glas, Schmiedekunst, Schnitzerei, Emaillekunst, Möbelherstellung, Textilkunst.
In früheren Zeiten war der Künstler zugleich Handwerker. Mit der Industrialisierung trat eine Trennung zwischen dem Entwerfer und den handwerklich Ausführenden ein; dem versuchten manche Strömungen später entgegenzuwirken (Jugendstil, Bauhaus und so weiter).
Die Seidenmalerei ist also laut oben genannter Definition in den Bereich des Kunsthandwerks anzusiedeln. Umstritten ist die Meinung, inwieweit ein textiles Werk als „Kunst" im engeren Sinne anzusehen ist. Ein Streit, der auch in der Seidenmalerei zum Thema geworden ist, da hier durch die Möglichkeit, auf dem Malgrund Seide im klassischen Sinne Bilder zu malen (verbunden mit Ausstellungen), der Bereich der angewandten Kunst verlassen wird.
Hier bliebe noch zu sagen, daß die Problematisierung dieses Themas nicht international ist: In Ländern wie zum

Kurse für die Seidenmalerei

◆ Es gibt Menschen, die einfach ein Stück Seide auf den Rahmen spannen, den Pinsel in die Hand nehmen und loslegen. Meistens sind dies „von Natur aus" kreative Zeitgenossen, die sofort ihrer Begeisterung für dieses Medium Ausdruck zu geben vermögen. Das kann ein Weg für wenige sein; für die meisten ist der Besuch eines Kurses eine sinnvolle und nebenbei Spaß bringende und kommunikative Tätigkeit. Das Lesen von Anleitungsbüchern ist eine Alternative, die jedoch nicht jedermanns Sache ist, denn manche bevorzugen den direkten Kontakt zum Kursleiter und den Austausch mit Mitlernenden. „Learning by doing" (Lernen durch Tun) ist die beliebteste und effektivste Art, sich einem neuen Gebiet zu nähern, wobei eben die Gruppensituation besonders anregend sein kann.

◆ Seidenmalkurse werden von verschiedenen öffentlichen oder privaten Institutionen angeboten: Volkshochschulen, Familienbildungsstätten, Freizeitschulen, Volksbildungswerken oder Vereinen, um nur einige Anbieter zu nennen. Diese Kurse sind für die meisten finanziell erschwinglich, da sie in der Regel mit öffentlichen Zuschüssen gefördert werden. Die fachliche Kompetenz der Dozenten läßt manchmal dagegen sehr zu wünschen übrig. Am besten informiert man sich vorher über den jeweiligen Dozenten.

◆ Privatkurse werden meist von mehr oder weniger prominenten Seidenmal-Profis angeboten. Die Kompetenz kann den Lehrenden hier normalerweise zugesprochen werden (obwohl es auch hier Überraschungen geben kann); Privatkurse sind aber auch teurer. Weitere Hinweise bietet der Praxisteil dieses Buches.

Kurse: Sie vermitteln, wie hier, freies Arbeiten (K. Huber)

Kunstseide
Veralteter, heute unzulässiger Begriff für die industriell hergestellten, optisch seidenähnlichen Fasern (Chemiefasern und Viskose). Man nannte sie früher so, weil diese Endlosfasern nach dem Vorbild des Naturseidenfadens hergestellt wurden. Gerade die stark glänzende Viskose ist zum Teil nur vom Fachmann von reiner Seide zu unterscheiden. Mit der ⇨ Brennprobe läßt sich die Herkunft des Materials jedoch meist identifizieren.

Küpenfarbstoff
⇨ Indigo

Kurse für die Seidenmalerei
Siehe „Stichwort ..." und Praxisteil

Beispiel Japan oder Australien gibt es solche Berührungsängste nicht; gute Keramiker gelten zum Teil genauso als angesehene „Künstler" wie die bildenden Künstler.
(Literatur: 24, 26)

Künstlermappe
⇨ Präsentation

Kunsthandwerk: eine bemalte Kette aus Seidenfilzschnüren mit Silber (E. Möller)

Lackstift

⇨ Metallic-Stifte

Lampenschirm

Ein Lampenschirm aus Seide, vielleicht passend zur Wohnungseinrichtung, ist nicht schwer herzustellen. Im Fachhandel kann man die verschiedenen Materialien dafür erwerben, von selbstklebender ⇨ Lampenschirmfolie bis zu verschiedenen Formen an Lampenringen.

Zu Beginn sollte man sich darüber klar werden, für welchen Zweck und wie groß der Lampenschirm sein soll. Dann beschafft man sich die benötigten Metallringe, um dann erst den exakten Stoffverbrauch zu berechnen – danach beginnt man mit dem Malen. (Zum Teil werden schon Lampensets angeboten, dann ist sogar die Folie schon zugeschnitten.)

Die Menge des Stoffes wird bei zylindrischen Formen über den Durchmesser des runden Lampenschirmringes berechnet. Man multipliziert den Durchmesser mit 3,14 und erhält somit den Umfang der Lampe. Als Alternative und vor allem wenn es sich nicht um einen kreisrunden, sondern vielleicht um einen ovalen Schirm handelt, gibt es folgende Methode: Man markiert sich auf einer geraden Leiste oder auf dem Zollstock und an dem Ring (etwa an der Schweißnaht) einen Punkt. Von diesem aus rollt man den Ring so weit ab, bis man wieder beim Ausgangspunkt angelangt ist. Auch auf diese Weise erhält man Auskunft über den Gesamtumfang des Schirmes. Nun wird nur noch die Höhe bestimmt, die man wünscht. Bei konischen Formen beschafft man sich am besten einen Schnitt, oder man stellt sich aus Papier selbst einen her, bevor man die Seide schnittgerecht bemalt. Beim Stoffkauf und bei der späteren Bemalung ist noch darauf zu achten, daß ringsum an jeder Kante eine Zugabe von ca. 3 cm notwendig ist. Auch sollte keine zu dünne Seide gewählt werden, also mindestens eine Pongé-8-Qualität. Weiterhin benötigen Sie noch: Lampenschirmfolie in passender Größe (Umfang des Ringes plus 1 cm Zugabe, Höhe wie gewünscht); Schere, Papier- oder Teppichmesser; Schneideunterlage; schmales doppelseitiges Klebeband; Wäscheklammern. Die Arbeitsschritte nach dem Malen, Fixieren und Zuschneiden der Seide (incl. Zugabe):

1. Lampenschirmfolie akkurat auf die errechnete Größe zuschneiden. Mit der Schutzfolie nach oben auf den Tisch legen. Diese nun an einer Schmalseite jeweils nur ein paar Zentimeter abziehen und Stoff so anlegen, daß er 3 cm nach vorne und seitlich absteht.

2. Nun sorgfältig den gesamten Seidenstoff aufbringen. Immer nach und nach die Folie abziehen und den Stoff auflegen. Nicht sofort fest andrücken,

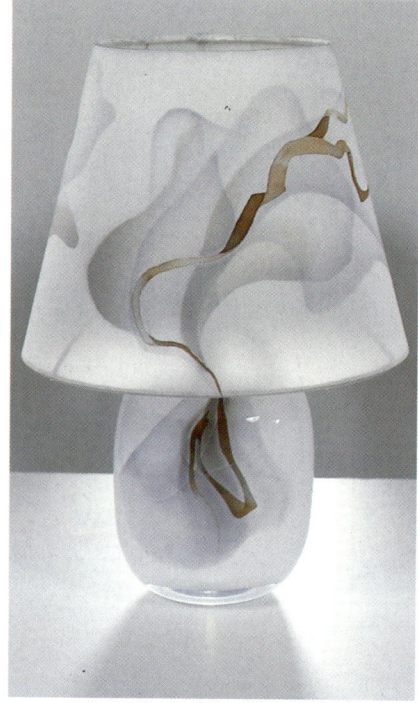

Lampenschirmfolie: Hier wurde eine zarte Seidenmalerei aufgezogen (F. Schilling)

damit man ihn wieder etwas abziehen kann, falls Falten entstehen.

3. Danach die gesamten Kanten der Folie mit dem Klebeband versehen und damit an den Lampenringen befestigen, wobei die Wäscheklammern gute Dienste leisten.

Lampenschirmfolie

Wird in erster Linie zur Herstellung von ➩ Lampenschirmen verwendet. Erhältlich in gut sortierten Geschäften für Hobbybedarf oder speziell für die Seidenmalerei, meistens in einer Breite von ca. 60–120 cm. Es kosten etwa 10 cm – je nach Breite und Stärke – zwischen 1,00 DM und 3,00 DM. Die Folie ist relativ fest, dennoch biegsam und gleichmäßig mit einer Klebeschicht überzogen.

Sie dient jedoch nicht nur zur Herstellung von Lampenschirmen, sondern ist

sehr vielfältig einsetzbar. Da der Seidenstoff hierauf sehr glatt aufgezogen werden kann, findet sie ihren Einsatz zum Beispiel auch bei Bildern und ➩ Passepartouts. Zum Aufziehen gibt es zwei Methoden:

1. Die Folie liegt unten, partieweise zieht man das Schutzpapier ab und klebt die Seide von oben auf. Der Stoff wird zunächst nur leicht angedrückt. Falls Falten oder Luftblasen entstanden sind, läßt sich die Seide dann wieder anheben und korrigieren. Sehr kleine Luftblasen verschwinden durch Andrücken mit dem Finger.

2. Man kann auch die Seide fadengerade und faltenfrei auf eine Unterlage aufspannen (linke Seite nach oben), um dann von oben die Folie aufzukleben.

Man sollte ausprobieren, welches Verfahren einem am besten liegt. Diese Folie ist zwar teurer, als wenn man Seide auf einen Karton mit ➩ Sprühkleber aufzieht, der sich auch für solche Arbeiten eignet, doch ermöglicht die Lampenschirmfolie ein sehr sauberes Arbeiten.

Landschaft

Eine Landschaft auf Seide zu malen ist durch die vielfältigen Techniken der Seidenmalerei, hier vor allem die ➩ Aquarelltechnik, von besonderem Reiz. Durch das typische ➩ Fließverhalten der flüssigen Farben kann man weiche,

Landschaft: von Anne Eßer

„natürliche" Farbharmonien zaubern, die das Licht- und Wolkenspiel des Himmels als „echt" empfinden lassen. Oder es läßt sich ein Sonnenuntergang malen, dessen Farbenpracht der Realität in nichts nachsteht.

Solche Farbspiele werden vor allem durch das Naß-an-Naß-Malen, durch das Entstehenlassen von ➩ Farbüber-

Landschaft: von Friedel Schilling

gängen erzielt. Formen von Wolken, angedeutete Bergketten, Wege, Straßen oder die Blätter von Bäumen oder Büschen lassen sich durch die ➩ Alkoholtechnik oder die ➩ Auswaschtechnik gestalten. Hier wird gezielt mit ➩ Farbverschiebungen gearbeitet, die eine ➩ Tiefenwirkung erzeugen – ein Stilmittel, welchem in der Landschaftsmalerei besondere Bedeutung zukommt.

Wasserränder, sonst eine unwillkommene Erscheinung, können als Gestaltungsmittel eingesetzt werden (➩ Randbildung). Die zackigen Ränder assoziiert man mit Baumwipfeln oder mit Blüten oder Blättern. Konkrete gegenständliche Formen, zum Beispiel blattlose Bäume, zarte Gräser, Häuser oder Vögel, werden mit einem feinen Pinsel gezeichnet. Damit die Farbe nicht fließt, hat man die Möglichkeit, entweder die Zeichnung sofort zu

fönen, verdickte Farbe zu verwenden
(⇨ Verdicker) oder mit partiellen
⇨ Grundierungen zu arbeiten.
Bei der Gestaltung einer Landschaft ist
der schichtweise Aufbau der gesamten
Malarbeit wichtig. So beginnt man
zuerst naß in naß in der Aquarelltechnik, führt dann vermehrt Naß-gegen-
Trocken-Bemalungen aus und erzeugt
Farbverschiebungen mit Alkohol oder
Wasser. Ganz zum Schluß erst werden
die gegenständlichen Zeichnungen vorgenommen. Außerdem sollte in den
Farben von Hell nach Dunkel gearbeitet
werden: Man beginnt also mit der ver-
waschen-hellen Bemalung von Himmel
und Erde und ergänzt nach und nach
mit ausdrucksstärkeren, dunkleren
Farben.
Perspektivische Gesetzmäßigkeiten
müssen besonders dann beachtet werden, möchte man eine naturnahe
Abbildung mit dem Eindruck von Tiefe
und Räumlichkeit erzeugen. Hier gilt
das Gesetz von Nähe und Ferne: Nah
wirken ⇨ warme Farben, fern dagegen
⇨ kalte Farben und aufgehellte Töne.
Bäume im Vordergrund sind größer

Lasur: mit Zwischenfixierung und mit Airbrush (Friedel Schilling)

Landschaft: von Ingrid Walter-Ammon

darzustellen als Bäume im Hintergrund, um nur einige wenige Punkte
aufzuzählen, die für die Tiefenwirkung
verantwortlich sind.
Die zuvor beschriebene Technik der
Landschaftsmalerei ist natürlich nur
eine von vielen, denn je nach künst-
lerisch-gestalterischer Absicht kann
Landschaft auch ganz anders aufge-
faßt und dargestellt werden (⇨ räumliche Tiefe).
(Literatur: 1, 2, 3)

Lasur
Eine Lasur bezeichnet eine (meistens
verdünnte) Farbe, die als leicht transparente Schicht über einen Untergrund
gelegt wird. Es können auch mehrere
Lasuren übereinander gelegt werden,
wobei sich deren Farben optisch
mischen. In der Öl- und Acrylmalerei
mit ihren opaken ⇨ Farbmitteln ist das
eine häufig angewendete, ergänzende

Technik, die dem Motiv oder der Farbgestaltung Tiefe und Lebendigkeit gibt.
In der Seidenmalerei ist das Lasieren
in folgenden Techniken möglich
(⇨ Schichten):
1. Nach einer ⇨ Grundierung, die das
Fließen der Farbe verhindert, wird Farbe
aufgetragen. Erst nachdem sie getrocknet ist, darf ein neuer (zügiger) Farbauftrag erfolgen, damit die Ränder der
ersten Schicht erhalten bleiben und
damit die Fläche nicht wolkig wird.
Auch dieser zweite Auftrag muß wiederum erst trocknen, bevor ein weiterer
erfolgt. Je sensibler und feiner aufeinander abgestimmt die Töne ausgewählt
werden, desto interessanter wird die
Lasur ausfallen.
2. Lasur über einer Zwischenfixierung:
Hier wird nach dem ersten Farbauftrag
der Seidenstoff zuerst fixiert, bevor ein
weiterer oder mehrere Farbaufträge
erfolgen. Ein zwar etwas aufwendiges

Liner: Ohne ihn kommt man nicht aus, ...

... wenn man so grafisch arbeitet ...

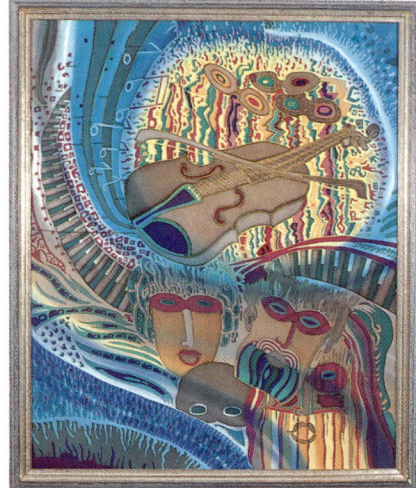

... wie Gisela Sipos-Gwenda

und, falls man mit mehreren Farben arbeiten will, langwieriges Unterfangen, aber die Mühe lohnt sich! Da nach einer Fixierung die Farbmittel im Seidenstoff nicht mehr anlösbar sind, legt sich die neue Lasur sehr fein und gleichmäßig auf die zugrundeliegende Schicht, und es ergeben sich interessante Farbenspiele und zahlreiche Zwischentöne.

3. Will man die Pinselstriche in ihrer natürlichen Form erhalten, kann man auch auf einer ⇨ Grundierung malen, fast wie auf Papier.

4. Man kann genausogut Bereiche mit ⇨ Konturenmitteln eingrenzen (⇨ Schichten).

Lavieren
⇨ Farbübergänge

Leinenbindung
⇨ Taftbindung

Leinwandbindung
⇨ Taftbindung

Lichtechtheit
⇨ Echtheiten

Liner
Englische Bezeichnung für ein ⇨ Plastikfläschchen, in das man Konturenmittel einfüllt und mit dem man es linear aufträgt.

Linoldruck
⇨ Drucktechnik

Literatur
Literatur über die Seidenmalerei gibt es mittlerweile Mengen, und sie wird immer zahlreicher – ein Zeichen für die große Beliebtheit dieser Maltechnik. Interessant ist, daß dem breiten Anwendungsbereich der Seidenmalerei Rechnung getragen wird, denn es werden Bücher mit den verschiedensten Schwerpunkten angeboten, für verschiedene Benutzerbedürfnisse und in den unterschiedlichsten Preisklassen und Ausstattungsformen.

So gibt es neben Standardwerken zur Einführung in die Seidenmalerei jeweils Bücher über die verschiedenen Techniken, vor allem jenen Techniken, die die klassische Malweise verlassen.

Außerdem werden Bücher mit Vorlagen zum Nacharbeiten angeboten und solche, die auf andere Art anregen. Der

Bereich des ⇨ Schneiderns ist genauso berücksichtigt wie der Bereich der ⇨ Heimtextilien und des Wohnbereichs allgemein. Motive aus Kunst und Kultur, etwa ethnische Motive (⇨ Ethno-Muster) sind ebenso vertreten wie bestimmte Stilepochen und Anregungen durch die Malweise verschiedener berühmter Künstler.

luxuriös
Üppig, verschwenderisch, kostbar und prunkvoll. In der Seidenmalerei ein Begriff, der im Zusammenhang mit glänzenden, schweren und edlen Seidenqualitäten gebraucht wird, auch mit üppiger und aufwendiger Stoffülle. Als Techniken wären hier die ⇨ Plissiertechnik zu nennen und das Anlegen von ⇨ Blattgold auf Seidenstoffen. Eine besonders luxuriöse, dekorative Malweise kann sich durch ein mit viel Liebe und Geduld gemaltes, reichhaltiges und fein in den Farben aufeinander abgestimmtes Muster präsentieren, was vielleicht den Luxus und die Überschwenglichkeit vergangener Epochen widerspiegelt und gerade in der heutigen Zeit wieder sehr beliebt ist.

malerischer Stil

Der malerische Stil ist vor allem durch die Betonung von Flächen oder durch fleckhaften Farbauftrag gekennzeichnet, im Gegensatz zum ⇨ grafischen Stil, dessen Gestaltungsmerkmal Linien und Punkte sind. Oft sind beide Möglichkeiten miteinander kombiniert.
Obwohl man in der Seidenmalerei auch grafisch arbeiten kann, kommt dem typischen ⇨ Fließverhalten der Farbe die malerische Vorgehensweise entgegen. Das zeigt sich zum Beispiel bei der ⇨ Aquarelltechnik, bei den weichen ⇨ Farbübergängen, beim expressiven Malen auf ⇨ Grundierungen, mit ⇨ Verdicker und so weiter. Sehr oft entsteht etwas aus der Farbe selbst heraus, ohne daß eingrenzende oder beschreibende Linien zusätzlich vonnöten wären.

Malflasche
⇨ Plastikfläschchen

Malgrund
⇨ Grundierung

Malmaterial
⇨ Kaufentscheidung

Maltik
⇨ Batik, ⇨ Wachstechnik

Mandala

(Sanskrit: Scheibe, Kreis). Mandalas, mystische Kreis- oder Vieleckbilder, haben in den indischen Religionen ihre Bedeutung als diagrammartige Darstellung des Kosmos oder eines seiner Aspekte und dienen der Meditation. In der Psychologie bezeichnet man damit bisweilen ein Traumbild oder eine vom Patienten angefertigte bildliche Darstellung als Symbol zur Selbstfindung.
Die Ausübung der Seidenmalerei hat auch viel mit dem Finden des eigenen Selbst zu tun. Das Malen kann ganz besondere Kräfte freisetzen, es kann entspannen und somit im weitesten Sinne durchaus therapeutisch wirken. Daher wundert es nicht, wenn dabei zum Teil Mandalas auf Seide entstehen, oft runde oder sehr symmetrische Malereien, die durchaus eine Rolle bei der Meditation spielen können.

Marmorieren

Das Erzeugen marmorartiger Muster, deren Aussehen stark vom Zufall mitbestimmt werden. Man malt sie nicht auf, sondern erzeugt sie zunächst auf einem Marmoriergrund, von dem man sie dann „abhebt".
Das Marmorieren auf Seide ist sehr beliebt, denn es bietet interessante Ergebnisse, ohne daß besonderes Maltalent nötig ist. Die Arbeitsweise ist im Prinzip die gleiche wie beim Marmorieren auf Papier. Hier die Arbeitsschritte:
1. Man benötigt: Seide (nicht zu dünn, also kein Pongé 5 oder 6, kein Chiffon); spezieller Marmoriergrund

MARMORIEREN

(ersatzweise ➪ Tapetenkleister); Marmorierwanne (flaches Gefäß aus Plastik, in der Größe des zu marmorierenden Stoffes); Seidenmalfarbe jeglicher Art (oder auch normale ➪ Stoffmalfarben); Gegenstände wie Kamm, Messer, Hölzchen oder ähnliches; Alaun (Aluminiumsulfat, aus der Apotheke); destilliertes Wasser.

2. Vorbereitung des Grundes: Zuerst wird der Marmoriergrund mit Wasser angesetzt. Die Menge des Wassers ist abhängig vom jeweiligen speziellen Marmoriergrund oder vom Tapetenkleister (Packungsbeilage beachten). Ansonsten gilt: Lieber

Marmorieren:
ein Beispiel von Elfriede Möller

zunächst zu dickflüssig als zu dünn anmischen, denn Wasser hinzufügen kann man immer noch.
Die Konsistenz des Marmoriergrundes ist der wesentliche Faktor zur erfolgreichen Ausübung dieser Technik. Ist der Grund zu dünn, sickert die Farbe durch. Ist er zu dick, „schwimmt" die Farbe zwar oben, läßt sich aber nicht gut zu Marmormustern verziehen. Deshalb macht man zuerst immer eine kleine Probe.

3. Vorbehandlung der Seide: Als weitere Vorbereitung stellen Sie eine ➪ Beize her, mit der die Seide vorbe-

handelt wird, damit sie die Farbe besser annimmt. Dazu wird ein Teelöffel Alaun in einem Liter destilliertem Wasser aufgelöst. In dieser Flüssigkeit tränken Sie die zu marmorierende Seide und hängen sie danach glatt zum Trocknen auf.

4. Den Marmoriergrund gibt man in die dafür vorgesehene flache Marmorierwanne und streicht ihn glatt. Nun erfolgt der eigentliche Marmoriervorgang: Mit einem sehr dicken Pinsel oder mit einer Pipette tropft man eine oder mehrere Farben auf den Marmoriergrund. Je weniger Tropfen aufgebracht werden, desto mehr weiße Fläche wird später auf dem Seidenstoff sichtbar sein. Nun verzieht man die Farbe mit einem Gegenstand (Stäbchen, Messerrücken, Gabel, Kamm

oder ähnlichem), zum Beispiel in Wellen oder kreisförmig, so daß die Farbe Schlieren bildet und eine marmorartig wirkende Struktur entsteht. (Eine Variante ist das Auftropfen von Ochsengalle, einem Benetzungsmittel, welches für Bewegung auf der Farboberfläche sorgt: Es entstehen eigenartige Tropfeneffekte).

5. Jetzt legt man die gebeizte Seide luftblasenfrei auf die marmorierte Fläche, läßt die Farbe einige Sekunden einwirken und nimmt den Stoff hoch.

6. Die Seide wird sofort unter fließendem Wasser abgespült, damit überflüssiger Marmoriergrund entfernt wird und damit Reste des farbigen Grundes nicht auf andere Partien abfärben. Hier wird der Sinn der Beize mit Alaun deutlich: Die derart vorbehandelte Seide hat die

STICHWORT

Materialdruck

◆ Eine Methode, originale, „gefundene" Formen, zum Beispiel die Strukturen von Blättern eines Baumes, von Schwämmen, Hölzern, Kork, Strukturtapete und vielem mehr, auf den Seidenstoff zu übertragen, bietet der Materialdruck.

◆ Wichtigstes Hilfsmittel ist der Verdicker, mit dem man die Konsistenz der zum Drucken viel zu flüssigen Seidenmalfarben verändert. Man bestreicht die ausgewählte Form, zum Beispiel das Blatt eines Kastanienbaumes, mit der verdickten Farbe und druckt das Motiv auf den Seidenstoff. Vor jedem neuen Abdruck wird das Material stets erneut mit der Farbe (auch mit mehreren Tönen) bestrichen.

◆ Die Seide kann bemalt oder unbemalt, kann unfixiert oder fixiert sein. (Dann muß aber nach dem Drucken zusätzlich noch einmal fixiert werden.) Weitere Vorschläge: Halbiertes Gemüse wie Kohl oder Zwiebeln, Metallgitter, Tortenspitzen und vieles mehr.

Farbe schon sehr stark an sich gezogen, das Auswaschen führt nicht zum ⇨ Ausbluten der Farbe.

7. Die Seide muß schließlich zum Trocknen aufgehängt werden. Dabei werden eventuell noch anhaftende Reste des Marmoriergrundes ebenfalls trocken. Diese können später dann einfach abgeschüttelt werden.

8. Zum Schluß wird die Seide dann noch wie üblich fixiert, so, wie es das verwendete Farbfabrikat vorschreibt (⇨ Fixieren).
(Literatur: 9)

Maseriergerät: Mit ihm erzeugte B. Unterharnscheidt die Holzstruktur; die Seidenmalfarbe wurde zuvor verdickt

Maseriergerät

Speziell geprägtes Werkzeug aus Gummi, welches für Maserungsarbeiten der Stukkateure oder der Maler und Anstreicher dient. Man erzeugt damit Strukturen, die an Holz erinnern.
In der Seidenmalerei kann solch ein Gerät (das auch manchmal „Maserboy" genannt wird) bei der Technik der ⇨ Monotypie gute Dienste leisten. Auch hier wird es für Maserungen vielfältigster Art eingesetzt. Wird die Seide sehr

Maulbeerseide

◆ Maulbeerseide nennt man den Textilrohstoff, der aus den Kokons des Seidenspinners gewonnen wird, einer Schmetterlingsart, deren Raupe sich von den Blättern des Maulbeerbaumes ernährt und dort seinen Lebensraum hat. Diese Raupe wird für die Seidenproduktion gezüchtet, deshalb spricht man auch von Zuchtseide. Im Gegensatz dazu wird die Wildseide nicht durch Züchtung gewonnen.

◆ Aus der Maulbeerseide gewinnt man zum einen die sehr wertvollen Endlosfasern (Haspelseide), die man aufwickeln und zu besonders feinen Garnen und Stoffen weiterverarbeitet. Zum anderen verwendet man ebenfalls den zumeist größeren Anteil des Kokons, der nicht abhaspelbar ist, und spinnt aus diesen kurzen Fasern die Schappeseide. Die daraus gewebten Stoffe, etwa Bouretteseide, lassen sich nicht ganz so gut bemalen, da die Farben hier nicht so gut fließen und da Konturenmittel nicht so gut ins Gewebe eindringen, wie das bei den Stoffen aus Haspelseide der Fall ist.
(Literatur: 27)

straff auf dem ⇨ Spannrahmen befestigt, kann man es auch direkt auf dem Gewebe einsetzen. Wichtig, damit die Strukturen überhaupt zustande kommen und erhalten bleiben: den Farben muß ⇨ Verdicker zugesetzt werden!

Materialdruck
Siehe „Stichwort ..."

Maulbeerseide
Siehe „Stichwort ..."

Mehlkleister
⇨ Stärkepaste

Metallfeder
⇨ Aufsatzdüse

Metallic-Gutta
⇨ Gutta, metallicfarben

Metallic-Konturenmittel
⇨ Konturenmittel, wasserlöslich und metallicfarben

Metallic-Stifte
Es gibt verschiedene Stifte, mit denen man Metallic-Effekte auf einem Seidenstoff gestalten kann.
1. Glitzerfarben: Deren Konsistenz ist zähflüssig, sie enthalten relativ große Metallpartikel. Man kann damit auf Papier und allen Textilien arbeiten. Nach dem Trocknen ist dieses Material fest mit dem Untergrund verhaftet, es muß weder gebügelt noch auf andere

**Mischbarkeit: F. Schilling kombinierte
Seiden- und Stoffmalfarben miteinander**

Mischbarkeit

◆ Der Begriff Mischbarkeit betrifft mehrere Aspekte, zum Beispiel, ob sich die Farben der verschiedenen Hersteller miteinander vertragen oder solche mit unterschiedlicher Farbchemie. Auch die Kombination der verschiedensten Konturenmittel mit verschiedenen Farben oder das Mischen von Seidenmaltechniken soll bedacht werden.

◆ Mischbarkeit von Farben derselben Farbchemie: Farben innerhalb eines Fabrikats, zum Beispiel dampffixierbare Farben der Firma X oder bügelfixierbare Farben der Firma Z, sind jeweils untereinander uneingeschränkt mischbar. Aber auch die (nur) dampffixierbaren Farben der Firma X lassen sich mit den (nur) dampffixierbaren Farben der Firma Z vermischen, wenn es sich um dieselbe Farbchemie handelt. Man erkennt das in der Regel daran, daß die Fixierbedingungen genau dieselben sind, also etwa die Dauer des Fixiervorgangs und so weiter.

◆ Mischbarkeit von Farben ungleicher Farbchemie: Prinzipiell ist von solch einer Anwendung abzuraten. Jedoch muß auch hier betont werden, daß es Ausnahmen gibt. Reaktivfarben, die ja nicht nur chemisch, sondern auch durch Dampf fixiert werden können, vertragen sich in der Regel gut zusammen mit dampffixierbaren Farben. In der Praxis hat sich allerdings gezeigt, daß eventuell kleine Farbveränderungen auftreten können.

Weise fixiert werden. Der Nachteil dieser Stifte: Der eigentliche Trägerstoff für die Metallpartikel ist, wenn der Auftrag trocken ist, sehr fest, gummiartig und wenig elastisch. Das kann gerade beim Einsatz auf Seide als sehr störend empfunden werden. Für Seidenbilder, Broschen und ähnliches sind diese Produkte jedoch gut geeignet.
2. Metallic-Lackstifte: Sie werden meist im Schreibwarenhandel angeboten und sind eigentlich zum Schreiben auf Papier gedacht. Man kann mit ihnen aber auch auf Seide zeichnen. Das Ergebnis ist sogar auch waschbar, aber nicht reinigungsbeständig.
3. Statt käuflicher Stifte: Man kann auch einfach ⇨ Plastikfläschchen mit ⇨ Konturenmitteln (wasserlöslich und metallicfarben) oder mit ⇨ Gutta (metallicfarben) füllen und damit auf die Seide zeichnen. Viele im Handel angebotene Metallic-Stifte enthalten nichts anderes.

Metallkomplexfarbstoffe
⇨ Dampffixierfarben

Mischbarkeit
Siehe „Stichwort …"

Mischbehälter
Das Mischen flüssiger Seidenmalfarben erfordert ausreichend tiefe Mischbehälter. Im Handel gibt es Napfpaletten verschiedenster Formen und Größen zu kaufen. Man kann aber auch einfach leere Joghurtbecher oder sonstige Behältnisse verwenden.
Zu empfehlen sind in erster Linie weiße Behälter, da man hier die Farbe sichtbar machen kann, indem man den Pinsel etwas an der weißen Fläche abstreift. Das ist vor allem bei ⇨ Dampffixierfarben oder bei ⇨ Reaktivfarben wichtig, da sie als beinahe transparente Farbstofflösungen den jeweiligen Ton nicht gut zeigen.
⇨ Bügelfixierfarben mit ihren Pigmenten lassen auf Anhieb die verschiedenen Nuancen erkennen.

Mischen von Farben
⇨ Farben mischen

◆ Beide, sowohl Reaktivfarben als auch Dampffixierfarben, sollte man aber nicht direkt mit Bügelfixierfarben zusammen verwenden, es sei denn, man trennt sie durch eine Kontur. Jedoch gilt hier wiederum auch: Für Experimente sollten alle Möglichkeiten offenstehen! Eine ähnliche Aufforderung gilt auch für Pigmentfarben (etwa Stoffmalfarben), die man bei experimentellen Techniken ruhig gezielt in Verbindung mit „normalen" Seidenmalfarben einsetzen kann. In vielen Fällen trägt man Stoffmalfarben nach dem (Dampf-)Fixieren auf.

◆ Mischbarkeit von Farbe und Konturenmittel: Prinzipiell hat die Farbart, mit der Sie malen, mit dem Konturenmittel nichts zu tun. Man kann also jedes Konturenmittel für jede Farbe verwenden. Eine Ausnahme ist das wasserlösliche eingefärbte Konturenmittel. Hier muß darauf geachtet werden, womit es eingefärbt worden ist. Geschah das zum Beispiel mit einer nur dampffixierbaren Farbe, ist die Haltbarkeit dieses Produkts natürlich von der Dampffixierung abhängig. Fixiert man die Malerei jedoch nur durch Bügeln, wird die Linie beim Waschen eventuell ausfärben.

◆ Mischbarkeit von Techniken: Wenn man von wenigen Ausnahmen absieht, ist das Vermischen mehrerer Techniken durchaus zu begrüßen, zeigt es doch, daß die Umsetzung einer bestimmten Idee im Vordergrund steht und nicht eine bestimmte Technik. Ist die Kombination gut überlegt und sinnvoll aufeinander bezogen, bedeutet das „wahre" Kreativität, die aus dem vollen Repertoire an Möglichkeiten schöpft, vor allem, wenn auch experimentelle Techniken eingesetzt werden. Hier sollte als Kriterium die Harmonie und Aussagekraft der Gestaltung im Vordergrund stehen, nicht nur die perfekte Darstellung einer einzigen Technik.

Mischbarkeit: Verschiedenste Techniken setzte Friedel Schilling hier ein

rung im Mischen wird man aber nicht nur unabhängiger von vorgegebenen Farbtönen, sondern spart auch Geld.

Mischtechnik
In erster Linie bezeichnet man damit die Kombination mehrerer (Seidenmal-)Techniken in einem Werk. Für die Mischung verschiedener Malverfahren sollte gelten: Man kombiniert sie so, daß sie sich in ihrer Wirkung positiv ergänzen. Wildes, unharmonisches Kombinieren kann befremden oder gar einen chaotisch-unharmonischen Eindruck beim Betrachter hinterlassen; starres Festhalten an nur einer Technik kann hingegen langweilig und fad wirken. Zu begrüßen ist, wenn verschiedene Techniken zusammen als Mittel zum Zweck eingesetzt werden. Das heißt, hier sind nicht die Techniken als solche dominierend, sondern sie dienen dem künstlerischen Ausdruck.

Mischfarben
1. Töne, die sich ergeben, wenn man die reinen (und selbst nicht mischbaren!) Farben Gelb, Cyanblau und Magentarot in unterschiedlichsten Anteilen, eventuell ergänzt durch die unbunte Farbe Schwarz, mischt, wobei zusätzlich jeder Ton auch aufgehellt werden kann (⇨ Farben mischen). Auch: Mischungen daraus.
2. Fast alle Hersteller von Seidenmalfarben bieten in der Regel ein breites Sortiment bereits gemischter Farben an.

Man ist gern geneigt, zu manch schönem Farbton zu greifen, vor allem, wenn man relativ ungeübt im Umgang mit Farben ist. Mischfarben sind als Basisfarben jedoch nicht geeignet, wenn man das systematische Farbenmischen lernen möchte. Man kann vielleicht überhaupt nicht glauben, daß diese Vielfalt an Farbnuancen im Prinzip nur aus den drei zuvor erwähnten Grundfarben gemischt wurde, und man möchte lieber „fertige" Farbtöne kaufen. Mit wachsender Kenntnis und Erfah-

Mode
Siehe „Stichwort …" Seite 94;
⇨ Schneidern

Mode

◆ Mode und Seidenmalerei – eine naheliegende Verbindung. Aus diesem edlen Material, welches in den wunderschönsten Farben bemalt werden kann, Kleidung selbst herzustellen, das ist geradezu eine Aufforderung. Die individuellen Gestaltungsmöglichkeiten sind so groß, daß jeder – ganz nach Geschmack und technischen Fähigkeiten – seine kreativen Freiräume für sich nutzen kann. Was Sie auch entwerfen: Solch ein individuell gestaltetes Stück wird Aufsehen erregen!

◆ Wer nicht gleich komplette Kleidungsstücke anfertigen möchte, beginnt vielleicht zunächst mit der Gestaltung modischer Accessoires wie Tücher, Schals, Broschen und anderer Schmuck, Taschen und so weiter.

◆ Um Kleidung zu bemalen, die nicht mehr genäht werden muß, kann man sich der speziell für die Seidenmalerei angebotenen konfektionierten Stücke bedienen. Es gibt T-Shirts, Blusen, Radlerhosen, Leggins, Söckchen und vieles mehr.

◆ Möchte man ein Kleidungsstück aus einer selbstbemalten Seide nähen, empfiehlt sich fast immer ein eher einfacher Schnitt. In der Regel möchte man ja die Bemalung herausstellen, was bei einem kompliziert verarbeiteten Modell möglicherweise nicht gelingt. Auf jeden Fall sollten Bemalung und Schnitt aufeinander

Monotypie: ein Musterausschnitt (Karin Huber)

Mode: eine Jacke aus bemaltem Seidensamt (Elfriede Möller)

abgestimmt sein – wozu man sich am besten rechtzeitig eine Reihe interessanter Entwürfe zur Auswahl anfertigt.

Die meisten Schnitte, die im Zusammenhang mit der Seidenmalerei angeboten werden, sind normalerweise relativ schlicht und sind so gearbeitet, daß die Malerei möglichst großflächig genutzt wird, mit nur geringem Abfall beim Zuschnitt. So kann das Design optimal zur Geltung kommen. Sogenannte Fertigschnitte sind immer mit ihrem Schwierigkeitsgrad gekennzeichnet, so daß auch wenig geübte Schneiderinnen „ihren" einfachen Schnitt finden können.

◆ Die käuflichen Schnitte sind stets mit einer Stoffempfehlung versehen. Wenn ein Modell mit dem Hinweis „Seide" oder auch nur „leichte Viskose oder Baumwollstoffe" gekennzeichnet ist, kann man es mit einem Seidenstoff verwirklichen.

◆ Für die Wahl des Seidenstoffes gilt: Zuerst sollten Sie sich überlegen, ob Sie einen glänzenden Stoff wünschen, ob er schwer oder duftig fallen sollte oder ob er eher (für Jacken zum Beispiel) etwas fester sein sollte. In jedem Fall gilt: Wählen Sie keine zu dünne Seide! Da das gute Stück durch Waschen und Tragen dauernd beansprucht wird, sollte es aus stabilerem Material sein, diese höhere Investition lohnt sich, auf lange Sicht gesehen.

◆ Bezüglich des Malmaterials empfehlen sich auf alle Fälle Farben, die mit Dampf fixiert werden können. Nur diese Farben gewährleisten, daß kein Rückstand von Bindemittel im Seidenstoff verbleibt, so daß weder Griff noch Fall des Gewebes dadurch beeinträchtigt sind.
(Literatur: 8)

Model
⇨ Drucktechnik

Mogelbatik
⇨ Batik, ⇨ Wachstechnik

Moiré
Deutlich unregelmäßig querrippiges Gewebe (oft aus Viskose oder Acetat), das je nach Lichteinfall wasserlinienartig bewegte Muster zeigt. Sie entstehen entweder durch eine Druckprägung, oder es werden zwei Lagen Stoff in angefeuchtetem Zustand zwischen zwei Walzen mit Druck gegeneinander verzogen.

Momme (m/m)
⇨ Stoffgewicht

Monotypie
Siehe „Stichwort …" Seite 96

Motiv
Ein Motiv wird in der Kunst auch als die Keimzelle eines Bild- oder Gestaltthemas beschrieben. Ein Motiv ist der Grund, ist die Ursache einer künstlerischen Gestaltung und bestimmt deren Ausdruck.
Weniger akademisch ausgedrückt ist es der Gegenstand der jeweiligen künstlerischen Darstellung.
Es kann sich dabei auch um ganz spezielle, zum Teil einer bestimmten Zeitepoche oder einem besonderen Kulturkreis zuzuordnende Formen und Muster handeln. Sie können dabei in wiederholter Folge gleich oder auch verändert vorkommen.
Man denke nur an die immer wiederkehrenden Motive innerhalb ganz bestimmter Stilepochen (Jugendstil, Art déco, Bauhaus oder Barock) oder an typische ethnische Motive aus Ägypten, Afrika, Ozeanien, Orient, Indien, Japan und so weiter.

Motiv: Kakteen spielen die Hauptrolle in diesem Tuch (Ursula Weiss-Rössner)

Muster: ein Beispiel mit floralen Elementen von Traudi Dwinger

Auch der typische Malstil eines berühmten Künstlers kann in dessen kleinster Gestaltungseinheit als ein Motiv gesehen werden. Man denke zum Beispiel an die immer wiederkehrenden Spiralen von Hundertwasser (*1928), die Mosaiken bei Klimt (1862–1918) oder die Männchen des Keith Haring (1959–1990).
Motiv in der Seidenmalerei kann alles sein, was einem gefällt. Dabei kann es sich um Gegenständliches handeln (Bäume, Tiere, Blüten und so weiter), auch um abstrakt-geometrische Gebilde (Kreise, Dreiecke, Parallelen) oder um Farbmotive (Grün gegen Rot, wenig bunte Elemente in viel Schwarz) oder Stimmungen – eben um alles, was den Ausgangspunkt einer Gestaltung darstellt.

Motivsuche
⇨ Anregung

Motivvorlagen
⇨ Entwurf gestalten, ⇨ Vorlagebogen

Monotypie

◆ Die Monotypie, auch Abdrucktechnik genannt, die nur einen Abzug zuläßt, ist ein uraltes, traditionelles Verfahren, dessen sich sogar Edgar Degas (1834–1917) bediente.

◆ Für die Seidenmalerei ist die Monotypie eine Ergänzung und kreative Weiterführung, die über die klassischen Techniken hinausgeht. Sie ist als neue experimentelle Technik erst in den letzten Jahren für die Seidenmalerei entdeckt worden und liefert Ergebnisse, die bisher nicht möglich waren. Es können Strukturen erzeugt werden, die eher an die Ölmalerei erinnern als an Seidenmalerei. Mit ihr wird auch die Grenze zwischen Zufall, technischem Können und „genialer" Eingebung unter Umständen verwischt.

◆ Dieses Verfahren eignet sich sowohl für Einsteiger als auch für Fortgeschrittene, denn die Vielfalt der Möglichkeiten, vor allem auch in Kombination mit anderen Techniken, ist unendlich groß. Die Monotypie kann jedem neue Impulse geben.

◆ Die wichtigste Voraussetzung für die Umsetzung der Monotypie in der Seidenmalerei ist die Vorbereitung der Farbe. Zuerst muß für diese Arbeit die flüssige Farbe mit dem Verdicker für Seidenmalfarben angerührt werden. Dazu wird die Farbe zur Hälfte mit diesem Mittel vermischt, und man erhält eine homogene, gelartige Masse. Diese Konsistenz kann auch für andere experimentelle Effekte verändert werden.

◆ Weiterhin sorgt man für eine ausreichend große abwaschbare, glatte Unterlage, den eigentlichen Druckstock für die Monotypie. (Es handelt sich um einen Flachdruck.) Dies kann eine kunststoffbeschichtete Platte oder auch eine Glasplatte sein, aber auch ein Stück Plastikfolie, das man auf dem Tisch oder Boden mit Klebefolie befestigt.

◆ Die Seide wird vorab auf den Rahmen gespannt, am besten mit den flachen Dreizackstiften. Sie kann bereits eingefärbt oder bemalt, aber auch noch weiß sein.

◆ Die verdickte Farbe wird nun auf die Unterlage gegeben. Man kann sowohl mit einer als auch mit mehreren Tönen arbeiten. Nun beginnt die eigentliche Gestaltung der Monotypie, denn aufgrund der glatten Fläche kann man die Farbe noch verziehen, verwischen und beliebig verändern, bevor man sich für den endgültigen Abdruck entscheidet. Mit Hilfsmitteln, das kann ein Kamm, eine kleine Walze, ein Maseriergerät oder auch nur ein einfaches Stäbchen sein, wird die dickliche Farbmasse nach Belieben und Eingebung verteilt und zu Strukturen und Formen verzogen. Die Möglichkeiten der Gestaltung sind unendlich!

◆ Der mit der Seide bespannte Rahmen wird nun, bevor die Farbe eintrocknet, umgekehrt, also mit dem Stoff nach unten, auf diese Druckplatte gelegt. Sofort nimmt das Gewebe die verdickte Farbe auf. Eventuell drückt man die Seide an einigen Stellen leicht an, damit die Gestaltung vollständig übernommen wird.

◆ Der Rahmen wird nun umgedreht, die Farbe läßt man trocknen. Die Malerei ist nun von der Platte spiegelverkehrt auf die Seide übertragen worden. Nach dem Trocknen kann man die Seide mit der normalen, unverdickten Farbe noch weiter bemalen – entweder in den Hintergrundpartien oder auch über die Monotypie hinweg. Auch mit Konturenmitteln kann man weiterarbeiten. Aber man muß wissen, daß die verdickte Farbe schon selbst einen begrenzenden Effekt besitzt, so daß sich das Umranden der gedruckten Formen meist erübrigt.

◆ Nach dem vollständigen Trocknen fühlt sich solch eine bearbeitete Seide wie Papier an, wenn man sie nun vom Rahmen abspannt. Das liegt an dem Farbverdicker. Nach dem Fixieren wird der Verdicker durch einen normalen Waschvorgang entfernt (eventuell etwas einweichen lassen). Die Seide ist dann wieder glatt und weich wie gewohnt.
(Literatur: 10)

Muster: Ursula Weiss-Rössner bezog sie in ein gegenständliches Bild ein

Moulinieren
⇨ Filieren

Mousseline
⇨ Musselin

Musselin
Locker und leicht gewebter Stoff in Tuchbindung, dessen locker gedrehte Garne einen weichen Griff und manchmal eine flauschige Oberfläche ergeben. Korrekt ist dieser Begriff eigentlich nur für Gewebe aus Baumwolle, Viskose oder Wolle. Doch manchmal wird ⇨ Gaze aus reiner Seide genauso bezeichnet.

Muster
1. Vorlage, Vorbild, Modell.
2. Mehr oder weniger regelmäßig wiederkehrende Motive, Elemente oder Strukturen innerhalb einer Fläche, die als Verzierung dienen – im Gegensatz zu Bildern mit einer eigenständigen Aussage (⇨ Design, ⇨ Komposition).

Nachspannen der Seide
⇨ Dehnung

Naß-in-Naß-Technik
⇨ Aquarelltechnik

naturalistischer Stil
Stark an Naturvorbildern orientierte
Gestaltung, wobei eine sehr wirklich-
keitsnahe Darstellung des Gesehenen
angestrebt wird. Entsprechend ordnet
sich die Technik diesem Vorhaben
unter. Um in der Seidenmalerei sehr
naturalistisch zu malen, ist sicher eine
lange Erfahrung mit dem Material
vonnöten. Auf jeden Fall dürfte die
Aquarelltechnik eine wichtige Rolle
dabei spielen. In der Regel fordert die
Seidenmalerei zu anderen Gestaltungsabsichten heraus. (⇨ realistisch)

Naturfarbstoffe
Lösliche Farbstoffe, die aus der Natur
gewonnen werden. Für das Färben von

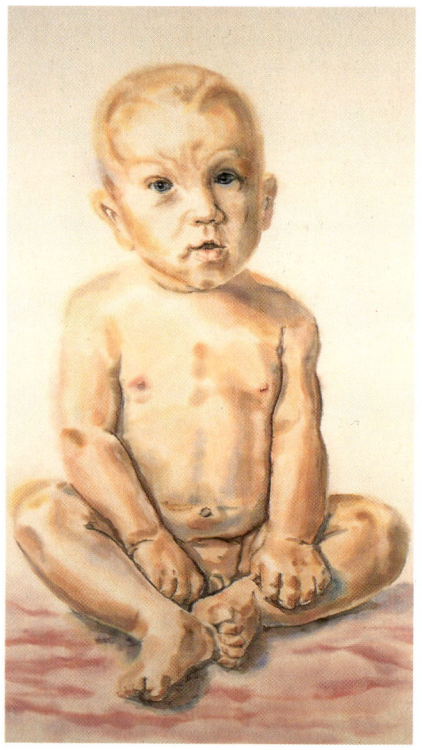

**Naturalistischer Stil: ein Beispiel von
Anne Eßer**

Textilien eignen sich hier vor allem
⇨ Pflanzenfarben. Die bekanntesten
sind wohl Tee, Indigo und Zwiebel-
schalen. Als weitere wären zu nennen:
Krapp, Gelbholz, Reseda, Wal-
nußschale, Cochenille oder Blauholz,
um nur einige aufzuzählen. Die etwas
geringeren ⇨ Echtheiten gegenüber
synthetisch hergestellten ⇨ Farbmitteln
werden zum Teil durch den speziellen
Farbcharakter der natürlichen Färbe-
materialien ausgeglichen. Man kann
vermuten, daß in einer Zeit stärkeren
Umweltbewußtseins früher oder später
eine vermehrte Nachfrage nach Farbmitteln natürlicher Herkunft erfolgen
wird.
(Unter dem Stichwort „Pflanzenfarben"
sind weitere Einzelheiten zu diesen Farben und die genauen Färbeverfahren
ausführlicher erläutert.)

Naturfaser
⇨ Seidenfaser

Naturalistischer Stil: Anne Eßer orientierte sich bei ihrer Malerei stark an dem Naturvorbild

Nitrofrottage
⇨ Fotokopiertechnik

Normalverschnitt
⇨ Verdünnen

Ochsengalle
⇨ Marmorieren

Ombré
⇨ Schattieren

Organsin
Seidenfaden, der durch Mehrfach-
zwirnung (⇨ Filieren; Moulinieren)
sehr stabil ist und dadurch als Kettgarn
dienen kann.

Organza
Feines, gitterartiges Gewebe mit festem
Griff, mattglänzend. Seidenorganza
erhält seine Steifheit durch die Verwendung nicht entbasteter Garne (⇨ Seidenleim).

**Orientalischer Stil: Anregung gab ein persi-
sches Muster (M. Neubacher-Fesser)**

orientalischer Stil
Orientalische Formen zeichnen sich in
der Regel durch besonderen Formenreichtum aus. Oft sind geometrische
Motive mit stilisierten Pflanzenranken
kombiniert (⇨ Paisley). Solche Arabes-
ken überziehen manchmal die Architektur eines Gebäudes in endloser Wiederholung. Oft geht davon eine kostbare,
teppichhafte Wirkung aus.
Unter farblichen Gesichtspunkten domi-
nieren oft warme und sehr kräftige
Nuancen, etwa Rottöne und gebrochene Blautöne; daneben treten Gold-
und Silberornamente auf.
Dieser Stil eignet sich gut für eine
Umsetzung in die Seidenmalerei. Um
reichhaltige ⇨ Ornamente zu erzeugen,
eignet sich sowohl die ⇨ Konturentechnik als etwa auch die ⇨ Drucktechnik. Der im Orient so beliebte Glanz
läßt sich gut mit diversen ⇨ Konturenmitteln oder mit ⇨ Blattgold erzeugen —
wenn man es ganz kostbar liebt.

Ornament: hier zwei Beispiele von Monika Neubacher-Fesser und eines von Renate Henge (Mitte)

Die Ornamentik als Summe der einzelnen Schmuckmotive ist durch eine Gesetzmäßigkeit innerhalb der Gesamtstruktur und innerhalb der einzelnen Elemente bestimmt. Polarität (also das Spiel mit Gegensätzen), Rhythmus und Dynamik charakterisieren das Ornament. Das Prinzip der Wiederholung ist daher besonders wichtig; häufig trifft man auf Symmetrien verschiedenster Art.

Eine eigenständige Ornamentik besteht in der islamischen Kunst. Hier hat das Ornament nicht nur eine ästhetische Aufgabe, sondern vor allem einen tief verwurzelten Sinn als symbolische Sprache mit einer religiös-metaphysischen Bedeutung.

In der Seidenmalerei spielt das Ornament eine besondere Rolle, wenn die Seide nicht nur als Malgrund für Bilder gesehen wird, sondern zur Gestaltung von ⇨ Mode oder von Wohnraumtextilien eingesetzt wird.

Ornament

Bezeichnung für Verzierungen an Gegenständen aller Art (Gebäude, Vasen, Möbel, Textilien und so weiter), die diese betonen und wertvoller machen.

Man unterscheidet hauptsächlich geometrische und pflanzliche Ornamente, denn Pflanzen haben sich im Laufe der Geschichte als beliebteste und die Phantasie stets aufs neue anregende Schmuckform erwiesen – im Gegensatz etwa zu Tieren, Menschen oder Gegenständen.

PQ

Paisley

Kleines, nierenförmiges, manchmal auch blumenähnliches, klassisches orientalisches Musterelement, welches als Farbmuster gedruckt oder in der Jacquardtechnik (⇨ Seidenjacquard) gewebt wird.
Auch in der Seidenmalerei lassen sich damit – bei etwas Geduld – sehr reichhaltige, kostbar wirkende ornamentale Flächenmuster gestalten.

Palette
⇨ Mischbehälter

Panamabindung
⇨ Taftbindung

Pannenhilfe
Siehe Seite 158–174, Kapitel „Praxis". Hier klärt eine ausführliche Tabelle über die wichtigsten Fehler, deren Ursachen und die Beseitigung oder über Vorbeugemaßnahmen auf.

Papier
Papier benötigt man zum Anfertigen von ⇨ Entwürfen oder Schnittmustern sowie bei der ⇨ Dampffixierung.

Paravent
⇨ Präsentation

Passepartout
Ein Passepartout ist eine flächige Umrahmung aus Karton, die Graphiken, Fotos, Seidenbildern und vielem mehr einen Abstand zum Rahmen oder zur Wand gibt. Kleinere Ausführungen im DIN-A5-Format werden auch als sogenannte Passepartoutkarten, meist als Briefdoppelkarte, vom Handel angeboten.
Das eigentliche Bild oder der Bildausschnitt kann dabei oftmals wesentlich kleiner als der umrahmende Karton sein, diese Proportionen sollten auf die Art des Bildes abgestimmt werden. Käufliche Passepartouts können farbig

getönt, schwarz oder weiß sein, die Auswahl hängt ebenfalls vom einzurahmenden Bild ab. Im Hobby- und Rahmenfachhandel gibt es die verschiedensten Formate und Designs zu kaufen; zum Teil sind sie nicht nur einfarbig, sondern zusätzlich noch mit feinen Dekorlinien in passenden Farben,

Paisley: eine Malerei von Brita Hansen

auch in Gold oder Silber, versehen. Außer dem eigentlichen Passepartoutkarton benötigt man noch ein in entsprechender Größe zugeschnittenes, festes Innenblatt, auf das man die Seide aufzieht. Am saubersten wird diese Arbeit, wenn man das Bild auf ⇨ Lampenschirmfolie oder mit (FCKW- und säurefreiem) ⇨ Sprühkleber befestigt. Dieser Bildträger wird schließlich auf die Rückseite des Passepartoutausschnittes geklebt.

Individuelle Passepartouts lassen sich mit entsprechendem Werkzeug auch selbst anfertigen. Man benötigt dazu zwei passende Kartons, einen für die Vorderseite und einen als Bildträger (auch Lampenschirmfolie). Bei der Auswahl sollte man darauf achten, daß der Passepartoutkarton lichtecht ist und nicht im Laufe der Zeit vergilbt (holzfrei). Außerdem benötigt man noch einen Bleistift, ein Metallineal, ein Papierschneidemesser (Cutter, Skalpell), eine Schneideunterlage und Klebeband. Die Arbeitsschritte:

1. Das Seidenbild wird auf den Trägerkarton (mit Sprühkleber) oder auf Lampenschirmfolie ⇨ fadengerade aufgezogen.

2. Der genaue Bildausschnitt wird ausgemessen und auf die Rückseite des Passepartoutkartons mit Bleistift übertragen. Dabei ist es für die Proportionen meistens günstiger, wenn das Bild nicht exakt in der Mitte plaziert wird, sondern wenn man es um eine Kleinigkeit nach oben verschiebt.

3. Bevor man nun mit dem Schneiden beginnt, sollte man mit Hilfe des Cutters und des Lineals ein paar Probeschnitte auf Resten des gleichen Kartons ausführen, um ein Gefühl für das Material zu bekommen. Dann legt man das Lineal von außen an den eingezeichneten Bildausschnitt (so trifft man bei Ausrutschern nur den inneren

Bereich, den man ohnehin entfernt) und schneidet das Rechteck aus. Einen glatten Rand erhält man, wenn man das Messer möglichst steil hält.

4. Hinter diesem Ausschnitt fixiert man schließlich das aufgezogene Bild mit etwas Klebeband, um alles zusammen eventuell hinter Glas zu rahmen. Übrigens eignen sich Passepartoutausschnitte auch hervorragend dazu, um aus einer „mißglückten" Seidenmalerei noch etwas Interessantes „herauszuholen". Man schiebt das Passepartout auf dem Seidenstoff hin und her, um kleine Besonderheiten zu entdecken. So kann man unter Umständen wie zufällig auf bisher „unerkannte" Landschaftsmotive stoßen oder auch auf ganz abstrakte, aber sehenswerte Strukturen.

Noch ein Tip: Ein kleines Bild oder der Ausschnitt eines Seidenstoffes kann in einem riesengroßen Passepartout sehr bedeutungsvoll wirken. Und wer besondere Effekte schätzt, kann zum Beispiel mit ⇨ Glitzerfarben, ⇨ Stoffmalfarben oder mit ⇨ Metallic-Stiften sein Bild und das Passepartout so verzieren, daß die Gestaltung von innen nach außen übergeht, so daß der Bildrand optisch mit eingebunden wird.

Pastelltöne
⇨ Verdünnen

Patrone
⇨ Bindungspatrone

Pen
⇨ Aufsatzdüse

Perspektive
⇨ räumliche Tiefe

Pflanzenfarben
Seit vielen tausend Jahren werden Textilien mit Naturfarben gefärbt, also mit Pflanzen, Mineralien und Tieren (etwa

Cochenille – dieses Karminrot liefert die Schildlaus). Die Rezepte sind meist, vermischt mit viel Aberglauben, heutzutage nur ungenau übermittelt. Die chemische Industrie hatte sicherlich auch kein Interesse daran, das Pflanzenfärberwissen – was für die Textilfärberei besonders interessant ist – zu verbessern, sondern stellte lieber lukrativ künstlich produzierte Farben her. Die meiste Pflanzenfärbeliteratur basiert auf alten Rezeptbüchern, und es wird (noch) wenig aktuelle Forschung betrieben, um mit den heute zur Verfügung stehenden Analysemethoden den alten Geheimnissen auf die Spur zu kommen. Man darf annehmen, daß sich dies im Wandel zu mehr Umweltbewußtsein und im Trend zu Natur und Ganzheitlichkeit wohl langsam ändern wird. Große Modefirmen werben bereits mit pflanzengefärbten Textilien, und so ist es wohl nur noch eine Frage der Zeit, wann „Seidenmalen mit Pflanzenfarben" ein neues Thema wird.

Beim Pflanzenfärben, etwa bei Seide, unterscheidet man drei Schritte:

1. Die Farbstoffgewinnung – das heißt das Einweichen oder Auskochen der Pflanze, um den Sud für das Färbebad zu erhalten: Die Pflanzenmaterialien kommen bereits in unterschiedlicher Aufmachung in den Handel (Drogerie): geschnitten, geraspelt, gemahlen oder ganz. Je nach Zustand muß das Farbpulver aufgelöst, müssen Substanzen eingeweicht, in Alkohol angelöst oder gekocht werden.

2. Das Beizen des Stoffes – das Fixierbad, das bei einigen Pflanzen jedoch sogar entfallen kann: Beizen sind Metallsalze und dienen als Hilfsstoffe, damit sich die Affinität (Anziehung) zwischen Pflanzenfarbstoff und Seidenfaser erhöht ⇨ Ausbluten. Die Beize wird in heißem Wasser aufgelöst, und der Seidenstoff wird darin eingeweicht, etwa ein bis zwei Stunden. Diese Prozedur ist bei manchen Pflanzenfärbungen zum Teil ganz überflüssig, zum Teil nur eine Hilfe, um unregelmäßigen Färbungen vorzubeugen.

3. Der eigentliche Färbevorgang: Meistens wird heiß bis kochend gefärbt (80–100° C). Die durchschnittliche Färbedauer beträgt 60 Minuten. Wenn eine geringere Temperatur erforderlich ist, etwa bei sehr locker gewebten Seiden oder im Falle einer Wachsarbeit (bei der das Wachs nicht schmelzen darf), reicht zwar eine niedrigere Temperatur von maximal 40° C aus, man färbt dann aber länger.

Man kann auch, anstatt in einem Tauchbad zu färben, die Pflanzenfarbe zum Malen verwenden, dazu ist folgende Vorgehensweise angebracht:

Man kocht aus der Farbflüssigkeit, deren Herstellung oben beschrieben ist, einen Extrakt; das heißt, man kocht den Farbsud so lange, bis das meiste Wasser verdampft ist, und erhält ein Farbkonzentrat, das man mit der entsprechenden Beize (auf die Pflanzenfaser abgestimmt) vermischt. Beim Malen ist zu beachten, daß diese Farbe eventuell nicht so gut fließt. Am besten probiert man das ⇨ Fließverhalten zuerst an einem Seidenrest aus. Ob man nun färbt oder malt: Die anschließende ⇨ Dampffixierung erhöht die ⇨ Echtheiten. Pflanzenfarben sind übrigens im Fachhandel erhältlich (Drogerie), die verschiedenen Beizen wie Alaun, Eisen und Kupfersulfat auch in der Apotheke. (Literatur: 25)

Pflegesymbole
⇨ Textilpflegesymbole

Pflege der Seide
Siehe „Stichwort …" Seite 104

Planzenmotive
⇨ florale Gestaltung

Phantomstift
Ein praktisches Hilfsmittel zum Vorzeichnen von Konturen oder zum Skizzieren von Entwürfen; manchmal auch Sublimat- oder Zauberstift genannt. Er ist meistens rosa oder violett und ähnelt einem normalen Filzstift. Mit ihm lassen sich auf Seide (und auf anderen Materialien) Linien zeichnen, die nach drei bis 12 Stunden verschwinden. Wie lang solche Zeichnungen präsent bleiben, hängt unter anderem vom ⇨ Stoffgewicht der jeweiligen Seide ab. Bei dünnerem Stoff verschwindet sie früher als bei dickerem, ebenso wenn die Luftfeuchtigkeit sehr hoch ist. Es gibt auch verschiedene Stifte im Han-

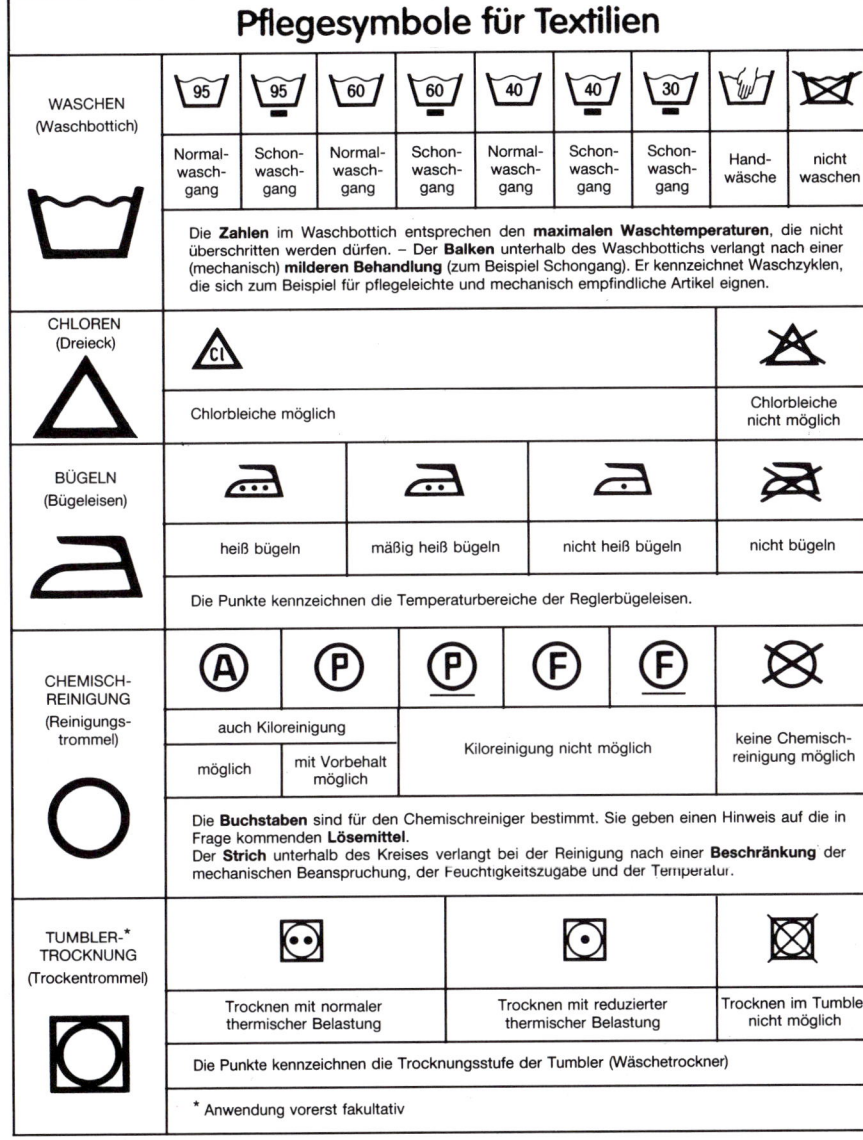

Pflegesymbole für Textilien

WASCHEN (Waschbottich)	95 Normalwaschgang	95 Schonwaschgang	60 Normalwaschgang	60 Schonwaschgang	40 Normalwaschgang	40 Schonwaschgang	30 Schonwaschgang	Handwäsche	nicht waschen

Die **Zahlen** im Waschbottich entsprechen den **maximalen Waschtemperaturen**, die nicht überschritten werden dürfen. – Der **Balken** unterhalb des Waschbottichs verlangt nach einer (mechanisch) **milderen Behandlung** (zum Beispiel Schongang). Er kennzeichnet Waschzyklen, die sich zum Beispiel für pflegeleichte und mechanisch empfindliche Artikel eignen.

CHLOREN (Dreieck)

Chlorbleiche möglich	Chlorbleiche nicht möglich

BÜGELN (Bügeleisen)

heiß bügeln	mäßig heiß bügeln	nicht heiß bügeln	nicht bügeln

Die Punkte kennzeichnen die Temperaturbereiche der Reglerbügeleisen.

CHEMISCHREINIGUNG (Reinigungstrommel)

(A) auch Kiloreinigung	(P)	(P)	(F)	(F)	keine Chemischreinigung möglich
möglich	mit Vorbehalt möglich	Kiloreinigung nicht möglich			

Die **Buchstaben** sind für den Chemischreiniger bestimmt. Sie geben einen Hinweis auf die in Frage kommenden **Lösemittel**.
Der **Strich** unterhalb des Kreises verlangt bei der Reinigung nach einer **Beschränkung** der mechanischen Beanspruchung, der Feuchtigkeitszugabe und der Temperatur.

TUMBLER-* TROCKNUNG (Trockentrommel)

Trocknen mit normaler thermischer Belastung	Trocknen mit reduzierter thermischer Belastung	Trocknen im Tumbler nicht möglich

Die Punkte kennzeichnen die Trocknungsstufe der Tumbler (Wäschetrockner)

* Anwendung vorerst fakultativ

Hrsg.: „Arbeitsgemeinschaft Pflegekennzeichen" (Stand 1985; ⇨ Textilpflegesymbole)

del, also solche, deren Linien schnell oder langsam verschwinden.

Kommt Farbe, Wasser oder auch ⇨ Konturenmittel (wasserlöslich) oder ⇨ Gutta an diese Zeichnung, löst sie sich ebenfalls auf. Das hat den Vorteil, daß man die Vorzeichnung nicht vollständig übernehmen muß; denn wenn man zu viele Linien oder unsauber gezeichnet hat, können diese einfach übermalt oder ausgespart werden, sie verschwinden in jedem Fall.

Logischerweise kann man nicht zunächst eine Vorzeichnung mit Phantomstift auf weißer Seide anlegen, dann farbig grundieren, um nun alle Linien mit Konturenmittel nachzuziehen – denn die Grundierung hat bereits die Linien aufgelöst. Man legt also die Vorzeichnung erst kurz vor dem Konturieren an, auch auf farbigem Fond.

Pigmente

Pigmente sind feinteilige, unlösliche ⇨ Farbmittel. Sie bilden eine Besonderheit unter den Farbmitteln für Textilien, denn sie können sämtliche Textilfaserstoffe einfärben. Normalerweise werden die verschiedenen Rohstoffe aufgrund der unterschiedlichen chemischen Struktur mit verschiedenen Substanzen gefärbt. Pigmente werden jedoch durch ihr Bindemittel an die Oberfläche aller Faserarten gebunden.

⇨ Bügelfixierfarben und ⇨ Stoffmalfarben sind solche Pigmentfarben. Sie benötigen ein – je nach Stoffart – mehr oder weniger starkes Bindemittel, welches die Pigmente an das Gewebe „klebt". Diese Bindemittel sind auch der Grund dafür, daß solche Farben das Gewebe etwas „versteifen". Die Reib- und Waschechtheit von Pigmentfarben ist zum Teil problematisch, was auch von der Art des verwendeten Bindemittels abhängt. Die Lichtechtheit hingegen ist gut.

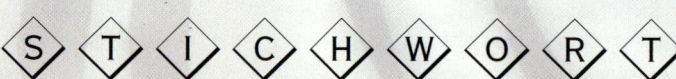

Pflege der Seide

◆ Die Pflege der Seide ist weniger kompliziert, als es ihr Ruf als zartes, feines Gewebe vermuten läßt. Da es sich um eine tierische Eiweißfaser handelt, „atmet" sie. Das bedeutet, ein nur leicht verschmutzter Stoff (vor allem bei Kleidung) wird durch Aushängen in der Luft wieder frischer.

◆ Seide muß nicht unbedingt in die Reinigung gegeben werden, denn eine Handwäsche in warmem Wasser mit einem Feinwaschmittel ist völlig problemlos. Es enthält keine optischen Aufheller und Bleichmittel, welche dem Seidengewebe schaden könnten. Verwenden Sie aber kein Haarshampoo, denn mit seinen rückfettenden Substanzen wirkt es sich negativ auf den Glanz des Seidenstoffes aus.

◆ Bei handbemalter Seide ist nicht nur die Behandlung des Gewebes als solches zu berücksichtigen, sondern man möchte auch die Färbung stabilisieren (⇨ Echtheiten). Es empfiehlt sich deswegen stets ein letzter Spülgang mit etwas Essig, er wirkt sich positiv auf die Beständigkeit der Färbung aus. Für die Handwäsche gilt: Die bemalte Seide immer separat waschen (⇨ Aus-

Obwohl sowohl die Stoffmalfarben als auch die Bügelfixierfarben Pigmentfarben darstellen, gibt es einige Unterschiede:

Bügelfixierfarben sind wasserdünne Farben mit sehr feinen Pigmenten, die in dem Gewebe das für die Seidenmalerei erforderliche ⇨ Fließverhalten aufweisen. Die Pigmente sind hier so winzig und leicht, daß sie in der Flüssigkeit „in der Schwebe" bleiben. Das bedeutet, daß sie sich im Prinzip nicht am Boden des Glases absetzen.

Das Bindemittel bei den Bügelfixierfarben besteht aus einer stark wässerigen Kunstharzdispersion, die das Gewebe nur minimal versteift.

Stoffmalfarben hingegen enthalten größere Pigmente als Bügelfixierfarben. Das Bindemittel dieser Produkte ist zudem dicklicher und versteift alle Faserarten deutlich. Das muß in Kauf genommen werden, da Stoffmalfarben nicht fließen sollen. Je größer die Pigmentierung, desto stärker ist allerdings auch die Deckkraft solcher Farbmittel, da die Faser die Farbe dann immer weniger aufsaugen kann, sie beschichtet das Gewebe mehr.

Im Gegensatz zu den eben erwähnten Pigmentfarben handelt es sich bei den „echten" Seidenmalfarben (⇨ Dampffixierfarben und ⇨ Reaktivfarben) um vollständig gelöste Farbstoffe, die in

bluten) und in Bewegung halten; ein längeres Liegenlassen im Wasser sollte vermieden werden.

◆ Flecken werden durch Betupfen mit Waschmittel oder auch Gallseife vor (!) der Wäsche behandelt. Starke Fettflecken läßt man in einer chemischen Reinigung entfernen, aber hier nur im Kleiderbad, nie in einer Vollreinigung!

◆ Eine Maschinenwäsche ist kein Problem, wenn man den Feinwaschgang wählt und ebenfalls ein mildes Waschmittel verwendet (⇨ Waschseide). Bei sehr kräftiger Wildseide jedoch reichen die Trommelbewegungen für eine gute Reinigungswirkung oft nicht aus. Dann entscheidet man sich für eine normale 40-Grad-Wäsche, ruhig mit Schleudern, wonach man den Stoff jedoch sofort herausholt, lockert und aufhängt.

◆ Bei Kleidung ist darauf zu achten, daß sie zum Trocknen auf einem aufblasbaren Kleiderbügel hängt, damit sich Vorder- und Rückenteil nicht berühren. Es kann immer wieder zu einem leichten ⇨ Ausbluten von Farbe kommen, die dann unter Umständen abfärbt. Ersatzweise kann man solche Stücke auch liegend trocknen – mit Handtüchern darunter und dazwischen.

◆ Seide sollte man am besten noch feucht bügeln, von der linken Seite und bei mittlerer Temperatureinstellung. Wildseide bügelt man hingegen trocken. Einsprühen sollte man die Seide nicht, das kann Flecken verursachen.

einer klaren, untrüben Flüssigkeit enthalten sind. Im Gegensatz zu ihnen sind die Pigmentfarben im Glas als eingetrübte Flüssigkeiten zu erkennen, daß heißt, ihr Farbton ist erkennbar. Bei den Farbstoffen erkennt man hingegen die Tönung erst, wenn man sie in einer dünnen Schicht sieht, etwa auf weißer Seide oder auf Papier aufgetragen.
(Literatur: 30)

Pinnadeln
⇨ Spannadeln

Pinsel
Siehe „Stichwort …" Seite 106

Pinselpflege
Gerade teure, edle ⇨ Pinsel sind dankbar für eine behutsame Pflege. Es ist ratsam, die normale Seidenmalfarbe mit Wasser aus dem Pinsel zu waschen und vor allem nie Farbe am Pinsel antrocknen zu lassen! Bei Verwendung von ⇨ Pigmentfarben oder auch ⇨ Bügelfixierfarben sollte man beim Auswaschen den Haartuff gut durchreiben. Nur so werden die Pigmentrückstände, die sich mit Vorliebe am Zwingenrand absetzen, gründlich gelöst.
Nach dem Auswaschen streift man den Pinsel an einem feinen Lappen aus und bringt ihn in die Urform. Man nennt

das auch: den Pinsel dressieren. Zum Trocknen stellt man ihn mit dem Stiel nach unten in ein Glas. Pinsel, die nicht sorgfältig gereinigt werden, zeigen bald mangelhaften „Schluß", das heißt, die Pinselhaare spreizen sich, weil Farbrückstände den Pinselkörper „verstopfen". Außerdem brechen dadurch die Haare und Borsten leicht am Zwingenrand ab. Der beste Pinsel taugt nicht, wenn sein Benutzer ihn zu pflegen vergißt.
Die meisten Pinsel werden vom Hersteller „geleimt", das heißt, mit einem wasserlöslichen Bindemittel wird der Haartuff zum Schutz gefestigt und in Form gebracht. Diese Leimung wird vor dem Erstgebrauch einfach mit Wasser ausgewaschen.
Strapazierfähige Borstenpinsel, die man für die ⇨ Wachstechnik gebraucht hat, läßt man einfach im erstarrenden ⇨ Wachs erkalten.

Pinselstrich
⇨ Grundierung

Pipette
Saugröhrchen zur Entnahme und Volumenmessung von Flüssigkeiten. In der Seidenmalerei verwendet man meistens kleine Glasröhrchen mit oben angebrachtem Gummiballon. Beim Zusammenpressen des Ballons entsteht ein Unterdruck, der die Flüssigkeit, etwa die Farbe „hochzieht". Der Vorteil der Pipette (gegenüber Pinseln) ist, daß man die Farbe tropfenweise dosieren kann durch das mehr oder weniger starke Drücken des Gummiballons. Das ist zum Beispiel besonders wichtig, wenn man gleichmäßige Mischreihen malen oder einen Ton zumindest annähernd noch einmal herstellen möchte. Eine Pipette ist daher zum tropfenweisen Abzählen das ideale Hilfsmittel.

Pinsel

◆ In der Seidenmalerei kann jede Art von Pinsel zum Einsatz kommen, ob sie nun speziell „Seidenmalpinsel" genannt werden oder nicht: Vom preisgünstigen Borstenpinsel über Kunststoffpinsel, einfache Dachshaarpinsel bis hin zu exklusiven, teuren Künstlerpinseln aus edlem Tierhaar. Es kann sogar mit einem Wattebällchen, in eine Wäscheklammer geklemmt, gemalt werden. Entscheidend ist, wie Sie selbst am besten mit der einen oder anderen Art Pinsel zurechtkommen und mit welcher Technik Sie malen.

◆ Empfehlenswert sind generell Pinsel, die viel Farbe aufnehmen können, damit ohne zu häufiges Absetzen eine Fläche bemalt werden kann. Noch vielseitiger einsetzbar sind Pinsel, deren Spitze außerdem nach vorn fein zuläuft. Mit ihnen kann man durch unterschiedliches Aufsetzen sowohl kleine als auch große Flächen mit Farbe füllen.

◆ Die Pinselqualität und damit der Preis bestimmt sich in erster Linie durch die Art des verwendeten (Tier-)Haares. Es hängt also zum einen vom Geldbeutel und zum anderen vom Anspruch des Seidenmalers ab, zu welchem Pinsel er nun greift. Wer viel malt – und das sind nicht nur die Profis –, wird bald erkennen, daß sich die einmalige Anschaffung von zwei bis drei „wirklich guten" Pinseln verschiedener Stärke als sinnvoll erweist. Sie ermöglichen nicht nur ein sehr schönes, komfortables Arbeiten, sondern sie erweisen sich in aller Regel auch als sehr haltbar und robust, verlieren auch nach Jahren weder viel Haare noch ihre Form (vorausgesetzt, man behandelt sie gut). Deshalb macht sich ein „teurer" Pinsel schon bald bezahlt.

◆ Einsteigern sollte man aus ökonomischen und psychologischen Gründen (Leistungsdruck) nicht sofort zur Anschaffung von teuren Pinseln raten. Bleibt jemand jedoch bei diesem Hobby, wird er bald selbst erkennen, welcher Pinsel individuell für ihn geeignet ist. Zur ersten Orientierung hier nun eine Aufstellung der am häufigsten verwendeten Naturhaarpinsel – die Reihe ließe sich beliebig fortsetzen. (Je nach Hersteller können die Bezeichnungen auch voneinander abweichen.)

◆ **Einteilung nach der Pinselform**

Aquarellpinsel, auch Verwaschpinsel:
Damit werden meist alle Pinsel bezeichnet, deren Haartuff vorn wie ein spitzes „V" geformt ist, meist mit rundem Querschnitt. Im Gegensatz dazu endet der Ölmalpinsel in einer rundlichen Form, einem Ei gleichend.

Firnispinsel:
Er besitzt eine breite Blechzwinge, einen flachen Stiel und ist mit Haaren oder Borsten gearbeitet.
Die Malkante ist stumpf und in verschiedenen Breiten (Stärken) lieferbar.

Fächerpinsel:
Mit flacher Zwinge, die Haare oder Borsten stehen flach und wie ein Fächer auseinander. Er ist vor allem zum Vergolden gut geeignet, wo er sich zum exakten Auflegen des hauchdünnen Blattgoldes gut bewährt hat.

Japanpinsel:
Sehr gut für die Seidenmalerei geeignet.
Der Haartuff hat kurze Kernhaare und lange Deckhaare, dadurch nimmt er enorme Flüssigkeitsmengen auf, ohne zu tropfen.

Pipettenpinsel:

Kleine Plastikflasche mit Pinselaufsatz. Die Handhabung erfordert etwas Übung, damit nicht zuviel Farbe abgegeben wird. Geeignet vor allem zum Bemalen größerer Flächen.

Beim Aufbewahren wickelt man, als Schutz vor Austrocknung, Folie um ihn herum.

Schwämmchen:

Nur bedingt einsetzbar, tropft leicht, gibt unregelmäßig Farbe ab und ist nicht flexibel.

Schwammpinsel:

Im Gegensatz zum Schwämmchen sehr praktisch: Er ist exakt geformt, hat feine Poren und einen Griff. Gut sind Grundierungen damit aufzustreichen.

◆ Einteilung nach der Art der Haare

Rindshaar:

Preiswerte Echthaarpinsel in verschiedenster Stärke und Ausführung.

Fehhaar:

Künstlerpinsel aus echtem Tierhaar – von kanadischen und russischen Eichhörnchen. Sehr gut geeignet zum großzügigen Malen. Er nimmt extrem viel Farbe auf, da sein Haartuff sehr dicht ist, und er tropft nicht.

Rotmarderhaar:

Sammelbegriff für Künstlerpinsel aus dem rotgoldenen Haar verschiedenster Marderarten.

Sehr gute, leider zum Teil etwas teure Pinsel. Sie nehmen sehr viel Farbflüssigkeit auf und halten sie gut fest, ohne zu tropfen.

Ihre Spitzen verjüngen sich so fein, daß sogar mit einem relativ dicken Haartuff (Durchmesser circa 0,5 Zentimeter) schmalste Flächen sauber mit Farbe ausgefüllt werden können.

Schweineborsten:

Dicke, steife Haare mit relativ wenig Elastizität.

Strapazierfähig im Gebrauch, in der Seidenmalerei vor allem für die Wachsbatik zu verwenden.

◆ Haare und Borsten gleichen sich in ihrem Aufbau. Sie bestehen im einzelnen aus einem Markstrang, um den sich Schuppen gleich einem Panzer gruppieren. Elastizität und „Schluß" eines Pinsels werden vom Verhalten dieser Schuppen bestimmt. Hängt ein Pinsel etwa zu lange im Wasser oder kann er nicht richtig trocknen, öffnet sich dieser Schuppenpanzer wie ein Tannenzapfen, und die Spannkraft des Pinsels läßt nach.
Die Schuppen von Haar- und Borstenpinseln lassen sich durch gründliche Reinigung (mit etwas Kernseife, was für die natürliche Rückfettung sorgt) jedoch wieder schließen – und die Qualität des Pinsels, dessen Spannkraft, ist wieder hergestellt.

◆ Haare und Borsten haben die Eigenschaft, feine Hohlräume im Pinsel entstehen zu lassen, sie sind die Voraussetzung für die sogenannte Kapillarwirkung. Schon Leonardo da Vinci hat um das Jahr 1500 diese Erscheinung vom Hochsteigen einer Flüssigkeit in engen Hohlräumen nachgewiesen.

◆ Im Gegensatz zum Naturhaar und zur Borste steht die Synthetikfaser: Sie besitzt keinen so differenzierten Aufbau wie Naturhaar und Borste.
Das besondere Merkmal synthetischer Rundpinsel ist der konische Haarstrang: Der Tuff wird, ähnlich wei beim Naturhaarpinsel, zur Spitze hin dünner. Die Struktur der Faseroberfläche übernimmt in etwa die Funktion der Schuppen beim Naturhaar.
Für die Seidenmalerei sind diese Pinsel weniger empfehlenswert, sie eignen sich besser für festere Farbkonsistenzen und für rauhe Malgründe. Manche Pinsel haben dennoch eine überraschend gute Elastizität, nehmen gut Farbe auf und geben diese gleichmäßig ab. Man sollte sie also durchaus testen, zumal an ihrer Entwicklung ständig gearbeitet wird.

Plattentechnik: eine Malerei von Ute Patel-Missfeldt

Manche Farbfabrikate sind praktischerweise mit einem Tropfpipettendeckel ausgestattet, so daß für eine saubere Entnahme der Farbe gesorgt ist. Verwenden Sie dagegen nur eine separate Pipette, sollte sie immer kurz in Wasser ausgespült werden, nachdem man die Farbe entnommen hat, um die Originalfarben im Behälter nicht zu verändern. Am besten legt man sich für alle drei Grundfarben jeweils eine Pipette zu. Im Fachhandel für Apotheken- und Drogeriebedarf gibt es Pipetten in verschiedenen Größen, auch solche, die mit Maßzahlen versehen sind. Es gibt auch Kunststoffpipetten mit einem zieharmonikaartigen Balg (Dosierkanüle) im Hobbyfachhandel.

Pipettenaufsatz
⇨ Aufsatzdüse

Pipettenflasche
Oft werden ⇨ Plastikfläschchen (zum Einfüllen von ⇨ Konturenmitteln) so bezeichnet, was eigentlich irreführend ist; denn sie dienen ja nicht zum Entnehmen und genauen Dosieren von Flüssigkeiten wie ⇨ Pipetten. Eine Pipettenflasche ist daher eigentlich ein Glasfläschchen, dessen Schraubverschluß mit einer in den Deckel integrierten Pipette versehen ist (Tropfpipettendeckel).

Plangi
Auch tie-and-dye (englisch für Schnüren und Färben) genannt: Technik asiatischen Ursprungs, bei der die Musterungen des Gewebes durch partieweises Abbinden mit Schnüren und Bändern und anschließendes Färben des gesamten Stoffes entstehen. An den umwickelten Stellen liegt der Stoff so dicht, daß hier kaum Farbe eindringen kann (⇨ Reservierung). Die so erzeugten ungewöhnlichen Farbmuster

und Strukturen werden erst nach dem Öffnen der Schnüre sichtbar.

Oft bezeichnet man diese Technik auch mit dem eher irreführenden Begriff Abbindebatik. Doch in der Batik trägt man ein Mittel (Wachs) auf, während beim Plangi keine textilfremde Substanz vonnöten ist (⇨ Shibori).

In der Seidenmalerei kann man dieses Verfahren ebenfalls anwenden. Man taucht den abgebundenen Stoff in ein Farbbad oder trägt die Farbe mit der ⇨ Pipette auf. Danach läßt man die Seide trocknen, öffnet und bügelt sie glatt und fixiert sie je nach verwendetem ⇨ Farbmittel. Man kann auch zusätzlich kleine Gegenstände mit einschnüren, etwa Steinchen, Hölzer und ähnliches, oder man bindet Teile des Stoffes zwischen Holzbrettchen ab. (Literatur: 21)

Plastikfläschchen

Kleines Fläschchen aus Plastik mit sich verjüngender Spitze, oft auch bezeichnet als Malflasche, Liner, Spritzflasche, Pipettenflasche und so weiter. Der obere Teil ist abschraubbar, damit das Fläschchen gefüllt werden kann: mit ⇨ Konturenmitteln oder mit verdickter Farbe (⇨ Verdicker). Die vordere Spitze muß vor Gebrauch abgeschnitten werden. Möchte man besonders gleichmäßige und feine Linien erzielen, wird auf die Spitze noch zusätzlich eine ⇨ Aufsatzdüse aufgesetzt oder aufgeschraubt.

Plattentechnik

Eine Maltechnik, mit der ein Seidenstoff bemalt werden kann, ohne daß man ihn auf einem ⇨ Spannrahmen befestigt. Man klebt den Seidenstoff statt dessen mit gut haftendem Paketklebeband stramm auf einen glatten Untergrund. Dies kann eine Glasscheibe oder eine sehr glatte kunststoffbe-

Plissee: Die bemalte Seide wurde maschinell plissiert (Elfriede Möller)

schichtete Holzplatte sein. Als ⇨ Konturenmittel wird dabei in der von Patel-Missfeldt beschriebenen Technik meistens ⇨ Stoffmalfarbe verwendet, die man mit einem feinen Pinsel aufträgt. Auch normale Konturenmittel sind für diese Technik geeignet.

Dadurch, daß diese Linien nicht nur am Stoff, sondern auch etwas an der Platte haften, erfolgt eine sehr gute Trennung der Seidenmalfarben (⇨ Reservierung) an diesen Stellen. Ein weiterer Vorteil: Man kann beim Zeichnen feiner Konturen und bei Details die Hand aufstützen. Das ⇨ Fließverhalten der Farben ist jedoch anders als bei „frei schwebender" Seide. Diese Methode wird vor allem für filigrane, zeitaufwendige Bemalungen angewandt bei eher geringer Stoffmenge.
(Literatur: 4)

Plissee

Plissees sind Stoffe mit dicht angeordneten Fältchen, die dauerhaft geformt sind. Solche Stoffe werden überwiegend aus synthetischem Material hergestellt, das unter Hitzeeinwirkung und Druck künstlich „gekräuselt" wird, die Fasern verformen sich. Diese Eigenschaft (Thermoplastizität) besitzt die reine Seide in gewissem Sinne durch ihren Baustoff Eiweiß auch: Durch Hitzeeinwirkung wird auch hier die Faser verformt, wenn auch die Dauerhaftigkeit dieser Fältchen nur bedingt besteht. Die ⇨ Plissiertechnik in der Seidenmalerei nutzt dieses Verhalten aus.

Wer sehr gleichmäßige, parallele Falten in Seidenstoffen haben möchte, kann seine auf herkömmliche Art bemalte Seide zu einer Plissieranstalt bringen.

P

Plissiertechnik

◆ Plissieren heißt, einen Stoff dauerhaft zu kleinen Fältchen formen. Die Geschichte des Plissierens reicht bis zu den Ägyptern zurück, in unserem Jahrhundert wurde sie vor allem von dem französischen Maler und Kleidungskünstler Mario Fortuny (1871–1949) zur höchsten Vollendung gebracht. Er fertigte wahre Traumroben aus plissierter Seide an, Luxusgewänder, die heute ein Vermögen wert sind.

◆ Es gibt eine relativ einfache Methode, mit der man einen wunderschönen plissierten Seidenstoff herstellen kann. Man benötigt dafür nur ein Stück Seide von mindestens 150 cm Länge, einen alten Kochtopf (der nicht mehr für Lebensmittel verwendet wird), eventuell einen Tonblumentopf oder einen Backstein und die üblichen Materialien für die Seidenmalerei. Den Seidenstoff selbst können Sie in den verschiedensten Qualitäten auswählen, vom dünnen Pongé 5 über Crêpe de Chine, Chiffon bis hin zu glänzendem Satin – die Ergebnisse fallen immer verschieden aus.

◆ **Hier die Grundmethode:**
1. Zuerst wird der Seidenstoff bemalt. Eine anschließende separate Fixierung muß nur dann erfolgen, wenn die Bemalung als solche im späteren Plissee noch zu erkennen sein soll. Falls Sie hingegen einen bizarr gemusterten Plisseestoff möchten, kann man die Farbe in Streifen, Blöcken oder kreuz und quer auftragen, ohne sie zu fixieren, denn sie soll ja beim Plissiervorgang wild ineinanderfließen und so für die schönsten Zufallseffekte sorgen, wobei gleichzeitig fixiert wird.

2. Nach der Bemalung läßt man das Gewebe zunächst trocknen. Der eigentliche Plissiervorgang beginnt nun – mit fixierter oder unfixierter Seide: Die Seide wird längs zur Webkante in Fältchen gelegt, dicht wie bei einer Ziehharmonika. Am bequemsten gelingt das mit einem Partner, so daß an beiden Seiten gleichzeitig gekräuselt werden kann. (Alternative: Ein gekräuseltes Ende mit einer Schraubzwinge am Tisch befestigen, dann das andere Ende in Falten legen und ebenfalls mit einer Zwinge sichern.)

Beide Enden werden schließlich mit etwas Schnur zur Sicherung abgebunden.

3. Danach wird die Stoffbahn ganz fest zu einem Strang aufgedreht. Je fester diese „Schnur", desto intensiver die Faltenbildung.

4. Bevor man diesen Strang nun in straff gedrehtem Zustand kochen kann, legt man ihn um einen Tontopf oder Backstein und sichert ihn mit einem Faden. Oder man dreht den Strang (der dazu „Drall" braucht) noch einmal um sich selbst: zu einer Kordel. Beide Methoden geben unterschiedlich ausgeprägte Effekte.

5. Den Kochtopf füllt man mit Wasser und stellt ihn auf den Herd. Man gibt die Kordel oder den aufgewickelten Strang mit dem Tontopf oder Stein hinein und läßt alles (bei geschlossenem Deckel) etwa eine Stunde kochen.

6. Danach nimmt man die Seide heraus und läßt sie aufgewickelt (!) trocknen. So werden die Fältchen besonders ausgeprägt. Das kann bis zu zwölf und mehr Stunden dauern. Deshalb: Entweder legen Sie den aufgewickelten Stoff in die Nähe der Heizung, oder Sie lassen die Seide im Backofen bei ca. 70° C trocknen. Danach öffnen Sie den Stoff: Das Plissee ist fertig, und auch die Malerei wurde durch den Kochvorgang gleichzeitig fixiert.

◆ **Alternative 1:**
Man legt unbemalte Seide in Falten und wickelt alles wie oben beschrieben auf. Die Farbe gibt man nun in das Kochwasser. Dadurch werden nur die äußeren Stellen des Stranges eingefärbt, es ergeben sich reizvolle Muster.

◆ **Alternative 2:**
Gleich nach dem Plissiervorgang öffnet man die Kordel, läßt die Seide etwas antrocknen und bügelt die Falten feucht aus. Der Seidenstoff wird zwar immer noch leicht „gecrasht" sein, aber so glatt, daß man ihn für eine Weiterverarbeitung als Kleidungsstoff verwenden kann. Es handelt sich dann zwar nicht um einen Plisseestoff, doch das Muster entstand durch Plissierung (funktioniert nur, wenn man die unfixierte Malerei kocht).

◆ Aufbewahrung und Pflege eines plissierten Stoffes: Man wäscht ihn am besten von Hand. Zum Trocknen läßt man ihn in sich gedreht liegen. Auch zum gewöhnlichen Aufbewahren dreht man die Seide immer wieder zusammen.
(Literatur: 12)

Plissiertechnik
Siehe „Stichwort ..."

Pongé
Pongéseide kann man wohl als die meistgekaufte Seidenqualität für die Seidenmalerei bezeichnen. Sie ist glatt und fein und mit verschiedenem ⇨ Stoffgewicht zu erwerben. Somit lassen sich alle Techniken der Seidenmalerei darauf ausüben, und sie wird jedem Anspruch und jedem Geldbeutel gerecht.

Pongé: ein Tuch von Shahida (B. Banach). Links: Plissiertechnik (Karin Huber)

Man nennt Pongéseide auch ⇨ Japanseide; sie ist in der ⇨ Taftbindung gewebt, und die genannte Zahl kennzeichnet das jeweilige Stoffgewicht. Je höher das Stoffgewicht ist, desto dichter ist die Seide, was sie teuer, aber auch strapazierfähiger macht. Das unterschiedliche Gewicht und damit die unterschiedliche ⇨ Dichte der Pongéseiden hat speziell für Seidenmaler eine zusätzliche Bedeutung: Die flüssigen Seidenmalfarben fließen auf dünnerem Pongé (5 oder 6) besser als auf einem dicken. Auch ⇨ Konturenmittel dichten hierauf gut ab. Das spielt vor allem für den noch Übenden eine Rolle, ist aber auch speziell für bestimmte Techniken (⇨ Auswaschtechnik, ⇨ Schattieren und so weiter) von Bedeutung. Je dicker die Pongéseide, um so intensiver wirkt jedoch die Farbe, sie erhält mehr Tiefe.

Präsentation

Siehe „Stichwort …"

Preis der Seide

Aufgrund der rasanten abwärtsgerichteten Preisentwicklung bei Seidenstoffen in den vergangenen Jahren interessiert es den Verbraucher vielleicht, welche Faktoren diese Entwicklung eigentlich verursachen. Zunächst zur Gestaltung der Preise überhaupt.
Die Qualität des Seidengewebes an sich ist natürlich der erste Faktor, der den Preis eines Seidenstoffes bedingt. Die Qualität hängt zum Beispiel vom ⇨ Stoffgewicht ab: Je höher das Gewicht, desto teurer ist ein Stoff in der Regel. Da aber auch die Güte des versponnenen Seidenfadens eine Rolle spielt, gibt es hier Ausnahmen: Eine schwere ⇨ Schappeseide kann billiger sein als eine feine, dünnere ⇨ Haspelseide. Genauso ist ein Seidenstoff, der in der ⇨ Atlasbindung gewebt ist, teurer als eine in der ⇨ Taftbindung gewebte Seide gleichen Stoffgewichtes (⇨ Bindung).
Die ⇨ Seidenraupenzucht ist sehr personalintensiv. China als Dritte-Welt-Land kann billiger produzieren als das industrialisierte Japan. Wenn man sich die Preise für ⇨ rollierte Tücher vergegenwärtigt, kann man eine Vorstellung über die Höhe der Löhne in China bekommen.
China braucht als sich entwickelndes Land Devisen. Die Preise werden oft nicht nach dem kapitalistischen Motto geregelt „Nachfrage bestimmt das

Präsentation: Seidenmalerei im Wohnbereich, hier von Susanne Hahn

S T I C H W O R T

Präsentation

◆ Gerade für begeisterte Seidenmaler und für Profis, die sehr viel selbstentworfene Seidenstoffe produzieren, ist die Frage der Präsentation ganz besonders wichtig. Zum Beispiel betrifft dies das Vorstellen der eigenen Arbeit auf Märkten, in Ausstellungen oder in Läden.

◆ Hat man sehr viele Objekte, empfiehlt es sich, diese zwar in der üppigen Fülle darzustellen, aber dennoch so, daß eine klare Linie – trotz der Verschiedenheit der Entwürfe – deutlich erkennbar ist. Beispielsweise kann man jedes Tuch mit Stecknadeln auf schönen Kleiderbügeln befestigen und sie zusammen auf eine Stange aus Metall, Kunststoff, Bambus oder Holz hängen. So kann jeder bequem die verschiedenen Stücke besichtigen. Man kann sich auch eine Hängevorrichtung anfertigen, die der eines Krawatten-Aufbewahrers ähnelt.

◆ Ein Seidenstoff kann auch wunderbar in die jeweilige Umgebung integriert werden, indem man ihn zum Beispiel als Dekoration für die Verkaufs- oder Ausstellungsräumlichkeit einsetzt, ihn dazu rafft, wickelt und drapiert.

◆ Eine der alltäglichsten Formen der Präsentation künstlerischen Schaffens betrifft natürlich den Bereich des Wohnens: Gerahmte Bilder aus Seide, Wandbehänge, Paravents (bewegliche Raumteiler), Gardinen, Kissen – eben Heimtextilien generell können

Präsentation: von Gisela Sipos-Gwenda

Angebot". Hier verhält es sich vielmehr so, daß bei hoher Ertragslage viel produziert und verkauft werden muß, so daß die Preise dann eher fallen. Der Seidenpreis ist immer auch ein Spiegelbild des aktuellen Dollarkurses. Alle Exportgeschäfte werden über diese Währung bezahlt.

Man kann sich wundern, warum zum Teil rollierte Ware nur unwesentlich (manchmal gar nicht) teurer ist als Meterware. Dieses Phänomen beruht zum einen auf den oben geschilderten niedrigen Lohnkosten in China, zum anderen ist es Zeugnis des hart umkämpften Marktes. Die Nachfrage nach rollierten Tüchern ist hoch, die Importeure kaufen in extrem hohen Mengen ein, und die Mengenrabatte fallen entsprechend aus.

Diese Tendenz hat Stimmen laut werden lassen, die die damit einsetzende Entwicklung zum „Billigprodukt Seide" kritisieren. Vor allem der „Dauerbrenner" Pongé 5 ist jetzt kaum teurer als gutes Aquarellpapier, und oft genug korrespondiert auch die Qualität der produzierten Werke auf „Kunsthandwerkermärkten" mit der Billigkeit des Materials.

Man kann es aber auch positiv sehen: Der nun entfallende Kostenfaktor kann niemanden mehr abschrecken, dieses Hobby mit seinen vielfältigen Möglichkeiten für sich zu entdecken. Auch trennen sich durch die Wahl von teuren oder billigen Seidenstoffen (abhängig von Stoffgewicht und Bindung) die professionellen, künstlerisch ambitionierten Seidenmaler von Menschen, die diesen Bereich als entspannende kreative Freizeitbeschäftigung verstehen und die Materialkosten durch den Verkauf ihrer Kunstwerke nicht decken können.

eine ganz individuelle Sprache sprechen. Aber auch ein selbstentworfenes Kleidungsstück oder Accessoires aus Seide sind ein Aushängeschild des Trägers, der damit seine Kreativität präsentieren kann.

◆ Bisweilen ist es sinnvoll, sich eine Künstlermappe mit Fotos von verschiedenen Seidenarbeiten anzulegen. So sind auch Werke, die man längst verkauft hat, auf diese Weise noch präsent. Man kann zudem auf bequeme, wenig aufwendige Art sein Schaffen anderen Menschen präsentieren, vielleicht sogar in Funktion einer Bewerbungsmappe. Sie illustriert und dokumentiert chronologisch die Entwicklung und das Fortschreiten der persönlichen Kreativität.

◆ Zur Herstellung einer solchen Mappe sollten Sie die Werke sorgfältig fotografieren und als nicht zu kleine Papierabzüge entwickeln lassen. Kleben Sie die ausgewählten (!) Fotos auf (DIN-A4-)Karton, datieren, betiteln und signieren Sie sie. In einer Schutzhülle aus Plastik und in einen Ringordner geheftet, kann man sie gut geschützt und praktikabel aufbewahren.

◆ Eine preisgünstige Ausführung solch einer Mappe kann man, wie eben beschrieben, schon mit normalem Büromaterial gestalten. Professioneller, aber auch teurer wird es mit speziellen Künstlermappen, die es im Fachhandel zu kaufen gibt. In einer Künstlermappe sollte außerdem die gesamte künstlerische Laufbahn, also die Ausbildung oder Veröffentlichungen, dargestellt sein. Biographische Stationen werden in einer umfangreichen Künstlermappe ebenso erwähnt wie die Teilnahme an Ausstellungen, Wettbewerben und so weiter. (Literatur: 19)

Profifixiergerät
⊂⊃ Fixiergerät

Projektion
⊂⊃ Entwurf vergrößern und verkleinern

Qualitätskontrast
⊂⊃ Farbkontraste

Quantitätskontrast
⊂⊃ Farbkontraste

Quellung
⊂⊃ Dehnung

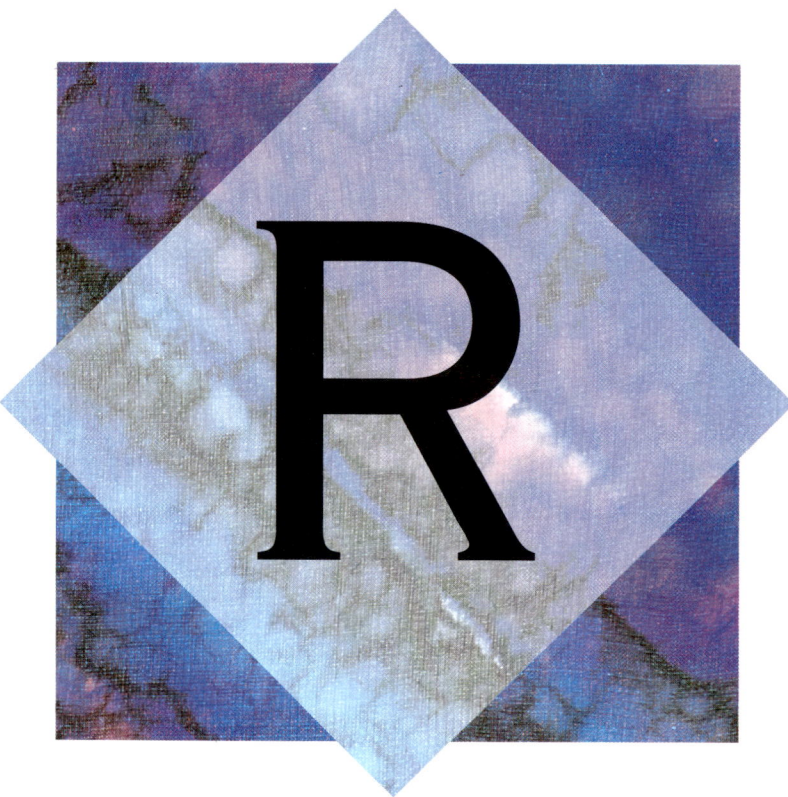

Rahmen für die Seidenmalerei
⇨ Spannrahmen

Rahmen selber bauen
⇨ Spannrahmen selber bauen

Rahmung
⇨ Bild

Randbildung
Siehe „Stichwort ..."

Rapport
⇨ Komposition und Struktur

Rasterverfahren
⇨ Entwurf vergrößern und verkleinern

räumliche Tiefe
Ob man nun ⇨ gegenständlich malt oder eher ⇨ abstrakt: Sehr häufig wirken solche Bilder am interessantesten, die unseren Blick auf geheimnisvolle Weise in die Tiefe ziehen, die eine

Illusion von Räumlichkeit schaffen. Doch so geheimnisvoll ist diese Wirkung gar nicht, denn aus der Beobachtung heraus lassen sich einige Faktoren entwickeln, die man bei der Gestaltung von Bildern – auch in der Seidenmalerei – ganz bewußt anwenden kann. Hier sind die wichtigsten in

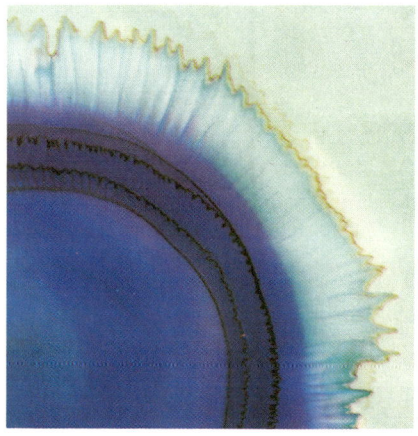

Randbildung: ein Beispiel von R. Henge

Stichpunkten dargestellt, ganz besonders kommen sie bei der ⇨ Landschaftsmalerei zum Tragen.
Große Formen deuten auf den Vorder-, kleine auf den Hintergrund hin; Formüberschneidungen; leuchtende, kräftige und warme Töne drängen in den Vordergrund, bläulich-kühle in den Hintergrund (Farbperspektive); zum Hintergrund verblassen alle Farben (Luftperspektive); im Vordergrund sind Formen und Strukturen differenzierter; diagonale und auf Fluchtpunkte weisende Linien, verkürzte Abstände (Linearperspektive); stärkere Hell-Dunkel-Kontraste im Vordergrund; Ausarbeitung von Schatten (Schlag- und Körperschatten); Staffelung der Formen von unten (Vordergrund) nach oben (Hintergrund).
Nicht immer jedoch ist räumliche Tiefe das Ziel der Gestaltung. Vor allem beim spontanen oder sehr dekorativen, flächigen Arbeiten auf Seide liegt der Reiz oft in ganz anderen Momenten.

Reaktivfarben

Reaktivfarben sind Farben, welche die gesammelten Erfahrungen der Farbstoffchemiker in sich vereinen. Diese erst Ende der fünfziger Jahre für die Seidenmalerei entdeckten Farbstoffe gehen eine starke und schnelle chemische Reaktion mit der Seidenfaser ein, und das schon bei niedrigen Temperaturen. Sie zeichnen sich auch durch besonders hohe ⇨ Echtheiten aus.

Auf zweierlei Art können diese fixiert werden: zum einen mit einer normalen ⇨ Dampffixierung, welche für die volle Brillanz dieser Farben auf der Seide sorgt. Zum anderen gibt es jedoch hier noch die Möglichkeit, mit einem speziellen Fixiermittel die Dampffixierung zu umgehen.

Dieses zähflüssige Mittel wird auf die trockene Malerei – die Seide ist noch auf dem Rahmen aufgespannt – aufgestrichen. Während der Fixierzeit, die 60–90 Minuten betragen sollte, wird die Farbe durch eine chemische Raktion an die Seidenfaser gebunden. Das Fixiermittel darf in dieser Zeit aber auf keinen Fall trocknen! Deshalb darf man die Fixierdauer nicht überschreiten, und auch der Raum sollte nicht zu warm sein. Empfehlenswert ist auch folgende Methode: Die bestrichene Seide wird zusätzlich zwischen zwei Lagen Plastik- oder Alufolie geschützt, um vorzeitigem Trocknen vorzubeugen.

Nach Beendigung der Fixierung entfernt man die Folien, spannt die Seide vom Rahmen ab und wäscht sie in kaltem Wasser aus. Unter Umständen kann beim Auftragen des Fixiermittels Farbe angelöst und aus Versehen auf andere Stellen des Stoffes übertragen werden; diese Methode ist deshalb unter Umständen nicht unproblematisch. Bei dickeren Stoffen ist unbedingt darauf zu achten, ob auch die Rückseite gut getränkt ist, eventuell muß diese Seite

S T I C H W O R T

Randbildung

◆ Mit „Rändern" werden in der Seidenmalerei meistens die (unwillkommenen) Farb- oder Wasserränder bezeichnet. Sie entstehen immer dann, wenn auf einem Seidenstoff flüssige Farbe gegen oder auf eine bereits getrocknete Farbe aufgetragen wird. Es bildet sich der typische, mehr oder wenig ausgeprägte Zackenrand, der durch Farbverschiebungen entsteht.

◆ Je mehr Wasser die Farbe enthält und je länger sie Zeit zum Trocknen hat (kühle Umgebung), desto ausgeprägter wird die Zackenbildung. Stark alkoholhaltige Farbe hingegen und vor allem Alkohol selbst trocknet mit einem scharfkantigeren Rand (Alkoholtechnik). Ebenso fällt er aus, wenn ein Farbauftrag sofort gefönt wird. Die Auswaschtechnik „spielt" ganz bewußt mit diesem Phänomen. Unterschiedliche Trocknungszeiten sind also immer eine Hauptursache für die Randbildung.

◆ Es gibt ein weitverbreitetes, oftmals beklagtes Problem vieler Seidenmaler: Wie bekommt man einen einheitlichen, randlosen Farbgrund, vor allem, wenn man nicht zügig malen kann? Das ist zum Beispiel dann nicht so einfach, wenn man etwa um kompliziert konturierte Formen herum malen muß, was ja nicht so schnell geht. In diesem Fall hilft die Zugabe eines speziellen Verdünners, was die vorzeitige Trocknung verzögert und die gleichmäßige Farbverteilung unterstützt.

◆ Manchmal wird auch empfohlen, die Seide vorher naß zu machen, um ein zu frühes Trocknen und damit unerwünschte Randbildungen zu vermeiden. Hier können aber trotzdem „Wolken" von Farbe entstehen, zum Teil verbunden mit einer Farbtrennung, und deswegen ist auch hier nicht notwendigerweise eine gleichmäßige Färbung garantiert. Zudem sollte bedacht werden, daß ein „Wässern" der Seide automatisch eine Aufhellung der anschließend aufgetragenen Farbe bewirkt.
(Literatur: 1, 2, 3)

Reservierung: Beispiele von E. Möller …

… und von Ursula Weiss-Rössner

ebenfalls bestrichen werden. Ein weiterer Nachteil kann der große Verbrauch des Fixiermittels sein, denn ihn darf man – vor allem, wenn man gern auf großen Flächen und dichten Seiden arbeitet – nicht unterschätzen. Reaktivfarben färben übrigens nicht nur Seide, sondern auch ·: Baumwolle.

reale Seide
·: Haspelseide

realistisch
Eine bildnerische Darstellungsweise, bei der versucht wird, das Gesehene möglichst naturgetreu wiederzugeben (·: naturalistischer Stil). Das wird zum Beispiel dadurch erreicht, daß man das Vorbild „übersetzt", etwa in die Seidenmalerei. Eine fotografische Genauigkeit ist sicher nicht unbedingt anzustreben, dennoch sollten einige Elemente – in verändertem Maßstab – nachvollzogen sein: Proportionen, Farbwerte, Helligkeitswerte, Komposition und so weiter.

Reibechtheit
·: Echtheiten

Reinigung, chemische
Zur ·: Pflege der Seide ist eine chemische Reinigung nicht erforderlich. Meistens genügt eine warme Wäsche von Hand. Bei starken oder fetthaltigen Verschmutzungen kann ein Stück aus Seide aber auch schon mal in die Reinigung gegeben werden. Außerdem ist eine chemische Reinigung angebracht: zum Entfernen von benzinlöslicher ·: Gutta und zum Entfernen von überschüssigem Wachs nach der Gestaltung in der ·: Wachstechnik.
In jedem Fall sollte es sich immer nur um ein einfaches Kleiderbad handeln, auf keinen Fall um eine Vollreinigung! Die Preise, die Reinigungen für ein Seidentuch verlangen, sind zum Teil sehr

unterschiedlich und betragen etwa zwischen 2 DM und 8 DM. Preisvergleiche lohnen also! Auch sollten Sie eine Reinigung zuerst einmal „antesten", denn hier kann es durchaus unliebsame Überraschungen geben. Lassen Sie also vorab ein Probestück reinigen.

Reinigungsbeständigkeit
Reinigungsbeständig sind im Prinzip alle Seidenmalfarben, wenn sie korrekt, das heißt entsprechend ihres ·: Farbmittels, fixiert worden sind. Weitere Materialien, mit denen man gearbeitet hat, sind nur dann reinigungsbeständig, wenn sie gegenüber Lösemitteln wie Waschbenzin, Terpentinersatz und so weiter beständig sind. Das ist im wesentlichen bei den Substanzen der Fall, die wasserlöslich sind, die also auf Wasserbasis hergestellt werden. Dazu zählen etwa ·: Verdicker für Farben, wasserlösliches ·: Konturenmittel, ·: Pigmentfarben, aber auch ·: Signierstifte und ·: Textilmalstifte, die im Prinzip nicht wasserlöslich sind. Unbeständig in der Reinigung und damit entfernbar sind hingegen ·: Wachs und ·: Gutta. Dementsprechend ist bei Metallic-Gutta auch mit der fast vollständigen Entfernung der Gold- oder Silberpigmente zu rechnen. Hat man mit diesen Mitteln gearbeitet, sollte eine chemische Reinigung unterbleiben. Oder man entscheidet sich von vornherein für wasserlösliche Konturenmittel in Metallicfarben, die nach dem Einbügeln beständig sind.

Reinigungspaste
Zur Reinigung der durch Seidenmalfarbe verschmutzten Hände werden im Handel spezielle Pasten von verschiedenen Herstellern angeboten. Sie sind sehr waschaktiv, zum Teil auch aggressiv, daher ist ein sparsamer Umgang mit ihnen empfehlenswert. So benötigt man oft nur eine kleine haselnußgroße Menge dieses Mittels, das durch gutes Verreiben und anschließendes Aufschäumen mit reichlich Wasser seine reinigende Wirkung erst richtig entfalten kann. Ein Zuviel an Waschpaste greift nur unnötig die Haut an, weshalb auch eine anschließende Pflege der Haut mit fetthaltiger Creme anzuraten ist.

Reservierung
Siehe „Stichwort …"

Rohseide
·: Seidenbast

rollierte Tücher
Im Handel für Seidenmalbedarf gibt es bereits fertig rollierte Tücher zu kaufen, also quadratische oder schalförmige Seiden verschiedenster Qualität, die schon mit einem von Hand genähten Rollsaum versehen sind (·: Saum). Sie ersparen eine Menge Arbeit und sind im Vergleich zu Meterware nur

Reservierung

◆ Dieser Begriff bedeutet in der Textiltechnologie: Ein Stoff wird an bestimmten Partien so präpariert, daß diese Stellen beim anschließenden Färbevorgang ausgespart werden – es entstehen sozusagen Negativmuster. Ob dieses Präparieren nun chemisch, also mit textilfremden Mitteln wie etwa Wachs (Batik) oder Stärkepaste geschieht, oder mechanisch durch Abbinden, Knoten und so weiter (Shibori), spielt dabei keine Rolle. Textilfremde Mittel werden zum Schluß wieder aus dem Stoff entfernt.

◆ In der Seidenmalerei ist die Reservierung von zentraler Bedeutung, denn immer dann, wenn zum Beispiel farbloses Konturenmittel (Gutta) aufgetragen wird, bevor man weitermalt, handelt es sich um dieses Verfahren. Weitere Möglichkeiten: Wachstechnik; Reservieren mit Verdicker, Stärkepaste, Speiseöl; Abbinden und Abnähen (Plangi, Tritik); bestimmte Plissiertechniken.

◆ Der Grund für Reservierungen: In der Seidenmalerei gibt es im Prinzip keine weiße Farbe zum Malen, denn das müßten sehr gut deckende, pastose Pigmentfarben sein, die den Stoff leider immer verhärten. (Bei Bügelfixierfarben hingegen kennt man Deck- und Mischweiß.) Möchte man dennoch eine weiße Fläche erzielen, muß man diese Stelle von vornherein aussparen, wozu sich Reservierungen gut eignen. Man dichtet also die Seide entweder flächig ab oder grenzt die zu erhaltende Partie mit einer trennenden Linie ein, falls klare Umrisse erwünscht sind.

◆ Auch farbige Flächen lassen sich reservieren, so daß der „letzte" Farbton erhalten bleibt. Diese Methode kann sogar in mehreren Stufen erfolgen, etwa bei der Schicht- und bei der Wachstechnik.

unwesentlich, oftmals gar nicht teurer (‹: Preis). Die Maße betragen für quadratische Tücher 90 x 90 cm, auch 110 x 110 cm oder 140 x 140 cm. Außerdem gibt es rollierte Schals in Längen zwischen 130 und 200 cm und Breiten zwischen 30 und 90 cm. Zum Befestigen dieser Ware auf dem

‹: Spannrahmen hat man mehrere Möglichkeiten, wobei man beachtet, daß die Stoffkante möglichst kaum auf dem Holz aufliegt:

1. Spannnadeln: Kleine Stecknadeln mit Plastikkopf. Die Nadeln werden direkt in den Rollsaum gesteckt und dann an den Holzleisten befestigt. Tip: Die Nadeln sollten etwas schräg nach außen zeigen, sonst rutscht das Seidentuch unter Umständen hoch, und die Nadeln lösen sich.

2. Spannkrallen: Wenn Sie diese verwenden möchten, benötigen Sie einen Rahmen, der größer ist als das Tuch (also zum Beispiel 120 cm Leistenlänge bei einem Tuch von 90 x 90 cm. Spannkrallen haben ein flexibles Gummi, welches an den Rahmenleisten befestigt wird. Die feinen Metallkrallen hakt man direkt am Rollsaum ein.

3. Dreizackstifte: Auch mit diesen kann man ein fertig rolliertes Tuch befestigen. Eine Zacke wird in den Rollsaum gesteckt, die beiden anderen in das Holz des Rahmens. Das Tuch darf dabei keinesfalls auf dem Holz aufliegen, sondern muß kurz davor enden – sonst gibt es Flecken in der Seide. Beim Trocknen eines rollierten Tuches kommt es häufig vor, daß sich entlang der Kante an allen vier Seiten unerwünschte Ränder bilden (‹: Randbildung). Sie entstehen, weil die Feuchtigkeit im Saum länger gehalten wird als im Stoff, sie trocknet verzögert nach. Dazu zwei Tips: Entweder tupft man den bemalten Saum mit Küchenkrepp ab, um die Feuchtigkeit zu reduzieren. Ober man trennt einen schmalen Rand mit Konturenmittel ab, so daß dieser Bereich völlig weiß bleibt. Welche Methode Sie auswählen, hängt von der Gestaltung des Tuches ab. Zum Beispiel sollte ein weißer Rand zur übrigen Gestaltung passen. Man kann durch diese Trennlinie aber auch Formen bilden, die im Einklang mit der übrigen Malerei stehen.

Rollsaum
‹: Saum

Rotmarderhaar
‹: Pinsel

Salz

In der Seidenmalerei verwendet man Salz, um die typischen und stark vom Zufall gesteuerten Strukturen zu erzeugen (⇨ Salzeffekttechnik) oder um eine ⇨ Salzgrundierung herzustellen. Auch wenn die Bezeichnung Effektsalz von im Fachhandel angebotenen Sorten vielleicht befürchten läßt, „normales" Salz sei für die Seidenmalerei weniger gut geeignet, ist dies nicht der Fall. Die einzige Eigenschaft, die für die gewünschte Salzreaktion verantwortlich ist, ist die stark wasseranziehende (hygroskopische) Eigenschaft des Salzes. Das ist dasselbe Phänomen, das man im Haushalt beobachten kann, wenn man Salz in feuchter Umgebung aufbewahrt: Es bildet sich ein Salzblock, weil die Salzkristalle die Feuchtigkeit angezogen haben und nun „zusammenkleben". Wenn man eine befriedigende Salzreaktion mit schönen Effekten erreichen möchte, sollte man

das Salz immer gut trocken aufbewahren. Andernfalls kann ein leichtes Antrocknen im Backofen direkt vor dem Einsatz des Salzes angebracht sein. Bäcker- oder Brezelsalz erzeugt genau wie Effektsalz grobe Strukturen. Küchen- oder Haushaltssalz ist feinkörniger und erzielt entsprechend feinere Effekte.

Salzeffekttechnik

Siehe „Stichwort ..." Seite 120

Salzgrundierung

Das Präparieren der Seide mit einer Salzlösung ist eine Methode, um das normale ⇨ Fließverhalten der Farben zu verändern. Die Salzgrundierung bietet im Gegensatz zu anderen ⇨ Grundierungen die Möglichkeit, einen unruhig strukturierten Untergrund herzustellen.

1. 250 g Kochsalz wird in einem Liter heißem Wasser aufgelöst. (Die Menge

kann auch insgesamt kleiner oder größer sein, doch das Verhältnis 1:4 sollte beibehalten sein.) Man rührt gut um und wartet, bis sich die Kristalle vollkommen aufgelöst haben. Die noch ungelösten Restbestandteile werden aus der gesättigten Lösung entfernt, indem man die Flüssigkeit zum Beispiel ganz einfach durch einen Kaffeefilter laufen läßt.

2. Wer die Seide gleich etwas einfärben möchte, gibt einfach etwas Farbe in die erkaltete Lösung.

3. Die Seide wird nun mit dieser Lösung, am besten mit einem dicken ⇨ Pinsel zügig und gleichmäßig bestrichen.

4. Während des Trocknens bilden sich nun allmählich wieder Salzkristalle. Die Größe dieser Körnchen hängt von der Trocknungszeit ab. Fönt man den Stoff, entstehen feinste und teinverteilte Kristalle, die beim Bemalen nur einen schwachen Struktureffekt bewirken.

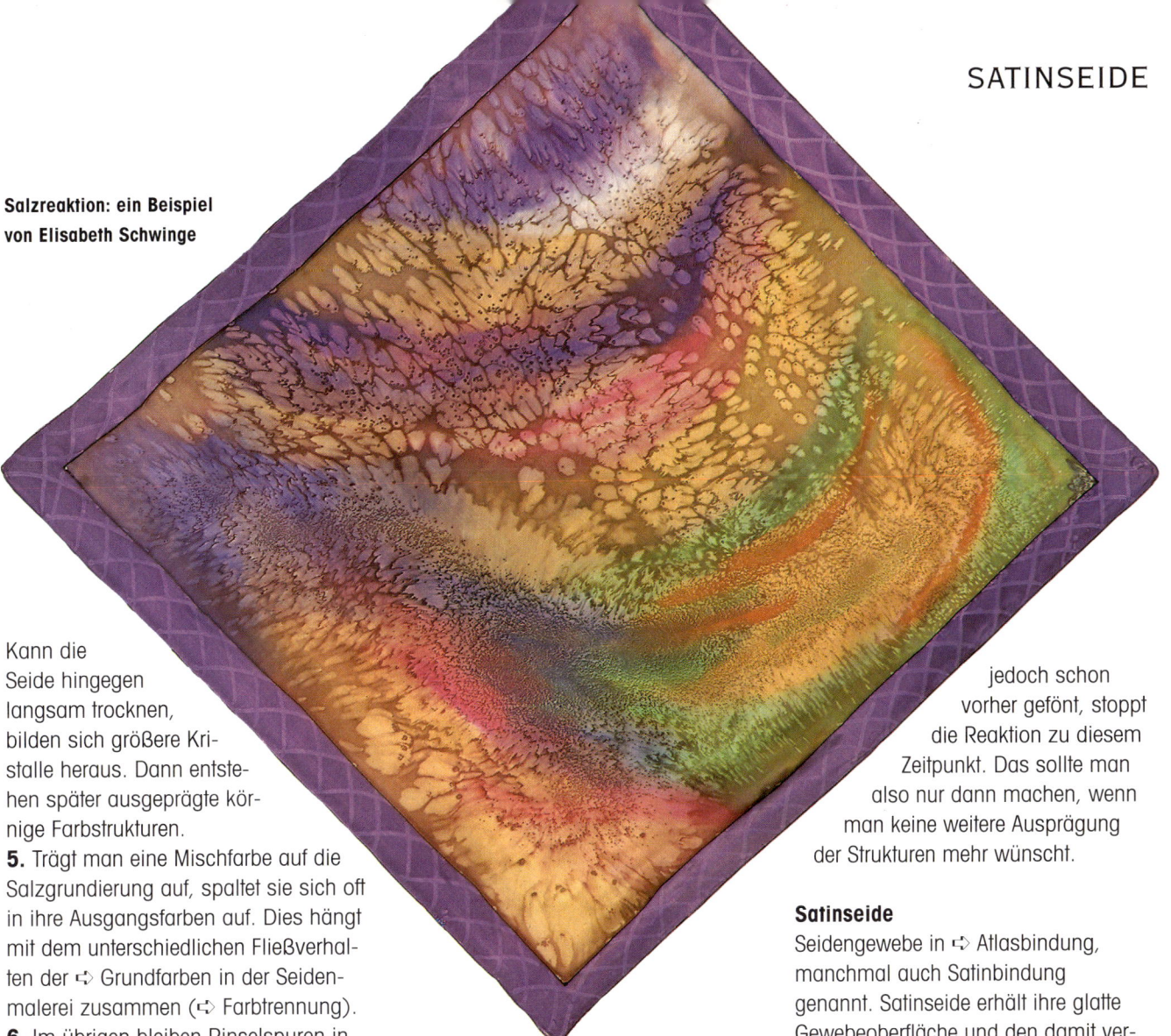

Salzreaktion: ein Beispiel von Elisabeth Schwinge

Kann die Seide hingegen langsam trocknen, bilden sich größere Kristalle heraus. Dann entstehen später ausgeprägte körnige Farbstrukturen.

5. Trägt man eine Mischfarbe auf die Salzgrundierung auf, spaltet sie sich oft in ihre Ausgangsfarben auf. Dies hängt mit dem unterschiedlichen Fließverhalten der ⇨ Grundfarben in der Seidenmalerei zusammen (⇨ Farbtrennung).

6. Im übrigen bleiben Pinselspuren in ihrer Form ziemlich gut erhalten. Das kann man bewußt für ⇨ Lasuren nutzen: Mehrere Farbstriche oder -flächen, jeweils nach gründlichem Zwischentrocknen und vielleicht etwas versetzt aufgetragen, erzeugen den Eindruck von Transparenz.

Salzreaktion

Die Salzreaktion in der ⇨ Salzeffekttechnik beruht allein auf der stark hygroskopischen (wasseranziehenden) Wirkung von Salzen. Auf die bemalte, noch recht feuchte Seide wird ein grobes Salzkorn gelegt. Was passiert nun? Das Salzkorn zieht die Feuchtigkeit und damit die Farbe aus der Seide nach und nach zu sich heran. Die Farbstoffe

oder die Pigmente (⇨ Farbmittel) lösen sich nicht vollständig wieder an, so daß sich zwar rings um das Salz eine kreisförmige Aufhellung zeigt, die aber oft noch von linearen „Schlieren" begleitet ist.

Pustet man nach dem vollständigen Trocknen das Salzkorn weg, ist an dessen Stelle ein dunkler Punkt sichtbar. Das ist die konzentrierte Farbe, die sich beim Anziehen nun dort gesammelt hat. Die Salzreaktion ist erst dann beendet, wenn die Seide vollkommen getrocknet ist. Man kann bis dahin die allmähliche Ausprägung des Effektes deutlich verfolgen. Wird die Seide

jedoch schon vorher gefönt, stoppt die Reaktion zu diesem Zeitpunkt. Das sollte man also nur dann machen, wenn man keine weitere Ausprägung der Strukturen mehr wünscht.

Satinseide

Seidengewebe in ⇨ Atlasbindung, manchmal auch Satinbindung genannt. Satinseide erhält ihre glatte Gewebeoberfläche und den damit verbundenen starken Glanz dadurch, daß die Bindungspunkte so verstreut und nur auf der Unterseite sichtbar verteilt liegen: Auf der Oberfläche sieht man daher die Fäden nur eines Systems (Kette oder Schuß) ganz dicht und parallel nebeneinanderliegen. Satinseide hat eine mittlere bis hohe Fadendichte, eine Voraussetzung für diese Art von Webbindung. Der damit erzeugte hohe Glanz macht diese Seide sehr edel und luxuriös und läßt die ⇨ Dampffixierfarben noch brillanter erscheinen. So kann ein Ockergelb auf einer Satinseide wie Gold schimmern, ein Grauton wie Silber und Braun wie Kupfer. Diese Seide hat auch eine linke Seite, die einem ⇨ Twill ähnelt. Verwandt ist

S

der •: Crêpe Satin: Hier ist die Unterseite stumpf.

Satinseide gibt es ab 40 g Stoffgewicht bis hin zu dem schweren Canton Satin, so benannt nach einer chinesischen Provinz. Satinseide ist sowohl zur Herstellung von Halstüchern geeignet als auch für Bekleidung, Heimtextilien und so weiter. Am besten bügelt man sie von links. Ein Nachteil der weichen Oberfläche: Sie ist nicht sehr reibecht (•: Echtheiten).

Satinstreifen-Chiffon
•: Chiffon-Satinstreifen-Seide

Saum
Umgelegter und festgenähter Rand bei Textilien. Hat man nicht ohnehin fertig •: rollierte Tücher für die Seidenmalerei verwendet, muß man möglicherweise noch für einen ordentlichen Abschlußrand sorgen, damit man das Werk entweder als Tuch tragen kann oder damit man einfach einen nicht fransenden Abschluß hat. Sie haben dazu mehrere Möglichkeiten:

1. Handrollierter Saum: Mit einer feinen Nadel und Seiden- oder Synthetikfaden

Saum: mit Staffierstichen

STICHWORT

Salzeffekttechnik

◆ Kaum eine andere Technik bietet vor allem Einsteigern die Möglichkeit, auf Anhieb ein effektvoll gestaltetes Seidentuch zu zaubern. Den Begriff Zaubern braucht man hier nicht wörtlich zu nehmen, denn es geht alles mit rechten Dingen zu. Wie Zauberei wird man es jedoch vielleicht empfinden, wenn man die Entstehung des Salzeffektes beobachtet, der auf der wasseranziehenden (hygroskopischen) Eigenschaft von Salz beruht. Die Salztechnik ist ganz einfach auszuführen, wenn Sie die folgenden Dinge beachten.

◆ Bevor man mit dem Malen beginnt, sollte das trockene Salz bereitstehen. Ist es nicht trocken genug (was aber für die Reaktion Voraussetzung ist), geben Sie es zuvor in den Backofen.

◆ Dann wird die Seide vielfarbig grundiert. Da die Salzreaktion Unregelmäßigkeiten „verwischt", ist es hier nicht wichtig, ob es sich um einen besonders gelungenen Farbauftrag, also ohne ungewollte Ränder, handelt. Genauso ist es möglich, die Seide einfarbig zu bemalen. Allerdings sollten Sie gemischte Farbe wählen, da hierbei eine interessante Farbtrennung für besonders schöne Zwischentöne sorgt.

◆ Nun wird auf die noch feuchte, aber nicht triefnasse Seide das Salz aufgebracht, entweder das feine Haushaltssalz oder grobkörniges Salz. Die Kunst liegt darin, nicht zu viel und nicht zu wenig zu verwenden, wobei hier die Spannbreite sehr weit ist. Das heißt, auch hier sind die Ausprägungsformen des Effektes derart vielgestaltig, daß kein festes Maß bestimmt werden kann. Die Bildung vieler kleiner Salzhäufchen sollte jedoch vermieden werden.

◆ Sehr wichtig ist, daß die Seide noch nicht zu trocken ist. Aber was tun, wenn man beim Farbauftrag etwas langsam gearbeitet hat und wenn der Seidenstoff größtenteils fast trocken ist? Man kann ihn mit der Blumenspritze nochmals anfeuchten oder mit den Fingern oder mit dem Pinsel Wasser auftropfen und erst danach das Salz auftragen.

◆ Besonders bizarr ausgeprägt wird der Salzeffekt, wenn die Seide langsam trocknet und wenn das Salz viel Zeit hat, um zu reagieren. Deswegen empfiehlt es sich, dabei in einem nicht zu warmen Raum zu arbeiten, sondern zum Beispiel im Keller. Auch eine Heizung in der Nähe oder die Sonne beim Malen im Freien wirkt sich in dieser Hinsicht nachteilig aus.

◆ Gefällt Ihnen ein „Zwischenstadium" des Effektes besonders gut, dann haben Sie die Möglichkeit, an dieser Stelle die Reaktion zu stoppen. In diesem Fall fönen Sie die Seide einfach vorzeitig trocken.

◆ Nach dem vollständigen Trocknen des Seidenstoffes und möglichst auch des Salzes entfernen Sie vor dem Fixieren die Körner. Grobes Salz kullert bei Schrägstellung des Rahmens einfach herunter, feines Salz muß unter Umständen leicht abgebürstet werden. Das Entfernen des Salzes ist sehr wichtig, da es (im Ausnahmefall) dem Seidengewebe schaden könnte.

◆ Bei Fixierung mit Dampf ist zu beachten, daß man sicherheitshalber zwei bis drei Lagen Papier zwischen die zu fixierenden Seidenstoffe legt. Denn durch den Salzeffekt ergeben sich starke Farbkonzentrationen, die abfärben könnten.

◆ Nach dem Fixieren sollte man die Seide bald waschen, am besten in warmem Wasser und mit etwas Feinwaschmittel. Gutes Ausspülen sorgt dafür, daß auch minimale Salzreste entfernt werden.

◆ Grobes Salz kann nochmals verwendet werden: Man trocknet es im Backofen etwas an und bewahrt es gut verschlossen auf. Bereits gebrauchtes Salz ist oft etwas farbig, was aber zum Teil für einen zusätzlichen interessanten Effekt sorgen kann. (Literatur: 1, 2, 3)

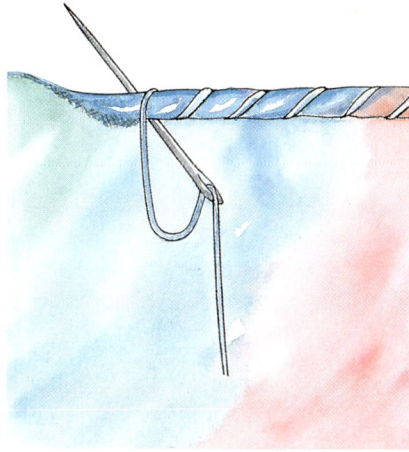

Saum: hier ein Rollsaum. Er läßt sich auch mit Staffierstichen nähen

wird die Kante leicht gerollt und mit einem kleinen Stich umstochen. Diese Arbeit erfordert Zeit und vor allem Übung, will man befriedigende Resultate erzielen. Noch schöner wird solch ein Rollsaum, wenn man den Staffierstich verwendet, der beinahe unsichtbar ist. Man „umwickelt" dabei die gerollte Kante nicht, sondern sticht nur ganz knapp in den Stoff ein.
2. Versäubern des Saumes mit einer Overlock-Maschine: Eine Alternative, die nur praktisch nicht für jeden durchführbar ist, da diese Maschinen sehr teuer sind und somit keine haushaltsüblichen Geräte wie eine normale Nähmaschine darstellen.
3. Besitzen Sie eine normale Nähmaschine, dann besteht folgende Möglichkeit des Umsäumens: Zuerst werden alle Kanten mindestens einen Zentimeter breit umgebügelt. Dann steppt man mit einem schmalen Zickzackstich in enger Stellung (fast Knopflochstich) an der Bruchkante entlang. Zum Schluß schneidet man mit einer spitzen Schere den überstehenden Rand ab.
4. Für breite Säume schlägt man den Stoff zweimal um, bügelt ihn und näht ihn – je nach Verwendungszweck – von Hand mit dem Staffierstich oder mit der Maschine fest.

S

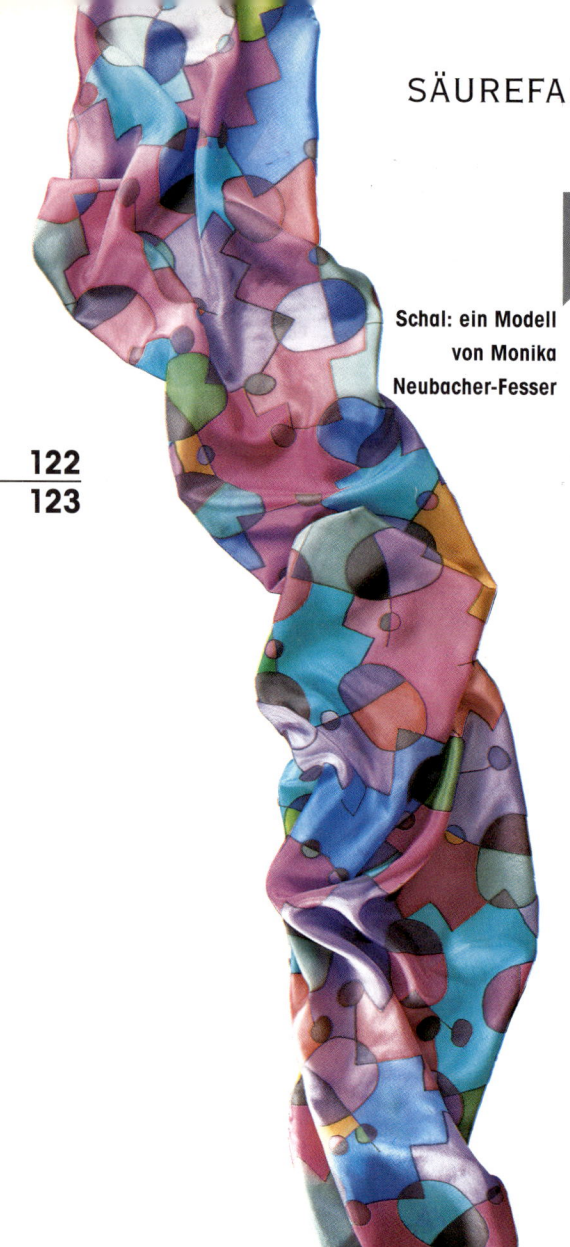

Schal: ein Modell von Monika Neubacher-Fesser

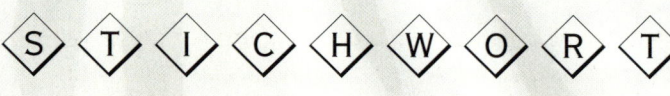

STICHWORT

Schabloniertechnik

◆ Mit Schablonen bezeichnet man zum einen Muster und Vorlagen, nach denen gleiche Stücke gefertigt werden; das kann ein bestimmtes Bild sein, das man immer wieder nachmalt, oder eine Vorlagezeichnung, die man immer wieder auf Seide durchzeichnet, um zum Beispiel mehrere ähnliche Tücher zu gestalten.

◆ Zum anderen können Schablonen ausgeschnittene Positiv- oder Negativformen sein, die man als Hilfe beim Auftragen von Farben oder Reservierungsmitteln verwendet, so daß man problemlos mehrere gleiche Formen erhält. Meistens verwendet man den Begriff im letztgenannten Sinn. Mit Schablonen lassen sich besonders gut flächendeckende Muster mit vielen Wiederholungen entwerfen (streng geordnet oder locker gestreut), aber auch Bordüren und freie Ornamente.

◆ Positiv- und Negativformen ergeben sich allein durch das Ausschneiden des „gemeinten" Motivs aus der Grundfläche. Was zuerst negativ wirkt, ergibt beim Farbauftrag einen Positiveffekt und umgekehrt.

◆ Als Schablonenmaterial eignet sich sowohl feste Pappe, sehr starke Folie, spezieller Schablonenkarton, auch Papier – das Material sollte danach ausgewählt werden, wie häufig man die Schablone nutzen möchte und für welche Technik. Papier weicht

---

Es sei noch bemerkt: Der Handel bietet fertig rollierte Seidentücher an, die im Vergleich mit der entsprechenden Meterware nur unwesentlich teurer sind (⇨ Preis der Seide). Allerdings ist man dann auf die angebotenen Maße und Stoffqualitäten festgelegt.

Säurefarben
⇨ Dampffixierfarben

Schablonenkarton
Spezieller stabiler Karton, der sich zur Herstellung von Formen für die

⇨ Schabloniertechnik besonders eignet. Er ist auf einer Seite mit einer dünnen selbstklebenden Schicht bestrichen, so daß die Schablonen stets flach auf dem Untergrund haften. Wäre das nicht der Fall, dringt Farbe unter die Kanten, die Konturen werden unscharf. Bis zu 25mal läßt sich solch eine Form wieder abziehen und neu aufkleben. Unbedingt nötig ist noch ein scharfes Messer (Schablonier-, Papiermesser, Cutter, Skalpell), das einen scharfen Schnitt ermöglicht und so für besonders perfekte Vorlagen sorgt.

Schabloniertechnik
Siehe „Stichwort …"

Schal
Ein langes, schmales Halstuch, das es für die Seidenmalerei fertig rolliert im Handel zu kaufen gibt, das man aber auch ganz nach eigenen Vorstellungen selbst aus Meterware zuschneiden kann.
Bedingt durch die Länge kann es Probleme beim Aufspannen des Stoffes geben. Entweder überlegt man sich eine Gestaltung, die man in mehreren

zum Beispiel schnell auf, wenn es oft mit Farbe in Berührung kommt. Pappe kann man zusätzlich mit Klebefolie verstärken. Fertige Kunststoffschablonen sind leicht unter Wasser zu reinigen. Spezieller Schablonenkarton ist mit einer feinen Klebeschicht versehen, so daß er gut auf dem Untergrund haftet. (Dieser Effekt läßt sich auch bei selbstgemachten Pappschablonen mit Sprühkleber nachvollziehen.) Auch Gegenstände aus Natur und Haushalt lassen sich verwenden, etwa Schlüssel, Siebe, Blätter, Tortenspitzen und so weiter.

◆ Hier nun einige Vorschläge für Schablonentechniken aller Art in Stichpunkten: Auftrag von verdickter Farbe – mit Schaumstoff- oder anderen Farbwalzen, mit gewöhnlichen oder vorn abgeflachten Stupspinseln; Aufsprühen von flüssiger Farbe – mit der Spritzpistole (Airbrush), mit Farbzerstäuber oder Fixativröhrchen (eventuell auf grundierter Seide); Auftrag von Reservierungsmitteln wie Wachs, Stärkepaste, Gutta; Einsatz von Schablonen in der Monotypie oder beim Siebdruck.

◆ Vor dem Schablonieren wird die Seide straff auf dem Spannrahmen befestigt; man kann ihn auch herumdrehen, so daß die Seide auf einer Unterlage liegt – das Vorgehen hängt von der eingesetzten Technik ab. Vorsicht ist stets geboten, wenn man eine Schablone entfernt: Man hebt sie nach oben ab und niemals seitlich. Beim Versetzen achtet man darauf, daß man keine anderen Stoffpartien verwischt. Nach dem Schablonieren wird die Seide wie üblich fixiert, eventuell von Reservierungsmitteln befreit und gewaschen.
(Literatur: 22, 29)

Schabloniertechnik: hier eine Reservierung mit Wachs (Elfriede Möller)

Schabloniertechnik: Airbrush, hier noch mit aufgelegten Schablonen (Brita Hansen)

Etappen verwirklicht – mit lästigem Umspannen zwischendurch –, oder man spannt die Stoffbahn zwischen zwei Tapezierböcken möglichst straff auf.

Schappeseide

Auch: Florettseide oder spun silk. Ein Kokon enthält nur etwa 300–1000 m des wertvollen „Endlosfadens", den man zur ⇨ Haspelseide (reale Seide) weiterverarbeitet. Die anderen, stark mit Seidenleim verklebten und teilweise zerstörten Fasern (etwa 70 bis 80 Pro-

Schattieren und Schichten: K. Huber und A. Eßer spielten mit beiden Verfahren

zent) können nur als kurze Stücke gewonnen werden, die man dann weiter verspinnt: Zu Schappeseide, wenn sie etwa 10–40 mm lang sind, zu Bouretteseide, wenn die Länge der einzelnen Fasern weniger als 10 mm beträgt.
(Literatur: 27)

Schattieren
Siehe „Stichwort ...“

Schichten
Die Methode des Schichtens (Überschichten; Schichttechnik) meint vor allem das Übereinanderlegen mehrerer

Schattieren

◆ Beim Schattieren verändert man allmählich eine Farbe innerhalb einer Fläche, man spricht auch vom Farbverlauf oder von Farbübergängen. Diese Veränderung kann sowohl die Helligkeit betreffen (zum Beispiel wird aus Rot ein Rosa), die Intensität (aus leuchtendem Rot wird ein trübes Rot) als auch den Farbton (aus Rot wird Orangerot). Es können auch mehrere Faktoren gleichzeitig geändert werden, ebenso kann das Schattieren einen größeren Bereich betreffen, wobei gleich eine ganze Reihe von Nuancen auftritt, etwa in der Palette des bunten Regenbogens.

◆ In der Textiltechnologie kennt man noch die Bezeichnungen Ombré und Dégradé. Damit werden streifenförmige, rhythmische Schattierungen beschrieben: Beim Ombré schwellen sie weich an, etwa von Hell nach Dunkel, und schwellen ebenso weich wieder ab, und das in stetigen Wiederholungen; beim Dégradé hingegen brechen die Übergänge plötzlich hart ab, um dann erneut weich anzuschwellen und so weiter – hier entstehen harte Zwischenstufen.

◆ Schattierungen sind in der Seidenmalerei sehr beliebt, denn sie kommen dem Charakter der Seide und der Farben mit ihren besonderen Fließeigenschaften sehr entgegen. Auch ergeben sich solche Farbübergänge manchmal durch die Art der gewählten Technik von allein, etwa beim Naß-in-Naß-Malen (Aquarellieren). Sehr geeignet sind solche Farbverläufe auch als erste nuancenreiche Grundierung, auf der man dann in beliebigen Techniken weiter gestaltet. Auf jeden Fall strahlen solche Fonds immer sehr viel Leben und Leichtigkeit aus – im Gegensatz zu ganz einfarbig bemalten Flächen.

◆ Das Schattieren kann ganz verschieden vor sich gehen. Eine ganz unmittelbare Methode ist folgende: Man streicht zunächst

Wasser auf die Seide, spannt sie nach und setzt verschiedene Farben mit etwas Abstand auf, die nun auseinanderfließen, sich mit den anderen Tönen treffen und im Gewebe Mischungen erzeugen. Man hilft nach, indem man die Abstände ganz bewußt enger oder weiter wählt und indem man mit dem Pinsel die Übergänge „verreibt", eventuell mit zusätzlichem Wasserauftrag ineinander „wäscht". Das Wasser verhindert, daß alles zu schnell trocknet, wodurch sich Flecken und Ränder bilden würden. Allerdings hellt es auch alle Farben pastellartig auf.

◆ Eine weitere Möglichkeit, Farbübergänge zu schaffen, bietet das vorherige Anmischen von Zwischentönen, das genaue Planen des Verlaufs. Soll sich etwa eine (größere) Fläche von Rot über Violett zu Blau verändern, stellt man nicht nur diese beiden Ausgangsfarben bereit, sondern mischt außerdem weitere Zwischentöne, also etwa Rotviolett, Violett, Blauviolett in mehreren Gefäßen an. Man setzt dann die Farben nicht – wie oben beschrieben – gegeneinander, sondern malt hier beispielsweise aus der roten Fläche allmählich heraus und immer weiter in eine Richtung, wobei man nach und nach die vorher angesetzten Mischfarben zur Ausgangsfarbe hinzufügt.

◆ Manchmal versteht man unter Schattieren auch das Bearbeiten kleiner Partien mit Hilfe von Wattestäbchen: Man hellt die Bemalung etwas auf, indem man einen Teil der Farbe wieder aufsaugt, etwa bei ornamentalen oder floralen Motiven, wenn man bei Blatt- und Blütenformen Plastizität erzeugen möchte.

◆ Für welches Verfahren man sich entscheidet, hängt sicher von den jeweiligen Gestaltungsabsichten ab, auch von der Flächengröße und ob man ganz gleichmäßige Übergänge oder solche mit eher zufälligen, oft aufgehellten Zwischenzonen wünscht. Auf jeden Fall ist das Herstellen schöner Schattierungen eine Sache von Übung und Geschicklichkeit. Wie gut diese harmonisch wirkenden, zart-weichen Übergänge gelingen, hängt aber auch von der Seidenart ab: Dünne Stoffe machen weniger Probleme als sehr dichte Sorten oder solche, die aus gesponnenen Fäden bestehen (Bourette, Wildseide).

Farbebenen. Da es sich bei Seidenmalfarben nicht um Deckfarben mit großen ⚬ Pigmenten, sondern um durchscheinende Produkte handelt, ergibt sich im Gewebe ein Mischton, sozusagen eine natürliche optische Verbindung zwischen beiden Ausgangsfarben (⚬ Farben mischen). Dieser harmonisierende Effekt macht das Schichten so reizvoll. Da aber manche Mischungen möglicherweise wenig sinnvoll sind, ist ein kalkulierter Aufbau der Gestaltung wichtig. Zum einen sollte bedacht werden, daß ⚬ Komplementärfarben Braun-Grau-Töne ergeben. Man sollte zum anderen immer mit der hellsten Farbschicht beginnen und dann dunkler werden; erst als letzte Ebene sollte dann zum Beispiel Schwarz aufgetragen werden.

Das Schichten kann sehr viele Techniken bereichern, etwa das freie Gestalten in der ⚬ Aquarelltechnik, das Setzen von ⚬ Lasuren (vor allem auf einer Grundierung), die ⚬ Konturentechnik sowie ⚬ Reservierungen, etwa die ⚬ Wachstechnik. Die traditionelle ⚬ Batik arbeitet übrigens ebenfalls genau mit diesem Verfahren. Da beim Übereinandermalen – wenn es nicht zügig geschieht – „Wolken" entstehen können, wäre auch eine ⚬ Zwischenfixierung denkbar; doch ist dieser Aufwand sicher nicht immer gerechtfertigt. (Literatur: 1, 2, 3)

Schlämmkreide
Schlämmkreide ist eine feinstgemahlene Kreide, die durch Schlämmen gereinigt wurde. Sie dient als Füllmittel und Pigment in Malerfarben sowie als Poliermittel (zum Beispiel in Zahnpasta). In der Seidenmalerei kann man sie als ⚬ Verdicker für Farben oder als ⚬ Reservierung einsetzen.
Man rührt dieses Pulver mit Wasser oder mit Farbe zu einer Paste an, even-

tuell zusammen mit etwas Verdicker, je nach Verwendungszweck. Schlämmkreide bewirkt eine leichte Aufhellung der Farbe.
(Literatur: 14)

Schmuck

Schmuck aus Seide – dieser Bereich ist noch längst nicht ausgeschöpft. Denn das Beziehen vorgefertigter Platinen (Broschen beziehen) ist nur eine Möglichkeit der Schmuckgestaltung. Weitere Anregungen: Ketten aus Seidenschnüren, plissierte Seide als Halsoder Armreif, Haarbänder, Geflochtenes, rundgehäkelte Schnüre, Formgürtel (Beziehen von Schabrackenvlies) und so weiter.

Schmuck: einige Modelle von Elfriede Möller

Schneidern

◆ Die Seidenmalerei ist nicht zuletzt deshalb so beliebt, weil man die angefertigten Produkte im Alltag so vielfältig verwenden kann. Ein besonders reizvolles Thema für viele Seidenmaler stellt deswegen die Mode dar. Jeder, der Spaß am Entwerfen oder auch nur Spaß an individueller Kleidung hat, wird hier ein breites Betätigungsfeld finden. Hier nun einige nützliche Tips und Ideen zu diesem Thema.

◆ Das Nähen von Seide ist weniger kompliziert, als man glauben möchte. Abgesehen von sehr dünnen Stoffen wie Pongé 5 oder 6 oder zarter Gaze lassen sich die meisten etwas dichter gewebten Stoffe ab 40 g Stoffgewicht sehr gut nähen. Geeignet sind vor allem: Alle dickeren Pongéseiden, Crêpe de Chine, Crêpe Satin, Doupionseiden, Taffeta. Hingegen sind Twill und vor allem Satin sehr rutschig.

◆ Die Menge des benötigten Stoffes, der sogenannte Stoffverbrauch, ist in erster Linie vom Schnitt des Modells abhängig. Als grobe Faustregel für normale Schnitte gelten folgende Empfehlungen, zunächst bezogen auf eine Stoffbreite von 90 cm. Die Angaben in Klammern beziehen sich auf eine Breite von 140 cm.
Kleid: 3,5–4 m (2,5–3,5 m)
Bluse: 2,5 m (1,5 m)
Rock: 1,5–2 m (1,3–1,5 m)
Hose: 2,5 m (1,5 m)
Wichtig: Immer eine Zugabe von 10–15 Prozent Stoffmenge dazurechnen, denn Seide läuft ein.

◆ Grundsätzlich gilt: Zuerst den Seidenstoff vollständig bemalen, fixieren und danach waschen, damit er vor dem Zuschneiden einlaufen kann. Ein Übertragen des Schnittes auf den Seidenstoff vor dem Malen empfiehlt sich normalerweise nicht, es sei denn zur besseren Orientierung bei Motiven, die an einer ganz bestimmten Stelle plaziert werden sollen. In solch einem Fall wäre es auch sinnvoll, die Seide schon vor dem Bemalen zu waschen.

◆ Beim Zuschneiden sollte eine ausreichend große Arbeitsfläche zur Verfügung stehen (eventuell der Fußboden), so daß die Seide sehr glatt ausgebreitet und die Schnitteile sorgfältig aufgelegt werden können (Stoff vorher gut bügeln!). Schon kleine Unregelmäßigkeiten von wenigen Millimetern können die Paßgenauigkeit eines Modells unter Umständen schon erheblich beeinträchtigen.

◆ Der weitere Materialbedarf stellt keine besonderen Ansprüche. Eine einfache Nutzstichmaschine mit Zickzackstich reicht im Prinzip für die Verarbeitung von Seide vollkommen aus. Die wichtigste Voraussetzung ist eine Nähmaschinennadel Nr. 60. Das ist die feinste Nadelstärke, die es für Nähmaschinen gibt, sie eignet sich hervorragend zum Nähen von Seide. Normale Nähseide oder Synthetikgarn in Stärke 50 oder 60 (möglichst keine Baumwolle!) gibt es in einer breiten Farbpalette im Handel. Ansonsten sind als weitere übliche Nähzutaten zu nennen: Stecknadeln, Stoffschere, Maßband, Schneiderkreide, kleine spitze Schere oder Pfeiltrenner und sonstige für das spezielle Modell erforderlichen Kurzwaren.

◆ Beim Nähen ist der alte Schneidergrundsatz zu beachten: Gut gebügelt ist halb genäht! Für Seide gilt das besonders. Deshalb sollten alle Nähte immer sofort von links ausgebügelt werden, bevor Sie mit der nächsten beginnen.

◆ Achten Sie gerade bei den für Seidenmodelle eher schlichten Schnitten und wegen des feinen Materials auf eine saubere Verarbeitung mit Belegen oder Verstärkungen durch Bügeleinlagen.

◆ Eine gute Hilfe beim Nähen der dünneren Seidenstoffe ist das Unterlegen von Papier, welches man nach dem Zusammensteppen der beiden Teile wieder entfernt. Der feine Stoff wird dadurch besser transportiert.
(Literatur: 8)

Schneidern
Siehe „Stichwort ..."

Schnitt
⇨ Mode, ⇨ Schneidern

Schraubpen
⇨ Aufsatzdüse

Schrift
Um einen Seidenstoff oder ein Tuch mit Schrift jeglicher Art zu versehen, einer kurzen Signatur, einem Namenszug oder sogar einer komplett geschriebenen Abfolge von Wörtern (⇨ Kalligraphie), gibt es mehrere Möglichkeiten. Hier nur einige als Anregung:
1. Schreiben mit Stiften: ⇨ Textilmalstifte und ⇨ Signierstifte ähneln im Aussehen und in der Anwendung normalen Filzstiften und sind wasch- sowie reinigungsbeständig.
2. Ein ⇨ Plastikfläschchen kann mit ⇨ Konturenmitteln verschiedenster Art gefüllt werden und zum Schreiben verwendet werden.
3. Mit der ⇨ Fotokopiertechnik können vor allem auch relativ großflächige Schriftabfolgen oder komplizierte Schriftmuster auf die Seide übertragen werden. Damit sie nicht spiegelverkehrt erscheinen, sollte man im Kopiergeschäft das Motiv zuerst auf eine Folie übertragen und es dann spiegelverkehrt kopieren (beraten lassen).
4. Verschiedene Grundierungsarten (⇨ Grundierung) beschichten den Seidenstoff so, daß die flüssige Seidenmalfarbe am unkontrollierten Weiterfließen gehindert wird. Der Pinselstrich, und damit auch ein Schriftzug, bleibt dann in seinem Charakter erhalten.
5. Mit einem ⇨ Verdicker kann die flüssige Seidenmalfarbe angerührt und in ihrem Fließverhalten so verändert werden, daß man mit ihr frei auf der Seide schreiben kann.

S

Schußfaden
⚬ Bindung

Schwämmchen
⚬ Pinsel

Schweißechtheit
⚬ Echtheiten

Seide
⚬ Seidenfaser

Seidenband
Aufgerollte Streifen aus Seidenstoff, etwa 8 mm breit und 45 m lang, geeignet zum Stricken, Häkeln und so weiter. Die Rollen werden eingefärbt (mit ⚬ Dampffixierfarben; ⚬ Pipette), einzeln verpackt fixiert und erst zum Weiterverarbeiten abgewickelt. Eine andere Möglichkeit: Mit ungefärbtem Band stricken oder häkeln, dann erst die Fläche aquarellartig bemalen.

Seidenbast
Die Rohseide, die der Kokon liefert, ist zunächst mehr oder weniger hart und glanzlos. An ihr haftet noch der Seidenbast, auch Seidenleim genannt, aus dem die ⚬ Seidenfaser zu etwa 22 Prozent besteht. Die Substanz heißt Sericin (auch Serecin). Die Seidenraupe (⚬ Seidenraupenzucht) verbindet beim Spinnen stets zwei Fäden mit Hilfe dieses Drüsensekretes zu einem „Endlosfaden".
Der Seidenbast muß vor der Weiterverarbeitung entfernt werden, damit die geschätzten Eigenschaften der Seidenfaser wie ⚬ Glanz und Geschmeidigkeit zum Tragen kommen. Diesen Vorgang nennt man Entbasten, Degummieren oder Abkochen. Die Entbastung, bei dem der Seidenstoff mit Seifenlauge abgekocht wird, ist gleichzeitig eine Bleiche, da die dem Bast anhaftenden Farbstoffe mit entfernt werden.

Man kann drei Stufen unterscheiden: Ecru-Seide nennt man die nicht entbastete, glanzlose Rohseide mit hartem Bast. Als Souple-Seide bezeichnet man die nur teilweise degummierte Seide mit weichem Bast. Erst die Cuite-Seide ist vollkommen entbastet. Sie hat dadurch bis zu 30 Prozent ihres Gewichtes und bis zu 20 Prozent an Festigkeit verloren (⚬ Beschweren). Die Cuite-Seide ist die eigentlich relevante Sorte für die Seidenmalerei.
(Literatur: 27)

Seidenexport
⚬ Seidenproduktion

Seidenfaser
Siehe „Stichwort ..."; ⚬ Eigenschaften der Seidenfaser

Seidenfilz
Nicht gewebter Faserverband aus losen Seidenfasern, der mit einem geringen Wollanteil im Sandwichverfahren (Seide-Wolle-Seide) zu einem Stoff zusammengefilzt wurde. Mit einer neuentwickelten Technik gelang es mit Hilfe der leicht zu verfilzenden Wolle zum ersten Mal, solche Flächen herzustellen. Die Seide selbst ist für dieses Verfahren zu glatt, weshalb sie allein nicht dazu verwendet werden kann. Das wichtigste bei der Herstellung sind Wärme, Feuchtigkeit und Bewegung (Druck und Reibung), dazu kommt Lauge. Der Seidenfilz kann bemalt werden und wird meistens zu Kleidung weiterverarbeitet. Allerdings sind nicht alle Maltechniken gleichermaßen geeignet. Wer selbst filzen möchte, kann die dazu benötigte Seidenwatte über Spezialgeschäfte beziehen.
(Literatur: 18)

Seidengewinnung
⚬ Seidenraupenzucht

Seidenfilz: ein Schal von Elfriede Möller

Seidenindustrie
⚬ Seidenproduktion

Seidenjacquard
Ein in sich gemusterter (einfarbiger) Stoff, nach dem Seidenweber Joseph Marie Jacquard (1752–1834) benannt, der 1805 die nach ihm benannte Jacquardmaschine erfand. Die Neuerung betrifft eine Vorrichtung an Webstühlen, die, durch Lochkarten gesteuert, die Hebung und Senkung einzelner Kettfäden (⚬ Bindung) automatisierte. Dadurch konnten nun ganz gezielt einige Kettfäden übersprungen werden, je nach gewünschtem Muster. Mal sieht man mehr Kett-, mal mehr Schußfäden über „größere Strecken" parallel auf der Oberfläche des Stoffes verlaufen. Es ergeben sich kleine Motive, die je nach Lichteinfall glänzen oder dunkel wirken. Auf der linken Seite erscheint alles gegengleich, wie ein Positiv-Negativ-Effekt. Es lassen sich die vielfältigsten Musterungen gestalten, von antiken Brokatmustern bis zu moderner Graffiti-Optik. In Geschäften für Seidenmalbedarf gibt es eine große Auswahl.
Manchmal wir für Jacquardseide die Bezeichnung Faconné verwendet. Natürlich läßt sich auch vielfarbig weben, zahlreiche Möbelbezugsstoffe oder luxuriöse Damaste werden so hergestellt.
(Literatur: 27)

Seidenjersey
Elastischer Seidenstoff, auch Trikotstoff genannt. Meistens wird er als Schlauchware angeboten. Das Rohmaterial ist ⚬ Maulbeerseide. Seidenjersey

STICHWORT

Seidenfaser

◆ Die Seidenfaser ist eine Naturfaser mit unübertroffenen Eigenschaften, das betrifft sowohl den Tragekomfort bei Seidenkleidung als auch ihre Eignung als Malgrund für die Malerei.

◆ Die Entstehung der Seidenfaser erfolgt bei der Seidenraupe in einem „Trockenspinnverfahren": Die aus den Drüsen der Tiere ausgedrückte Spinnlösung erstarrt an der Luft zum festen Faden. Durch achterförmige Bewegungen spinnt sich die Raupe bis zur völligen Einhüllung ein: Der Seidenkokon ist entstanden. Von diesem Kokon wird der Seidenfaden nun abgehaspelt.

◆ Der Rohseidenfaden besteht zu 76 Prozent aus dem Fibroin, einem Eiweißkörper mit vieleckigem Querschnitt – der eigentlichen Seidensubstanz –, und zu 22 Prozent aus dem Seidenbast, auch Seidenleim oder Sericin genannt. Die letzten zwei Prozent sind Fette, Wachse oder Harze, auch Farbstoffe und mineralische Substanzen. Der vieleckige Querschnitt ist die Ursache für den starken Glanz der Seide sowie für den typischen „Seidenschrei". Der Faserquerschnitt von Wildseiden ist dagegen keilförmig.

◆ Naturseide stellt die erste endlose Faser dar, die der Mensch überhaupt in die Hand bekam und die ihm als Vorbild zur Herstellung aller endlosen Chemiefasern diente. Diese Endlosfaser (international: Filament) wird auch Haspelseide genannt. Die Faseranteile eines Kokons, die nicht an „einem Stück" abgehaspelt werden können (was auch bei Wildseide der Fall ist), werden weiterversponnen zu etwas gröberen, aber dennoch wertvollen Garnen und Zwirnen.
(Literatur: 27)

Meistens muß die Farbe auch mehrmals auf die gleiche Stelle aufgetragen werden, damit der Stoff vollkommen durchtränkt ist.
2. Die starke Elastizität ist beim Aufspannen zu berücksichtigen. Der Rahmen sollte eine ausreichende Größe haben, denn Jersey muß man später nachspannen, da er sich bei Nässe stark dehnt. Außerdem ist beim Aufspannen große Sorgfalt geboten, damit es nicht zu Laufmaschen kommt.
3. Fertigware, die sich nicht auf einem Spannrahmen befestigen läßt, legt man auf eine Folie. Hier sind dann allerdings nicht sehr differenzierte Maltechniken anzuwenden.

Seidenband: gehäkelte Ketten von Elfriede Möller

Seidenkokon
᛬ Kokon

Seidenleim
᛬ Seidenbast

Seidenmalbatik
᛬ Wachstechnik

Seidenmalerei
Eine Malerei, die auf Naturseide ausgeführt wird, in der Regel mit speziellen Seidenmalfarben (᛬ Farbmittel). Die Beliebtheit des Materials mit seinen zahlreichen Einsatzmöglichkeiten

---

wird nicht gewebt, sondern der feine Seidenfaden wird gestrickt (gewirkt) – der Grund für die hohe Elastizität dieses Stoffes. Aufgrund seiner Dehnbarkeit wird er vor allem zu T-Shirts, Kleidern oder zu Unterwäsche, Leggins und Radlerhosen verarbeitet. Auch Strümpfe und Handschuhe gibt es im Handel für die Seidenmalerei.

Die Bemalung eines solchen Seidenstoffes ist nicht so unkompliziert, wie sich das bei einem glatten, wenig dehnbaren Stoff gestaltet. Man sollte einige Punkte beachten:
1. Diese Seide schluckt viel Farbe, deshalb ist darauf zu achten, daß man eine ausreichende Menge des gewünschten Tons bereitstehen hat.

(⇨ Bild, ⇨ Mode, ⇨ Heimtextilien) hat der Seidenmalerei in den letzten Jahren zu einem ungeheuren Aufschwung verholfen. Sie bietet der ⇨ Kreativität stets neue Nahrung, was sich unter anderem darin zeigt, wie die ⇨ klassischen Techniken durch immer neue und ⇨ experimentelle Techniken bereichert oder gar ersetzt werden (⇨ Geschichte der Seidenmalerei).

Doch die anregende Wirkung kommt auch in dem Ideenreichtum des Handels zum Ausdruck, der durch immer neue Produkte (Seidenstoffe und sofort bemalbare Fertigwaren, Farben, Pinsel, Hilfsmittel aller Art, Bücher, Zeitschriften und so weiter) den Bedarf an speziellen Produkten erkannt hat und gleichzeitig neue Wünsche zu wecken weiß. Die Besonderheit des Malgrundes und das typische ⇨ Fließverhalten der Farben lassen die Seidenmalerei zu einer stets neuen Herausforderung für Hobbymaler, für Kunsthandwerker und Profikünstler gleichermaßen werden.

Seidenmalfarben
⇨ Farbmittel

Seidenpflege
⇨ Pflege der Seide

Seidenproduktion
Siehe „Stichwort …"

Seidenraupenzucht
Die Heimat der Seidenraupenzucht ist Ostasien. Der Maulbeerspinner (lateinisch Bombyx mori), der wichtigste Seidenspinner, kann gezüchtet werden und ist somit als Haustier anzusehen – im Gegensatz zum Eichenspinner und zum Tussahspinner, dessen Kokons die ⇨ Wildseide liefern.
Die Seidenraupe stellt ein Entwicklungsstadium des Seidenspinners dar, eines Schmetterlings, der nach seinem

STICHWORT

Seidenproduktion

◆ Die Produktion des Naturmaterials Seide ist vor allem auf die Länder beschränkt, deren klimatische Verhältnisse die Seidenraupenzucht zumindest begünstigen. Daneben spielen auch noch die Produktionskosten und die wirtschaftliche Entwicklung des Landes eine Rolle, will es sich als Heimat der Seidenproduktion und vor allem als Exporteur von Seide behaupten. So besitzt China die führende Rolle als Hauptproduzent und Exporteur von Rohseide. China bestreitet 90 Prozent des Weltexports an Seide und deckt 70 Prozent der gesamten Weltproduktion. Die staatliche Monopolhandelsgesellschaft „China National Silk Cooperation" (C.N.S.C.) kontrolliert die verschiedenen Seidenverarbeitungsfabriken im Land und beeinflußt die Geschehnisse auf dem gesamten Weltmarkt.

◆ Die Gründe für die führende Stellung Chinas sind vor allem in der geringen Industrialisierung des Landes zu sehen. Die Aufzucht der Seidenraupen erfordert viel Personal und kann nur wenig rationalisiert werden. Die Lohnkosten dürfen deshalb nicht hoch sein, damit billig produziert werden kann. Außerdem ist der Grad der Umweltverschmutzung nicht sehr fortgeschritten, und die Nah-

Seidenraupenzucht: Ein weiblicher Seiden-
spinner bei der Eiablage

Ausschlüpfen nur etwa zwei bis drei Tage lebt, 300–500 Eier legt, keine Nahrung aufnimmt und dann stirbt. Die Seidenraupen leben in der Natur auf dem Maulbeerbaum, dessen Blätter die Nahrung für die äußerst gefräßigen Raupen abgeben. Für die Zucht und Seidenproduktion werden die aus Eiern erbrüteten Raupen des Maulbeerspinners in gleichmäßig temperierten Häusern in Zuchtkästen gehalten und auf durchlöchertem Papier mit frischen Blättern des Maulbeerbaumes gefüttert, zum Teil angereichert mit Sojabohnen und Getreidestärke. In etwa 35 Tagen ist eine Raupe dann auf etwa neun Zentimeter angewachsen und beginnt

rungsgrundlage der Seidenraupen, die Maulbeerbäume, sind dadurch geschützt.

◆ Der Vergleich zu Japan macht die Bedeutung dieser Faktoren sehr deutlich. 1952 war Japan mit etwa 61 Prozent des Rohseidenaufkommens noch Hauptproduzent und -exporteur. Durch die Entwicklung zum Industrieland nahm die Umweltverschmutzung stark zu, und den Seidenraupen wurde immer mehr ihre Nahrungsgrundlage entzogen.

Die personalintensive Aufzucht der Seidenraupen ist, trotz zunehmender Rationalisierungsmaßnahmen, noch immer eine sehr teure Angelegenheit. So ist Japan heute nur mit knapp 20 Prozent an der Weltproduktion von Rohseide beteiligt, und die Prognose ist weiter rückläufig. Ein Grund für die sinkende Exportquote ist zudem der Bedarf im eigenen Land.

◆ Indien spielt als Exporteur von Seidenstoffen eine untergeordnete Rolle. Die Seidenproduktion deckt vor allem den Eigenbedarf, und als Exportware sind vor allem die handgewebten Seiden wie zum Beispiel die indische Doupion zu erwähnen. Die Seidenproduktion in Indien unterliegt nicht der staatlichen Kontrolle wie in China, sondern sie liegt in privatwirtschaftlicher Hand.

◆ Frankreich, Rußland und Italien produzieren zwar auch Seide, aber in geringem Ausmaß, vor allem kaum erwähnenswert als konkurrenzfähige Exportware auf dem Weltmarkt.
(Literatur: 19)

nun mit der Einhüllung in den ⇨ Kokon, um sich dort über das Zwischenstadium der Puppe zu einem Schmetterling zu entwickeln.

Um sich den Kokon zu spinnen, produziert die Raupe die Seidensubstanz (Fibroin), drückt sie durch ihre Spinndrüsen nach außen, gibt mit anderen Drüsen noch den sogenannten ⇨ Seidenbast hinzu, während sie sich durch achterförmige Bewegungen ihres aufgerichteten Oberkörpers einspinnt. Sobald die Spinnflüssigkeit an die Luft kommt, erstarrt sie, so daß eine von außen nach innen gebaute, stabile Hülle entsteht – der Seidenkokon. Damit dieser Kokon durch das Aus-

schlüpfen des Schmetterlings nicht beschädigt wird, tötet man die Tiere, die nicht für die Zucht gebraucht werden, durch Heißluft ab.

Der Seidenkokon wird dann zur Weiterverarbeitung abgewickelt und zu ⇨ Haspelseide verarbeitet. Die nicht abhaspelbaren kurzen Fäden des Kokons werden zu ⇨ Schappeseide oder ⇨ Bouretteseide versponnen. Tiere, die man zur Zucht braucht, läßt man bis zum Ausschlüpfen weiterreifen. Sie werden zum Seidenspinner, dem Schmetterling, der nun Hunderte von Eiern legt, aus denen wiederum Seidenraupen hervorgehen.
(Literatur: 27)

Seidenreste verwerten

Reste von bemalten Seidenstoffen fallen immer wieder mal an, besonders beim ⇨ Schneidern. Oft sind sie einfach zu schön, um sie achtlos wegzuwerfen; außerdem gibt es sehr gute Verwendungsmöglichkeiten.

So lassen sich zum Beispiel kleine und große Geschenke und Kostbarkeiten anfertigen, etwa Glückwunschkarten (⇨ Passepartout), Krawattennadeln, man kann ⇨ Broschen beziehen, Haarbänder, kleine Täschchen und Beutel anfertigen.

Einfache Notizbücher lassen sich mit etwas Geschick und Sprühkleber zu luxuriösen Tagebüchern umgestalten: Man überzieht den Einband mit Schaumstoff, zieht Seide darüber, schlägt sie nach innen mindestens um zwei bis drei Zentimeter ein und klebt die erste und letzte Seide des Buches dagegen. Ganz ähnlich lassen sich kleine Kästchen oder Dosen gestalten. Eine andere Idee: Man hebt alle Seidenreste über Jahre auf und näht sie schließlich zu einer eindrucksvollen Patchworkdecke zusammen. Da das Ausgangsmaterial sehr nuancenreich sein dürfte, reicht es, wenn die Formen der Patchworkteile lediglich aus Quadraten bestehen. Das Hauptaugenmerk sollte auf einer interessanten Farbkomposition liegen.

Seidenschrei

Knirschender ⇨ Griff (auch Craquant genannt) der Seide, der an Betreten von frisch gefallenem Schnee erinnert. Die Ursache ist der vieleckige Querschnitt der Seidenfaser. Durch den Vorgang des ⇨ Beschwerens und auch durch Färben verliert die Naturseide den Seidenschrei. Durch das Avivieren, eine Nachbehandlung mit verdünnter Säure, erhält sie ihn wieder zurück. Früher war dieses Verfahren vor allem

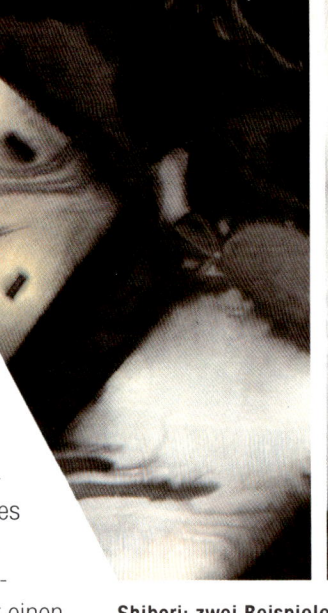

Shibori: zwei Beispiele von Karin Huber

üblich, um mit dem knirschenden Griff das Luxuriöse der Seide und ihre Echtheit zu betonen. (Literatur: 27)

Seidensignet
Vom Europäischen Sekretariat für Seide in Lyon herausgegebenes und international anerkanntes Zeichen, welches für reine Seide bürgt. Es hat die Form eines verschlungenen S und symbolisiert einen ⊙ Seidenkokon. Seidenstoffe und Kleidung, die dieses Zeichen aufweisen, bestehen aus 100 Prozent reiner Seide, Soie, Silk oder Seta. Das Signet hat somit eine vergleichbare Funktion wie das internationale Gütesiegel von Schurwolle (Wollsiegel).

Seidenspinner
⊙ Seidenraupenzucht

Seidenstoff
Siehe Tabelle auf Seite 188

Seidenstraße
Im 2. Jahrhundert v. Chr. eine der berühmtesten Handelsrouten jener Zeit, die den Beginn eines gewaltigen Handels mit dem kostbaren Naturstoff Seide setzte. Sie verlief von China ausgehend über Persien bis nach Tyros und über den Seeweg nach Rom (⊙ Geschichte der Seidenherstellung).

Sericin
⊙ Seidenbast

Shantungseide
Bezeichnung für Stoffe aus ⊙ Wildseide, die sich durch deutliche Garnunregelmäßigkeiten in Kette und Schuß auszeichnen (⊙ Tussahseide). Ursprünglich chinesisches Rohseidengewebe, benannt nach einer Provinz.

Shibori
Die Bezeichnung ist vom japanischen Verb „shiboru" abgeleitet, das mit „wringen, auspressen, pressen" übersetzt werden kann. Mit Shibori bezeichnet man auch eine spezielle Gruppe reservegefärbter Textilien (⊙ Reservierung); die Manipulation erfolgt ohne textilfremde Hilfsmittel und unterscheidet sich damit von Batiktechniken und Reservedruckverfahren mit Modeln (⊙ Batik, ⊙ Wachstechnik). Denn durch beispielsweise Wachs- oder auch Konturenmittelaufträge (⊙ Gutta) erzeugt man scharfe Konturen, im Gegensatz zu Shibori-Techniken mit weich verlaufenden, leicht verschwommenen Konturen.
Shibori kann im Prinzip als Oberbegriff zu Techniken wie ⊙ Plangi (Abbinden) und ⊙ Tritik (Abnähen) verstanden werden.
Shibori hat eine weite Verbreitung und war vor allem in den frühen Kulturen in Japan, Indien, Indonesien, Afrika, Lateinamerika und Europa bekannt. In China vermutet man die Ursprünge der Shibori-Technik. Mit dieser alten Tradition des Musterns ist auch eine metaphysische Bedeutung des Färbens verbunden: Als alchimistischer Prozeß, der die Beziehung des Menschen zu

den geheimen Kräften der Natur durch die Umwandlung der rein stofflichen Produkte in Farbe und Form symbolisiert. Die magische Wirkung, die von Shibori-Stoffen ausgeht, ist nicht zuletzt dadurch verursacht, daß man sich auf die durch Material und Spezifik des Färbens entstehenden Zufälligkeiten einlassen muß, was vom Färber eine fast meditativ-geistige Einstellung erfordert. Die starke Kraft des Zufalls, die in einer Art Eigenleben eine „Beherrschung" der Technik durch den Handwerker fast ausschließt, kann wahrhaftig als „Magie stofflicher Verwandlung" bezeichnet werden. Hier ist der Färber viel mehr virtuoser Künstler und Komponist als Techniker. Hierin unterscheidet sich Shibori auch von den Techniken des Stoffdrucks oder der Batik, in denen der Kunsthandwerker das Material als Medium für seine eigene Formensprache verwendet.
In der modernen Mode sind Shibori-Stoffe vor allem mit Namen wie Issey Miyake und Paco Rabanne verbunden. Mit Seide können alle Shibori-Techniken sehr schön ausgeführt werden. Der fließende Farbverlauf und die nuancierten Farbtöne ermöglichen wunderschöne Stoffmusterungen. Ob abgebunden (Plangi), genäht (Tritik) oder gefältelt und geschnürt (⊙ Plissiertechnik mit anschließendem Glattbügeln): Die so geschaffenen Muster zeigen gezielt gesteuerte und zufällig entstandene, geheimnisvolle Wirkungen mit weichen Übergängen.

Siebdruck
Der Siebdruck ist ein einfaches Flachdruckverfahren und im Grunde ein Schablonierprozeß (⊙ Schabloniertechnik). Er hat eine lange Tradition, und in der Mitte des 19. Jahrhunderts

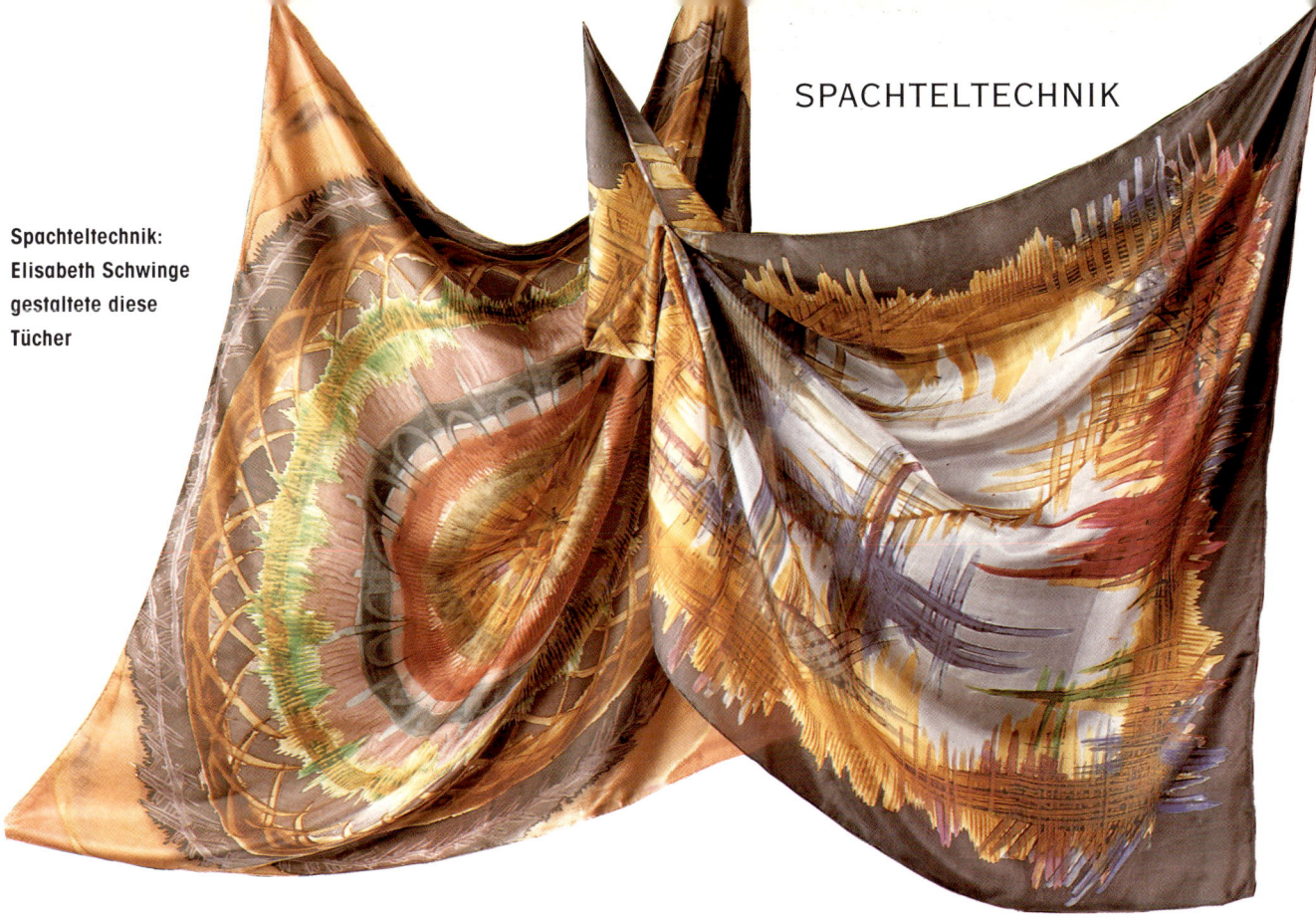

**Spachteltechnik:
Elisabeth Schwinge
gestaltete diese
Tücher**

begann man mit der Ersetzung des Git-
ters, des Siebes, durch Seide. Heute
stellt der industrielle Siebdruck einen
hochmechanisierten Prozeß dar.
Der Druckvorgang geht, vereinfacht
dargestellt, folgendermaßen vor sich:
Ein einfaches Gitter (Sieb, Netz) mit
einem Rahmen außen herum liegt auf
der Fläche, die bedruckt werden soll.
Wenn man nun Farbe daraufgibt und
mit einer sogenannten Rakel über das
Gitter zieht, wird sie gleichmäßig verteilt und auf die zu bedruckende Fläche
durchgepreßt. Wenn man jedoch eine
bestimmte Form drucken und nicht das
ganze Feld einfärben möchte, deckt
man die Partien, die keine Farbe durch-
lassen sollen, vorher mit speziellen
Lacken oder mit Wachs ab (‹⁣› Reservierung). Für mehrfarbige Drucke benötigt man auch mehrere Gitter. Im
Gegensatz zur ‹⁣› Monotypie sind hier
Vervielfältigungen möglich.
Möchte man diese Technik in der Seidenmalerei anwenden, muß vor allem

auf die richtige Konsistenz der Druck-
farbe geachtet werden. Entweder arbeitet man mit ‹⁣› Stoffmalfarben, oder man
verrührt die Seidenmalfarbe mit ‹⁣› Verdicker. Auch hier muß für mehrfarbige
Drucke für jede Farbe ein eigenes Gitter
angefertigt werden.
Der Siebdruck ermöglicht es, auf sehr
schnelle und saubere Art komplexe Formen mehrfach auf den Stoff zu drucken
– besser, als wenn man lose Schablonen verwendet (‹⁣› Schabloniertechnik).
Die Möglichkeiten dieses Verfahrens
sind in der Seidenmalerei noch nicht
richtig entdeckt worden, doch dürfte der
Siebdruck gerade auch in Verbindung
mit anderen Maltechniken zu ganz
eigenwilligen Ergebnissen führen.

Signatur
‹⁣› Schrift

Signierstift
Wasch- und reinigungsbeständiger
Stift, der in verschiedenen Farben,

meist aber in schwarz, speziell für die
Seidenmalerei angeboten wird. Mit ihm
kann ein Seidentuch mit Namen oder
Signet versehen werden. Darüber hinaus kann man mit solchen Stiften auch
feinere Linienzeichnungen auf Seide
ausführen, sowohl auf fixierter als auch
auf unfixierter.

Simultankontrast
‹⁣› Farbkontraste

Siruptechnik
‹⁣› Zuckersiruptechnik

Souple-Seide
‹⁣› Seidenbast

Spachteltechnik
Ein Verfahren, bei dem die Farbe nicht
mit dem Pinsel aufgetragen wird, sondern mit einem Spachtel, dessen Bewe-
gungsspuren später sichtbar bleiben
sollen. Voraussetzung für die Durch-

S

führung dieser Technik: Die Farbe muß pastos sein. Mit dem ⇨ Verdicker rührt man die normalen Seidenmalfarben zu etwa gleichen Anteilen an und erhält damit eine zähflüssige ⇨ Konsistenz. Mit einem flachen und glatten Arbeitsgerät wird die Farbmasse auf die Seide gegeben und kann mit ihm verteilt, „verschmiert" oder auf andere Weise bewegt werden. Als Arbeitsgerät ist sowohl ein richtiger Maurerspachtel geeignet als auch ein Messerrücken, eine kleine Holzleiste, ein Stück feste Pappe oder ähnliches.

Die Konsistenz der verdickten Farbe kann auch variiert werden. Setzt man sie relativ dickflüssig an, bildet die „gespachtelte" Masse nach dem Trocknen auf der Seide eine gute ⇨ Reservierung gegenüber der flüssigen Farbe, mit der man weitermalen kann.

Sobald die Malerei getrocknet ist, fühlen sich die verdickten Farben noch hart an; die Seide knistert bisweilen wie Papier. Doch nach dem ⇨ Fixieren und Waschen (⇨ Pflege der Seide) ist sie wieder geschmeidig.

Spannelemente
⇨ Befestigungselemente

Spannadeln
Auch Pinnadeln genannt. ⇨ Befestigungselemente, die vor allem zum Aufspannen von ⇨ rollierten Tüchern gebraucht werden. Diese feinen Nadeln besitzen meist einen eingefärbten kleinen Plastikkopf. Mit ihrer feinen Nadelspitze lassen sie sich gut durch den Rollsaum und in den ⇨ Spannrahmen stechen (⇨ Aufspannen des Seidenstoffes).

Spannkrallen
Spezielle ⇨ Befestigungselemente, mit denen man Seide auf dem ⇨ Spannrahmen fixiert. Besonders geeignet für

STICHWORT

Spannrahmen

◆ Der Spannrahmen gehört zu den wichtigsten Materialien in der Seidenmalerei (sofern man nicht in der Plattentechnik arbeitet). Die Seide wird sehr straff darauf befestigt, so daß sie nirgendwo den Untergrund berührt, bevor man mit dem Malen beginnt.

◆ Wenn man komfortabel und praktisch arbeiten möchte, lohnt sich ein genauer Vergleich der verschiedenen Systeme, die im Handel mittlerweile angeboten werden. Die Anschaffung eines guten Rahmens kann dringend empfohlen werden.

◆ Die meisten Rahmen bestehen aus weichem Holz, in welches sich alle Befestigungselemente gut einstecken lassen. Auch gibt es Metallrahmen, dreh- und kippbare Rahmen auf Ständern, Leisten mit eingearbeiteten Korkstreifen für noch leichteres Einstecken der Befestigungselemente und so weiter. Am häufigsten werden jedoch einfache Holzrahmen verwendet. Man kann hierbei im wesentlichen zwischen zwei Systemen unterscheiden: Steckrahmen und stufenlos verstellbarer Rahmen.

◆ Steckrahmen bestehen aus vier Leisten (100–150 cm), die in regelmäßigem Abstand mit Einkerbungen versehen sind, so daß sie in bestimmten Rastern in der Größe verstellbar sind (auch als Batikrahmen im Handel). Sie sind relativ preisgünstig und werden deshalb vor allem von Einsteigern gern verwendet. Ihr Nachteil ist jedoch der eingeschränkte Einsatz vor allem bei rollierten Tüchern. Da die Abstände der Einkerbungen bis zu 5 cm betragen, passen die bereits rollierten Tücher in den seltensten Fällen maßgenau auf diese Rahmen. (Sie dürfen ja nicht auf dem Rahmen aufliegen, will man den Rand nicht weiß lassen.) Ein weiterer Nachteil: Wenn die Seide naß wird, hängt sie sich durch und sollte zum besseren Arbeiten nachgespannt werden. Beim Steckrahmen müssen nun alle Dreizackstifte oder Nadeln gelöst werden, um die Seide zu straffen.

◆ Tips, um die Nachteile der Steckrahmen zu umgehen: Verwenden Sie Spannkrallen mit Gummibändern, und stellen Sie den Rahmen entsprechend größer ein. Man kann auch ca. 5 cm lange Baumwollbänder in Abständen zwischen 5 cm und 10 cm mit Stecknadeln knappkantig am Rollsaum befestigen, die anderen Bandenden werden mit den üblichen Dreizackstiften am Rahmen fixiert.

◆ Bei den stufenlos verstellbaren Rahmen lassen sich wiederum im wesentlichen zwei Systeme unterscheiden. Die einfache Ausführung besteht aus vier schmalen Leisten, wobei zwei von ihnen jeweils parallel über die beiden anderen gelegt werden. Die Oberseiten aller vier Hölzer liegen dadurch nicht auf einer Ebene, es ergibt sich an zwei Seiten eine Stufe. Die Seide läßt sich also nicht sehr gleichmäßig aufspannen, was um so gravierender ausfällt, je kleiner das Seidenstück ist.

◆ Als am sinnvollsten für die Praxis hat sich deshalb das andere System der stufenlos verstellbaren Rahmen bewährt. Alle vier Leisten besitzen seitlich lange Schlitze und an einem Ende eine Schraubvorrichtung. So können die vier Teile aneinandergefügt und bequem verschoben werden; außerdem liegt die Seide rundherum stets auf einer Ebene. Wenn die Leisten zudem hoch genug sind (mindestens 6 cm), kann der Stoff auch kaum bis zur Unterlage durchhängen, wenn er sich durch die Nässe dehnt. Es gibt solche Rahmenleisten meistens in den Längen 50, 100, 120, 150 und 200 cm, die natürlich auch untereinander kombinierbar sind.

◆ Die Leistenoberseiten werden vor dem ersten Gebrauch mit ca. 5 cm breitem abwaschbarem (Paket-)Klebeband abgeklebt. Dadurch wird verhindert, daß das Holz die flüssige Farbe aufsaugt und später wieder an die Seide abgibt. Das Klebeband kann nach Beendigung einer Arbeit einfach mit einem feuchten Lappen abgewischt werden. Ist es irgendwann durch die Befestigungselemente sehr zerstochen, erneuert man es einfach.

◆ Bei häufigem Gebrauch des Spannrahmens wird nach einiger Zeit die Holzoberfläche durch die Befestigungselemente ziemlich beschädigt sein. Die Stifte oder Nadeln lassen sich dann nicht mehr so gut wie gewohnt einstechen, das Holz gibt keinen Halt mehr. In diesem Fall können Sie zunächst das Klebeband erneuern, doch vielleicht ist auch eine „Rundumerneuerung" angebracht. Besorgen Sie sich für diese Arbeit im Baumarkt sogenannten Feinspachtel. Mit ihm lassen sich Haarrisse, kleine Löcher und feinere Unebenheiten in der Oberfläche ausgleichen. Mit einem feinen Spachtel trägt man die Masse auf.
(Literatur: 1, 2, 3)

⟳ rollierte Tücher, die nicht auf den Rahmenleisten aufliegen sollen. Die Spannkrallen zeichnen sich durch feine Häkchen und durch Gummibänder aus, die immer für eine gute Spannung der Seide sorgen und den Stoff mit genügend Spielraum zum Rahmen frei „schweben" lassen (⟳ Aufspannen des Seidenstoffes).

Spannrahmen
Siehe „Stichwort …"

Spannrahmen selber bauen
Man kann einen ⟳ Spannrahmen für die Seidenmalerei mit etwas Geschick mühelos selbst bauen, in einfacher oder in komfortabelster Ausführung. Ein handwerklich geschulter Mensch wird sogar nach der Vorlage eines industriell gefertigten Rahmens mit einigem Zubehör aus dem Bau- und Hobbyhandel sofort eine stufenlos verstellbare Variante schreinern können. Aber auch die einfache Ausführung eines Rahmens kann fast jeder mit Holzleim und Schraubzwingen selbst herstellen. Wichtig ist, daß man ein einigermaßen weiches Holz verwendet.
In der Praxis hat sich jedoch bisweilen gezeigt, daß der Selbstbau nicht notwendigerweise mit einer Kostenersparnis einhergeht, denn wenn man den Zeitaufwand mitrechnet, schneiden die käuflichen Produkte doch recht günstig ab.
Für kleinere Stücke und zum allerersten Ausprobieren kann die Seide auch einfach über einen stabilen Karton, eine Weinkiste aus Holz oder über ähnliches aufgespannt werden.

Speiseöl
Eine Möglichkeit der ⟳ Reservierung eines Seidenstoffes: Mit einem mit Speiseöl getränkten Pinsel lassen sich Muster, Linien, Punkte und so weiter

auftragen. Die Stellen nehmen dann keine Farbe mehr an.

Dieses Verfahren eignet sich in erster Linie für Experimente und besondere Effekte, da keine harten Abgrenzungen erzielt werden wie mit ⠘ Wachs oder ⠘ Konturenmittel, sondern weiche, schattige Ränder.

spezifisches Gewicht
⠘ Eigenschaften der Seidenfaser

Spiritus
⠘ Alkohol

Spritzflasche
⠘ Plastikfläschchen

Spritztechnik

Eine Methode, um Farbe oder auch Reservierungsmittel aufzutragen, etwa ⠘ Gutta oder ⠘ Wachs. Je nach Verfahren entstehen feinste Sprühnebel oder grobe Spritzer oder Kleckse auf dem Untergrund.

Am feinsten läßt sich mit der Spritzpistole arbeiten (⠘ Airbrush). Profi-Grafiker und Künstler stellen damit feinnuancierte Farbübergänge her, um sehr realitätsnahe Darstellungen zu schaffen. Doch auch ohne solch ein eher aufwendiges Gerät ist in der Seidenmalerei die Spritztechnik anwendbar. Für ein paar Mark kann man beispielsweise sogenannte Farbzerstäuber oder Fixativ-

röhrchen in jedem Hobby- oder Künstlerbedarfsgeschäft erwerben. Das ist ein speziell geformtes Röhrchen aus Metall, das man in einen Becher mit Farbe stellt. In eine Öffnung des Röhrchens bläst man hinein, so daß die Farbe durch den Druck nach oben gepreßt und dann auf die Seide gesprüht wird. Auch leere Pumpzerstäuber, eine Blumenspritze, eine alte Zahnbürste – all diese Dinge kann man für die Spritztechnik gebrauchen. Möchte man diese Technik mit flüssigen Seidenmalfarben ausüben, so gibt es folgendes zu beachten:

1. Die Seide muß zuerst mit einer ⠘ Grundierung vorbehandelt werden, möchte man die Spritzer als solche in ihrer Form erhalten. Es empfiehlt sich eine ⠘ Gutta-Benzin-Grundierung oder eine Grundierung mit stark verdünntem ⠘ Verdicker. Ohne diese Vorbehandlung der Seide fließen die feinen Farbtröpfchen unkontrolliert ineinander, und es bildet sich eine geschlossene Farbfläche. Man kann übrigens sowohl die unbemalte als auch eine farbig grundierte Seide präparieren.

2. Bevor eine zweite und weitere Farbschichten gespritzt werden, muß die vorangegangene vollkommen trocken sein. Andernfalls würden die Farbtröpfchen fleckig ineinanderlaufen (naß in naß), und der typische Effekt wäre nicht gewährleistet.

3. Es bedarf einer gewissen Übung, um zum Beispiel mit einem Fixativröhrchen einen relativ feinen Sprühnebel zu erzielen. Was Sie auch verwenden: Am besten üben Sie vorher auf Papier, wie man den gewünschten Effekt erreichen kann.

4. Oft wird die Spritztechnik in einem Atemzug mit der ⠘ Schabloniertechnik oder als gleichbedeutend mit ihr genannt. Das ist nicht korrekt, da die Schabloniertechnik nur ein spezielles

Spritztechnik: in Kombination mit anderen Verfahren (Ursula Weiss-Rössner)

Einsatzgebiet der Spritztechnik darstellt. Beide Verfahren können im übrigen völlig unabhängig voneinander ausgeführt werden. Dennoch hier ein paar Anregungen für das Sprühen mit Schablonen: Man fertigt sich eine Schablone an, aus Pappe, ⊙ Schablonenkarton, Tortenspitzen, Blättern oder sonstigem Material. Die Schablone wird auf die Seide gelegt, besser noch mit etwas Sprühkleber benetzt und angedrückt, bevor man mit dem Sprühen beginnt. Durch Verschieben der Schablone, nochmaliges Übersprühen oder auch durch Verwendung von Teilschablonen hat man unendlich viele Gestaltungsmöglichkeiten.
(Literatur: 7)

Sprühkleber

Der Sprühkleber ist ein vielseitiges Hilfsmittel in der Seidenmalerei. Immer wenn es darum geht, den Seidenstoff auf einer Unterlage sauber und knitterfrei aufzubringen, leistet er gute Dienste: Man kann damit ⊙ Broschen beziehen, kleine ⊙ Bildmotive hinter ⊙ Passepartouts befestigen, große ⊙ Bilder aufziehen und so weiter. Sein feiner Sprühnebel ermöglicht ein sauberes Arbeiten; der Seidenstoff kann, falls es nötig ist, noch gut abgezogen werden, etwa wenn man Luftblasen aus der Fläche herausstreichen möchte. Es sollte immer in einem Abstand von etwa 30 cm gesprüht werden. Die heute auf dem Markt üblichen Sprühkleber sind in der Regel FCKW-frei.

spun silk
⊙ Schappeseide

Stärkepaste

Früher und vereinzelt auch heute noch werden in Afrika, Indien und Indonesien Pasten aus Reismehl und anderen Zutaten zur ⊙ Reservierung von Stoffen

verwendet. Für bestimmte Effekte und experimentelles Arbeiten bietet diese Substanz auch für die Seidenmalerei eine interessante Möglichkeit.
Zur Herstellung der Paste kann einfaches Mehl verwendet werden, deswegen wird auch manchmal von Mehlkleister gesprochen. Man verrührt zwei Eßlöffel Mehl mit einem halben Teelöffel Speisestärke und etwa einer viertel Tasse Wasser, bis keine Klumpen mehr vorhanden sind. Im Wasserbad wird dieser Brei so lange erhitzt und gerührt, bis die Paste transparent und dicklich ist. Danach kann sie beispielsweise mit einem Löffel, einem Spachtel oder mit einem Pinsel auf die Seide aufgetragen

Stilisieren: drei Beispiele von Monika Neubacher-Fesser

werden. Dann wird die übrige Fläche mit Farbe ausgemalt. Nach dem Trocknen und vor dem Fixieren sollte die getrocknete Stärkepaste soweit wie möglich ausgebürstet werden. Nach dem Fixieren der Malerei wäscht man den Stoff in kaltem Wasser.

Stempelbatik

Die traditionelle Stempelbatik stammt aus Java, wo vor allem mit dem Tjap gearbeitet wurde. Tjap bedeutet Stempel oder Abdruck. Der Tjap ist aus Kupfer und wird in das heiße ⊙ Wachs getaucht. Man bedruckt damit Stoffe, die an diesen Stellen nun gegen weitere Farbe geschützt sind, beim Überfärben entstehen Muster (⊙ Reservieren). Nach diesem Vorbild kann auch in der Seidenmalerei eine Stempelbatik ausgeführt werden. Den originalen Tjap kann man durch andere Materialien ersetzen: Metallbecher, Korken, Schwämmchen, zerknüllten Stoff und vieles mehr. Wichtig ist, daß das Wachs nicht schon am Stempel erhärtet, man muß also zügig arbeiten.
(Literatur: 20, 21)

Steppjacken
⊙ Wattieren

Stilisieren

Begriff aus der Gestaltungslehre: Er beschreibt den Vorgang, wenn etwa natürliche Formen in dekorativer Absicht vereinfacht oder verändert werden, um ihre Grundstruktur sichtbar zu machen. So wird zum Beispiel ein Tier oder eine Pflanze nur in ihrem Umriß statt mit allen Details dargestellt. Man läßt also alle Unregelmäßigkeiten und solche optischen Informationen weg, die man, bezogen auf die momentane Gestaltungsabsicht, für überflüssig hält. Beim Betrachter wird dann nur noch die entsprechende assoziative Verbin-

S

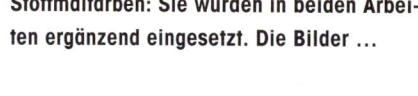

Stoffmalfarben: Sie wurden in beiden Arbeiten ergänzend eingesetzt. Die Bilder …

dung zum Original hervorgerufen, er wird sofort durch die typische Form oder durch charakteristische Kontraste erkennen, um was es sich handelt. Man kann eine Stilisierung auch bis zur völligen Abstraktion des Originalmotives übertreiben. Dann bleibt zwar kein Erkennungsmerkmal übrig, wohl aber eine gestaltete Form. In der Seidenmalerei trifft man sehr häufig auf stilisierte Motive, denn Seide wird gern für dekorative Zwecke verwendet. Sehr beliebt sind Pflanzenmotive (⇨ florale Gestaltung), die im ⇨ Jugendstil und im ⇨ barocken Stil vorkommen.

Stilrichtung
Siehe „Stichwort …"

… stammen von Ursula Weiss-Rössner

Stoffgewicht
1. Das Stoffgewicht kann in Gramm pro Meter Seidenstoff angegeben werden, bezogen auf eine Webbreite von 90 cm. Die ⇨ Dichte eines Seidengewebes wirkt sich hier ebenso auf das Stoffgewicht aus wie die Drehung der verwebten Seidenfäden (⇨ Filieren). Ist diese sehr hoch, kann das Stoffgewicht einer Seide trotz gering wirkender Dichte höher sein. Beispiel: Der transparente ⇨ Georgette ist mit 40 g/m genauso schwer wie Pongé 10, obwohl der Stoff dichter aussieht.
2. Da der Hauptexporteur von Rohseide China ist, wird das Gewicht der Seidenstoffe manchmal auch in Momme angegeben. Momme ist eine asiatische

Maßeinheit, und eine Momme (Abkürzung m/m) entspricht etwa 4 g bei einer Stoffbreite von ca. 90 cm. Die Zahl, die oft bei Pongéseide wie auch bei Crêpe de Chine oder Crêpe Satin angegeben ist, bezieht sich auf die Maßeinheit Momme.
Beispiel: Crêpe de Chine 14 hat 14 m/m. 14 mal 4 g ergibt 64 g Stoffgewicht. Ist das Gewebe jedoch 140 cm breit, muß der erhaltene Faktor nochmals mit 1,5 multipliziert werden, bei 115 cm Webbreite mit 1,25.

Stoffmalfarben
Stoffmalfarben enthalten als ⇨ Farbmittel ⇨ Pigmente, die jede Art von textiler Faser einfärben können. Sie sind sehr lichtecht, reinigungsbeständig, waschmaschinenfest, nicht giftig und wurden auf Wasserbasis hergestellt. Sie sind von dicklicher ⇨ Konsistenz und fließen nicht. Sie „beschichten" sozusagen den Stoff an der Oberfläche, die Haltbarkeit dieser Färbung ist sehr stark. (Flecken aus Kleidung sind nicht mehr zu entfernen!) Durch ihr Bindemittel versteifen sie die Seide, weshalb man sie nur sparsam einsetzt.

Stricken
⇨ Seidenband

Struktur
⇨ Komposition und Struktur

Struktureffekte
⇨ Materialdruck

Stupftechnik
⇨ Schabloniertechnik

Sublimatstift
⇨ Phantomstift

subtraktive Mischung
⇨ Farbmischung, subtraktiv

S T I C H W O R T

Stilrichtung

◆ Mit einer Stilrichtung bezeichnet man die Gesamtheit von heraustretenden und klar zu fassenden Eigenschaften im Werk eines Künstlers oder einer Epoche. Der Stil beschreibt die charakteristischen Ausdrucks- und Darstellungsweisen. Aufgrund der großen Anwendungsbreite der Seidenmalerei treten hier die verschiedensten Gestaltungsabsichten zutage, die Stile sind entsprechend vielseitig – so wie die ausübenden Künstler oder Hobbymaler, die oft (noch) keinen eigenen Stil gefunden haben. Hier ein Versuch, ein wenig Ordnung in die Stilrichtungen der Seidenmalerei zu bringen, als grobe und sicher noch sehr unvollständige Auflistung.

◆ Anleihen bei bestimmten Epochen, von denen man sich anregen läßt, etwa durch den Jugendstil, Barock, die Klassik.

◆ An bestimmten Kulturen orientierte Malerei wie Ethno-Muster, afrikanische, indonesische, orientalische Formensprachen.

◆ Vorliebe für bestimmte Themen: florale, kalligraphische, gegenständliche, naturalistische, geometrische Darstellungen zum Beispiel.

◆ Die Art und Weise der Darstellung, also etwa abstrakte oder realistische, starre oder dynamische Malereien.

◆ Die verschiedenen Möglichkeiten des Farbauftrags, etwa in eher grafischer oder malerischer Manier.

◆ Die Ausdrucksweisen des Künstlers durch eine impressionistische oder expressive Formensprache und Farbwahl.

◆ Anwendungsbezogene Stilrichtungen, also zum Beispiel dekorative, ornamentale, luxuriöse, musterhafte Malerei.

◆ An bestimmten berühmten Künstlern orientierte Malweisen.

S

Taffeta

Der Begriff stammt aus dem Persischen (taftä: gewebt). Meist handelt es sich um ein leicht strukturiertes, dennoch glattes Seidengewebe in mittlerem Stoffgewichtsbereich in ‹› Taftbindung. Taffeta hat ein mattes Aussehen und einen körnigen ‹› Griff. Er fällt nicht besonders schwer, läßt sich nicht sehr gut drapieren und ist deswegen wenig für Tücher geeignet. Die Hauptanwendungsbereiche: ‹› Schneidern, ‹› Heimtextilien.

Die Bezeichnung Taft hingegen steht für Stoffe (aus verschiedenen Materialien), die mit feiner, dichter Kette und mit fülligem Schuß gewebt sind, sie zeigen feine Rippen. Oft wird dieses Gewebe noch mit einer ‹› Ausrüstung versehen, damit es steifer wirkt.

Taftbindung

In der Seidenweberei verwendeter Ausdruck für die Leinwandbindung (Tuchbindung), es handelt sich um die einfachste der drei Grundbindungsarten eines textilen Gewebes, bei der abwechselnd alle gradzahligen und bei der nächsten Reihe alle ungeradzahligen Kettfäden beim Eintragen des Schußfadens gehoben werden. Niemals werden Fäden übersprungen, die Bindungspunkte liegen dicht beieinander, es handelt sich um eine sehr stabile Verbindung der Fäden.
Eine davon abgeleitete ‹› Bindung ist die Panamabindung, die in Kette und Schuß nicht nur einen, sondern zwei oder mehrere Fäden miteinander nach Taftbindeweise einbinden läßt.
(Literatur: 27)

Tapetenkleister

Handelsüblicher Tapetenkleister kann als preisgünstige Alternative in der Seidenmalerei eingesetzt werden, zum einen als Ersatz für Marmoriergrund (‹› Marmorieren), zum anderen als ‹› Verdicker für Seidenmalfarben. Gerade bei Techniken, die einen üppigen Gebrauch von Verdickungsmitteln voraussetzen (‹› Monotypie), ist diese erschwingliche Substanz begrüßenswert. Für beide oben erwähnten Techniken ist nur die ‹› Konsistenz des Verdickers relevant. Man kann den Kleister mit Wasser verdünnen, falls er zu dicklich geraten ist. Ist er dagegen zu dünnflüssig, läßt man ihn einfach offen stehen (ab und zu umrühren), so daß er etwas eindickt.

Tasche

Taschen als modische Accessoires lassen sich durchaus aus Seide anfertigen. Je nach Verwendungszweck wählt man eher einen feinen, edlen oder einen robusteren Stoff aus. In vielen Fällen bietet sich das ‹› Wattieren an, um den Stoff zu stabilisieren und um ihm eine interessante, leicht plastische Oberfläche zu verleihen.

Techniken der Seidenmalerei: hier Malen auf einer Grundierung, …

… Gestalten in der Konturentechnik mit aquarelliertem Hintergrund …

… und Reservieren mit Wachs (Beispiele von Brita Hansen)

Tauchfärbung
⊡ Dip-dyeing

Techniken der Seidenmalerei
Unter folgenden Stichworten sind die Techniken genauer erläutert: ⊡ Action-painting, Airbrush, Alkoholtechnik, Aquarelltechnik, Auswaschtechnik, Batik, Drucktechnik, experimentelle Techniken, Färben im Kochtopf, Fotokopiertechnik, Grundierung, klassische Seidenmaltechniken, Konturentechnik, Lasur, Marmorieren, Materialdruck, Mischtechnik, Monotypie, Plangi, Plattentechnik, Plissiertechnik, Reservierung, Salzeffekttechnik, Schabloniertechnik, Schattieren, Schichten, Shibori, Siebdruck, Spachteltechnik, Spritztechnik, Stempelbatik, Tritik, Verdicker, versteckte Linien, Wachsmalkreide, Wachstechnik.

tex-System
⊡ Titer

Textilmalstifte
Wasserunlösliche und reinigungsbeständige Filzstifte, die der Handel in vielen Farben anbietet. Mit ihnen kann man freie Linien, Muster und Motive auf den Stoff zeichnen, sie verlaufen nicht. Die Seide kann unfixiert oder fixiert sein. Sind auch gut zum Korrigieren von Unregelmäßigkeiten und Fehlern geeignet. Textilmalstifte werden auch mit Effektfarben angeboten. Wenn man Seide mit all diesen Farben bemalt, geht der weiche Griff – bedingt durch die ⊡ Pigmente und Bindemittel – jedoch meist verloren. Bei Bildern spielt das sicher keine Rolle, doch bei Kleidung und Tüchern ist diese „Ver-

klebung" des Gewebes nicht immer erwünscht.

Textilpflegesymbole
Wer Textilien kauft, wird dabei in der Regel auch mit speziellen Pflegesymbolen konfrontiert. Mit ihnen wird eine Empfehlung für die sachgemäße Pflege ausgesprochen; es wird damit eine Gewähr geboten, daß das Produkt keinen Schaden nimmt, wenn man es so behandelt, wie auf dem Etikett angegeben ist. Damit ist aber nicht garantiert, daß jede Verschmutzung auch wirklich behoben wird. Mildere Behandlungsarten und Temperaturen, als auf dem Etikett angegeben, sind jederzeit möglich. Als Seidenmaler muß man wissen, daß die Malerei selbst nicht in diese Gewähr eingeschlossen werden kann, denn sie bezieht sich nur auf die Ware, so wie sie gekauft wurde.
Die Tabelle wurde von der Arbeitsgemeinschaft Pflegekennzeichen für

T

Textilien herausgegeben (Stand 1985).
Die Symbole gelten international. Sie
sind auf Seite 103 abgebildet.

Thai-Seide

Naturseidengewebe, welches der
⇨ Shantungseide ähnelt, aber durch
die geringeren Garnunregelmäßigkeiten
mehr Glanz zeigt. Sie ist ein schwerer,
stark glänzender Naturseiden-Honan
(⇨ Honanseide).

Thermoplastizität

⇨ Plissee

tie-and-dye

⇨ Plangi

Tiefenwirkung

1. Hiermit ist ein besonderer Effekt
gemeint, der bei der Verwendung
von Alkohol (⇨ Alkoholtechnik) bei
⇨ Dampffixierfarben auftritt. Die damit
verbundene ⇨ Farbverschiebung läßt
durch das Spiel von Hell und Dunkel
den Eindruck von Tiefe entstehen.
Besonders beim Malen von ⇨ Landschaften ist das ein beliebtes Gestaltungsmittel.
Bei ⇨ Reaktivfarben ist dieser Effekt nur
bedingt durch Wasser zu erzeugen, mit
⇨ Bügelfixierfarben ist das nicht möglich, da sich diese Farben nach dem
Trocknen nicht mehr verschieben
lassen. Mit der ⇨ Auswaschtechnik
lassen sich ähnliche Wirkungen erzielen.
2. Tiefenwirkung kann auch den Eindruck beschreiben, den ein Bild hinterläßt, das den Blick des Betrachters in
die Tiefe zieht, das sehr räumlich aufgebaut ist (⇨ räumliche Tiefe). Dazu
ist nicht unbedingt ein Wissen über
Perspektive nötig, denn es gibt eine
Reihe von Faktoren, die diesen Eindruck begünstigen.
(Literatur: 1, 2, 3)

Tjanting

◆ Der Tjanting (auch: Canting) ist ein altes indisches Batikwerk-
zeug, ein kleines Behältnis aus Kupfer oder Messing, das an
einem Holzstiel befestigt ist. Vorn hat es ein feines Auslaufröhrchen. Der Tjanting faßt heißes Wachs, es fließt durch das Röhrchen auf den Stoff und dichtet ihn ab, so daß dort eine farbab-
weisende Stelle entsteht, eine Reservierung. Man kann das
Wachs zwar auch mit Pinseln auftragen, doch die feinsten Linien-
muster und kleine Pünktchen erzeugt man besser mit diesem
Wachskännchen.

◆ Seide läßt sich mit Wachs optimal abdichten, auch dickere
Stoffe, vorausgesetzt, das Wachs ist immer genügend heiß (und
damit flüssig). Das Metall des Tjantings hält die Hitze relativ
lange. Es gibt sogar elektrisch beheizbare Tjantings im Handel.
Das geschmolzene Wachs entnimmt man dem Wachswärmer,
einem speziellen thermostatgesteuerten Topf.
Hier nun einige Tips zum Umgang mit diesem Gerät.

◆ Man taucht den Tjanting in das geschmolzene Wachs und
läßt ihn sich darin erhitzen. Bei einem gebrauchten Tjanting dient
dieser Vorgang auch zum Schmelzen des im Auslaufröhrchen
erstarrten Wachses.

◆ Der Tjanting wird nicht bis zum Rand gefüllt, sondern nur zu
zwei Dritteln, um ein Überlaufen während der Arbeit zu vermeiden.

Titer

Maßeinheit für die Feinheit von Garnen,
vor allem bei solchen aus endlosen
Natur- oder Chemiefasern.
1 Td (Titer denier) entspricht 1 g auf
9 000 Meter Länge. Ein Faden ist um
so feiner, je niedriger der Titer ist.
Mittlerweile wurde diese Meßmethode
durch das international gültige tex-
System ersetzt (1 tex entspricht 1 g pro
1 000 Meter), das sich auch dezimal
abwandeln läßt (decitex, kilotex und so
weiter). Seide ist von den natürlichen
Rohstoffen der mit dem feinsten
Einzeltiter.
(Literatur: 27)

Tjanting

Siehe „Stichwort …"

Tjap

⇨ Stempelbatik

Toile

Feinfädiges, weichfließendes, taftbindi-
ges Gewebe aus endlosen Chemie-

◆ Man faßt den Tjanting wie einen Bleistift, in der linken Hand hält man ein Tuch, um die Tropfen abzuwischen, die sich nach dem Herausnehmen des Kännchens aus dem Wachswärmer unter dem Bauch des kleinen Gefäßes bilden.

◆ Neigt man den Tjanting nach vorn, so wird das Wachs durch die feine Öffnung herauslaufen, kippt man ihn nach hinten, bricht der Strahl ab. Setzt man das Röhrchen zu fest auf die Seide, behindert das den Wachsfluß.

◆ Die Temperatur des erhitzten Wachses bestimmt seine „Fließgeschwindigkeit". Zu heißes Wachs führt zu unkontrolliertem Verlauf der Linie. Deshalb immer ein paar Sekunden warten, ehe man ansetzt.

◆ Der Inhalt des Tjantings sollte regelmäßig erneuert, das Kännchen also immer wieder ins Wachs getaucht werden. Ansonsten wird das Wachs zu kalt, und es durchdringt das Gewebe nicht ausreichend. Tip: Zum ersten Ausprobieren empfehlen sich Versuche auf (Zeitungs-)Papier, denn der Umgang mit diesem Gerät erfordert etwas Übung.

◆ Nach Beendigung der Arbeit kann die Seide bemalt werden, man hat sehr gut dichtende Konturen oder Muster, die die Farbe nicht annehmen. Natürlich kann man das Wachs auch auf farbige Untergründe auftragen, Wachs- und Farbaufträge können sich abwechseln, was interessante Wirkungen ergibt.

◆ Nach dem Fixieren der Malerei bügelt man das Wachs heraus und läßt Reste in der Reinigung entfernen (Kleiderbad, keine Vollreinigung).
(Literatur: 20, 21)

oder Naturfasern, auch aus Seide. Ein Feingewebe dieser Art aus Baumwolle würde man als Batist bezeichnen. Diese Stoffart wird überwiegend für leichte Kleidung verwendet (⇨ Taftbindung).

traditionelle Techniken
⇨ klassische Seidenmaltechniken

Trame
Auch Stickseide genannt: Wenig oder gar nicht vorgedrehtes Schußgarn aus mehreren ungezwirnten Grègefäden. Es ist aufgrund der geringen Drehung stark glänzend, weich und gut füllend (⇨ Grège).

Transparenz
1. Sowohl die ⇨ Dampffixierfarben als auch die ⇨ Reaktivfarben wirken transparent und durchscheinend, da es sich hier um lösliche Farbstoffe (⇨ Farbmittel) handelt. ⇨ Bügelfixierfarben mit ihren ⇨ Pigmenten und Bindemitteln sind eine Spur deckender. Wirksam wird diese Eigenschaft vor allem beim Übereinandermalen (⇨ Lasuren) und bei der Schichttechnik (⇨ Schichten). 2. Raffiniert läßt sich mit transparenten Seiden gestalten, etwa mit ⇨ Chiffon, ⇨ Georgette, ⇨ Gaze und so weiter.

Trennmittel
⇨ Konturenmittel

Trennmittelflasche
⇨ Plastikfläschchen

Trichterfeder
⇨ Aufsatzdüse

Tritik
Ein traditionelles Stoffmusterungsverfahren, bei dem bestimmte Teile eines Stoffes zusammengefaßt und abgenäht werden. Dadurch entstehen dichte Stofflagen, die beim Färben in einem Tauchbad (⇨ Dip-dyeing) die Farbe nicht (gut) annehmen. Man kann auch mit dem ⇨ Pinsel oder mit ⇨ Pipetten arbeiten.
Nach dem Färben läßt man den Stoff trocknen und löst dann die Fäden. Der Stoff wird glattgebügelt und die Farbe wie gewohnt fixiert.
Wenn man diese Technik mit Seide ausführen möchte, sollte man nur mit einer sehr feinen Nähnadel arbeiten und sehr vorsichtig nähen, um den Stoff nicht zu verletzen. Aufgrund ihrer Feinheit ist die Seide nicht gerade der optimale Stoff für diese Technik, es können leicht Löcher entstehen. Gefahrloser ist ein ähnliches Verfahren, bei dem man den Stoff abbindet (⇨ Plangi; ⇨ Shibori).

Trockenrand
⇨ Randbildung

Trocknung
⇨ Fön

TROPFENVERSUCH

Tropfenversuch

Für Einsteiger in die Seidenmalerei eine gute Methode, um das ⇨ Fließverhalten der Farben kennenzulernen, vor allem bei Verwendung unterschiedlicher Seidenqualitäten.

Man gibt auf weiße Seidenreste, die sich in Herkunft, ⇨ Bindung, ⇨ Griff und Struktur deutlich unterscheiden, je einen Tropfen Farbe (mit einer Pipette) und beobachtet den Verlauf dieses Tropfens. Man kann deutlich erkennen, wie dickere Seide die Farbe viel mehr „schluckt", wodurch sich der Tropfen nicht so weit ausbreitet, wie das bei dünnerem Material der Fall ist. Man wird auch deutlich die unterschiedliche Farbintensität erkennen. Je dichter also der Stoff, desto mehr ⇨ Farbmittel wird aufgenommen, desto farbintensiver wird auch die Gestaltung. Auch die Beschaffenheit der Seide, ihre Struktur wird das Fließverhalten beeinflussen: Bei strukturierten Seiden, etwa bei ⇨ Doupion, fließt die Farbe aufgrund der Fadenverdickungen unregelmäßiger als auf glatter Pongéseide.

Im übrigen läßt sich so auch das Verhalten verdickter Farben testen (⇨ Verdicker), ebenso die Wirkung verschiedener ⇨ Grundierungen.

Tropfpipettendeckel
⇨ Pipette

Tuchbindung
⇨ Taftbindung

Tücher
⇨ rollierte Tücher

Tussahseide
Sammelbegriff für die gebräuchlichsten ⇨ Wildseiden. Sie weisen immer eine leichte Tönung und einen festen ⇨ Griff auf. Sie stammt von dem in Indien und China beheimateten Eichen- und Tassahspinner ab, der seinen Namen seiner Nahrung verdankt, den Blättern der Eiche. Diese Nachtfalter werden nicht gezüchtet wie die der ⇨ Maulbeerseide. Im Gegensatz zu ihr ist der Querschnitt der Seidenfaser nicht vieleckig, sondern keilförmig; deswegen ist diese Seide weniger glanzreich, recht ungleichmäßig, rauher und härter im Griff. Außerdem lassen sich die ⇨ Kokons in der Regel nicht abhaspeln, weshalb man die Fasern zu gröberer ⇨ Schappeseide weiterverspinnt. Die aus den ⇨ Kokons des chinesischen Tussahspinners gefertigten Gewebe nennt man oft ⇨ Honan- oder ⇨ Shantungseide.

Twill
Mittelschweres Seidengewebe mit angenehm fließendem ⇨ Griff und entsprechendem ⇨ Glanz. Charakteristisch sind die diagonalen Grate, die auf die ⇨ Köperbindung zurückzuführen ist. Twill knittert wenig und kann deswegen hervorragend für Tücher und fließende Kleidung verwendet werden. In der Mode wird Twill von einigen Herstellern gern als Grundmaterial für aufwendig bedruckte Tücher verwendet. (Literatur: 27)

Überläufer
Bezeichnet einen Arbeitsfehler bei der ⇨ Konturentechnik. Meistens hat das ⇨ Konturenmittel nicht richtig abgedichtet, man hat es nicht korrekt aufgetragen, oder beim Ausmalen der Kontur geriet die Pinselspitze über diese Linie. (Weitere Hinweise finden Sie im Kapitel „Pannenhilfe".)

Überschichten
⇨ Schichten

Übertragen
⇨ Entwurf übertragen

Umweltverträglichkeit
Wer mit Farben arbeitet, sollte über eventuelle Gefährdungen für Umwelt (und ⇨ Gesundheit) informiert sein. Alle Farben, die man im Handel für die Seidenmalerei erwerben kann, müssen von der Herstellerfirma vor ihrer Verbreitung im Hinblick auf ihre Ungiftigkeit, auf ihre Gefährdung von Gesundheit und Umwelt, kontrolliert werden. Es gibt sogenannte Giftzentralen, bei denen die Farbprodukte angemeldet werden müssen. Dort werden sie getestet. Wird eine bedenkliche, giftige Wirkungsweise festgestellt, müssen diese Produkte als solche vom Hersteller deklariert werden oder dürfen nicht frei verkauft werden. Man kann deshalb davon ausgehen, daß die Produkte, denen eine solche Kennzeichnung fehlt, nicht giftig sind. Das soll aber nicht bedeuten, daß man sie bedenkenlos ins Abwasser schütten darf, da es sich nach wie vor um eine Chemikalie handelt, mit der man umweltbewußt umgehen sollte.

⇨ Farbreste sollte man deshalb lieber in einem größeren Gefäß zum Weiterverbrauch sammeln: Die Farbe wird je nach Zugabe in Braun-Grau-Tönen variieren und kann als Malfarbe entsprechend verwendet werden. So hat ein verantwortlicher Umgang mit der Chemikalie Farbe auch noch einen ökonomischen Aspekt.

Andere Umweltaspekte betreffen die Verwendung von Lösemitteln, etwa ⇨ Alkohol und ⇨ Benzin. Auch ist eine Handwäsche sicher schonender für die Umwelt als eine chemische Reinigung (⇨ Pflege der Seide). Sicher nicht zu unterschätzen ist der Energieverbrauch, der für die ⇨ Dampffixierung unerläßlich ist. Man sollte also das jeweilige Gerät gut beladen und nicht jedes Teil einzeln dieser aufwendigen Prozedur unterziehen.

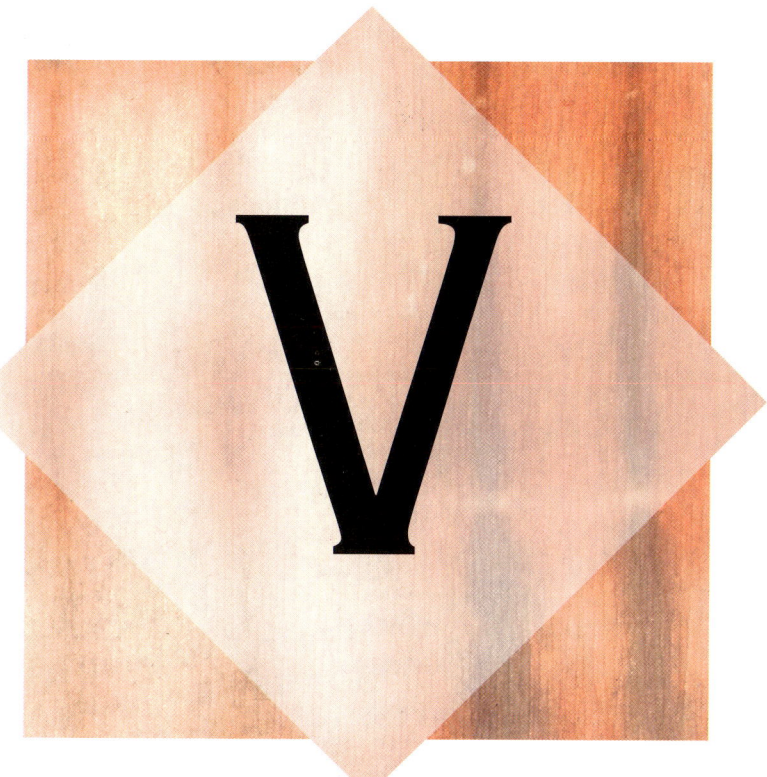

Verderben der Farbe
⇨ Haltbarkeit der Malmaterialien

Verdicker
Siehe "Stichwort ..." Seite 146

Verdünnen
Hier im Sinne von: eine Farbe aufhellen. Möchte man in der Seidenmalerei eine Farbe aufhellen, so muß man sie verdünnen, im Gegensatz zu Farben, die ⇨ Pigmente und Bindemittel enthalten, etwa Ölfarben, mit denen man deckend malt. Dort wird mit weißer Farbe aufgehellt.

Grundsätzlich lassen sich alle ⇨ Farbmittel in der Seidenmalerei mit Wasser verdünnen, da sie auch allesamt Wasser enthalten. ⇨ Dampffixierfarben wurde als Lösemittel meist noch ⇨ Alkohol zugesetzt, der auch für ein gutes ⇨ Fließverhalten der Farbe sorgt. Deshalb verdünnt man diese Produkte besser mit einem Wasser-Alkohol-Ver-schnitt, den man sich vorher in größerer Menge bereitstellt. Geeignet ist für diese Zwecke ein Verhältnis von einem Teil Alkohol zu zwei Teilen Wasser (1:2; Normalverschnitt).

Für zarte Pastelltöne, also ganz starke Aufhellungen eines vorher kräftigen Farbtones, empfiehlt sich hingegen ein Verschnitt von drei Teilen Alkohol mit einem Teil Wasser (3:1). Im Gegensatz zum Normalverschnitt, der mehr Wasser enthält, ist das Mehr an Alkohol hier wichtig, damit die Farbe besser ins Gewebe „kriecht" und sich gleichmäßig verteilt.

Die meisten Farbtöne werden bei sehr starker Verdünnung zum Pastellton etwas unscheinbar und wässerig, etwas substanzlos. Ein Trick: Geben Sie ganz vorsichtig einige Tropfen Schwarz in die verdünnte Farbe. Der Effekt ist oft verblüffend. Gerade bei ungemischten Farbtönen wie Blau, Gelb oder Rot erhalten die Pastelltöne dadurch mehr Tiefe und Sattheit; sie wurden jedoch nicht nur aufgehellt, sondern gleichzeitig etwas getrübt, vergraut.

Besonders zu empfehlen sei an dieser Stelle der vom Handel angebotene ⇨ Verdünner, der zum Aufhellen von Farben die besten Eigenschaften aufweist.

Verdünner
Hier ist der spezielle Verdünner (auch: Diluant, Fließmittel) gemeint, der von verschiedenen Herstellern zum ⇨ Verdünnen ihrer Farbprodukte angeboten wird. Meistens handelt es sich um eine konzentrierte Substanz, die zuerst mit einer bestimmten Menge Wasser vermischt wird, das Verhältnis entnimmt man der Angabe auf der Packung. Die Vorteile dieser Mittel: Sie enthalten Substanzen, die die Oberflächenspannung des Wassers reduzieren und damit für ein besseres ⇨ Fließverhalten sorgen.

VERDÜNNUNGSMITTEL

146
147

Die damit verdünnte Farbe kann somit
besser in das Gewebe eindringen, man
kann auch sagen, die Affinität zwischen Faser und ⇨ Farbmittel wird
erhöht (⇨ Ausbluten). Die Farbe läßt
sich sehr gleichmäßig verteilen, die
Wolkenbildung wird reduziert. Zudem
ist die Trocknungszeit etwas verzögert,
so daß die Entstehung von unge-
wünschten Rändern vermindert wird
(⇨ Randbildung).
Dieser Aspekt zeigt den deutlichen Vorteil gegenüber ⇨ Alkohol, der zwar
ebenfalls für eine erhöhte Affinität zwischen Farbmittel und der Faser sorgt,
aber schnell verdunstet. Auch der neu-
trale Geruch und der sparsame Verbrauch des Verdünners macht dieses
Mittel im Vergleich zu einem Verschnitt
mit Alkohol attraktiver.

Verdünnungsmittel

Hier: Sammelbegriff für alle Mittel, die
zum ⇨ Verdünnen einer Farbe oder
einer sonstigen Substanz dienen, die
man für die Ausübung der Seidenmalerei benötigt.
Was man dazu im Einzelfall verwendet, ist in erster Linie von der Löslich-
keit der jeweiligen Substanz abhängig.
So können alle Farben oder Hilfsmittel,
die auf Wasserbasis hergestellt sind
und somit auch Wasser enthalten,
natürlich mit Wasser verdünnt werden.

STICHWORT

Verdicker

◆ In der Seidenmalerei ist das typische Verhalten der flüssigen
Farbe auf dem textilen Material Seide Ausgangspunkt für viele
Techniken mit der für diese Art des Malens charakteristischen
Wirkung. Darüber hinaus lassen sich ganz neue Gestaltungs-
möglichkeiten erschließen – wenn man die Farben verdickt.
Die klassischen Seidenmaltechniken können dadurch ergänzt
oder verlassen werden, denn kreative, experimentelle und weiter-
führende Verfahren geben neue Impulse.

◆ Beim Verdicker handelt es sich um eine trübe, gelbliche, gelartige Masse, die auf Wasserbasis hergestellt ist und deswegen
auch wasserlöslich ist. Es gibt sie fertig zu kaufen, oder man
rührt ein Pulver nach Herstellerangaben an. Der Verdicker verbindet sich mit der Seidenmalfarbe beim Umrühren zu einer homogenen (einheitlichen) Substanz. Die Farbe hat nun eine träge,
dickliche Konsistenz, die das Fließen, auch auf der unbehandel-
ten, also nicht grundierten Seide verhindert.

◆ Folgende (und weitere) Techniken lassen sich mit verdickter
Farbe ausführen: Monotypie, Siebdruck, freie Drucktechniken,
Reservierungen, Spachteltechnik, freies Malen und Schreiben,
Schabloniertechnik.

◆ Das Mischungsverhältnis (Farbe zu Verdicker) bestimmt die
Konsistenz dieser Masse und kann variiert werden. Als unge-
fähres Maß gilt das Verhältnis 1:1, das heißt, einen Teil Farbe
mischt man mit einem Teil Verdicker. Da die verschiedenen

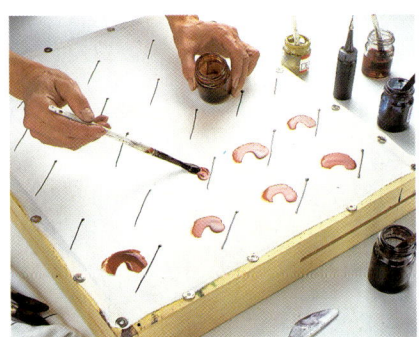
Verdicker: Auftragen und ...

... Verstreichen der verdickten Farbe

Der Hintergrund wird ausgemalt

Herstellerfirmen jedoch unterschiedliche Fabrikate anbieten, ist jeweils die Angabe auf der Packung zu beachten. Dennoch: Da der Einsatzbereich des Verdickers so vielfältig ist, sollte man die Konsistenz eher von der angewandten Technik abhängig machen. Verdickte Farbe zum Drucken zum Beispiel sollte eine festere Konsistenz besitzen als eine verdickte Farbe, die mit dem Pinsel aufgetragen wird.

◆ Verdickte Farbe trocknet nicht so schnell, wie man es von der normalen, flüssigen Seidenmalfarbe gewohnt ist. Unter Umständen kann das Trocknen bis zu zwölf Stunden dauern. Danach wird die Seide vom Rahmen gespannt und die Malerei wie gewohnt fixiert.
Zwar fühlt sich der Stoff an den Stellen mit der verdickten Farbe wie Papier an, er knistert stark; doch keine Sorge, nach dem Fixieren wird die Seide in lauwarmem Wasser mit Feinwaschmittel gewaschen, wodurch der Verdicker selbst vollständig aus dem Stoff entfernt wird – die Farbe bleibt.

◆ Beim Waschen ist zu beachten: Die Seide muß in Bewegung gehalten werden! Wenn sich nämlich Teile des gefärbten Verdickers lösen und an andere Stellen geraten, kann es zu einer Überfärbung kommen. Bei sehr üppigem Einsatz des Verdickers ist auch ein Spülen unter fließendem Wasser empfehlenswert. Nach dem Waschen wird der Stoff normal getrocknet, gebügelt – und die Seide hat ihren normalen Griff, ihren Glanz und ihre Geschmeidigkeit zurückerhalten.

◆ Es lohnt sich durchaus, einmal alternative Substanzen zum Verdicken der Farbe auszuprobieren, zum Beispiel Tapetenkleister, Schlämmkreide, Gummiarabicum und wasserlösliches Konturenmittel.
(Literatur: 1, 3)

Hier eine Liste mit den wichtigsten Substanzen für die Seidenmalerei, ergänzt durch deren Verdünnungsmittel (in Klammern):
– bügelfixierbare Farben (Wasser)
– Reaktivfarben (Wasser; spezielles Verdünnungsmittel)
– Dampffixierfarben (Wasser; Wasser-Alkohol-Verschnitt; spezielles Verdünnungsmittel)
– Stoffmalfarben (Wasser)
– wasserlösliches Konturenmittel (Wasser; Farbe – für getönte Konturen)
– benzinlösliche Gutta (Wasch-, Reinigungs- oder Feuerzeugbenzin)
– Verdicker (Wasser; Farbe – je nach Verwendungszweck)

Vergrößern und Verkleinern
⇨ Entwurf vergrößern und verkleinern

Verschnitt
⇨ Verdünnen

versteckte Linien
Eine besondere Gestaltungsform innerhalb der ⇨ Konturentechnik, bei der man farblose Begrenzungsmittel einsetzt, die nach dem Fixieren der Malerei entfernt werden. Der Unterschied zwischen sichtbaren und versteckten Linien: Zieht man mit farblosem Trennmittel eine Linie auf weiße oder auf

Verdickte Farbe wird aufgewalzt, …

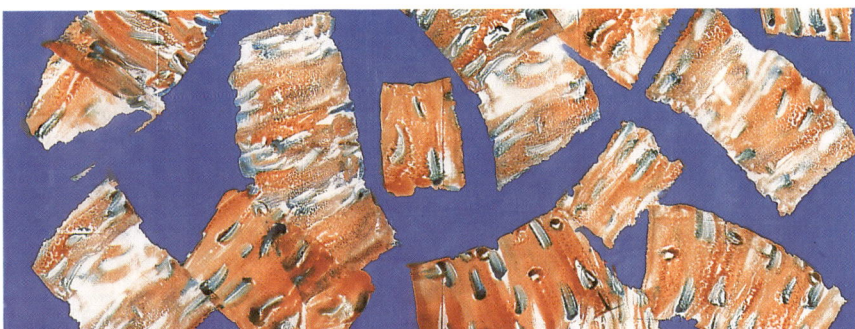

… hier ein fertiges Beispiel (Elisabeth Schwinge)

**Versteckte
Linien: zwei Beispiele
von Barbara Stowasser**

eine bereits bemalte Seide, so ist es ein Unterschied, ob man anschließend von beiden Seiten an diese Kontur heranmalt oder nur von einer Seite. Im ersten Fall wird sie auf jeden Fall als Linie zu sehen sein, denn sie hebt sich ja beidseitig in der Farbe von der Umgebung ab. Im zweiten Fall besteht nur ein Kontrast zu einer Seite hin, zur anderen ist die Linie nicht vom Unter-

grund zu unterscheiden. Man wird nach dem Fixieren und Entfernen des Mittels also nur erkennen, daß die zuletzt aufgetragene Farbe klar begrenzt ist – von einer (breiten) Trennlinie als solcher ist aber nichts (mehr) zu sehen, sie wirkt „versteckt".

Verwaschtechnik
⇨ Auswaschtechnik

Verzwirnen
⇨ Filieren

Viskose
Endlos- und Spinnfasern, die nach dem Viskoseverfahren künstlich hergestellt werden. Als Rohmaterial dient Zellstoff, der aus Holz, Baumwollabfällen und anderen Pflanzen gewonnen wird (⇨ Kunstseide).

Vlies
⇨ Wattieren

Vorbehandlung
⇨ Grundierung

Vorlagebogen
Für Einsteiger und bequeme Menschen gibt es zur Ausübung der ⇨ Konturentechnik fertige Vorlagebögen zu kaufen. Sie werden im Handel meistens kombiniert mit Arbeitshinweisen angeboten, oder sie sind Büchern und Zeitschriften beigeheftet. Die Papierbögen enthalten verschiedene ⇨ Motive, in der Regel im Format 1:1. Man kann dann den Bogen gleich unter die Seide legen, die auf dem ⇨ Spannrahmen befestigt ist, wenn die Seide die Linien durchscheinen läßt (eventuell Rahmen mit der Seide nach unten drehen). Die Linien lassen sich dann mit dem ⇨ Phantomstift oder mit dem Bleistift und danach mit ⇨ Gutta oder anderen ⇨ Konturenmitteln auf den Seidenstoff übertragen. Wichtig ist, daß die Linien keine Lücken aufweisen, was dann korrigiert werden müßte.
Danach malt man alles sorgfältig mit Farbe aus und fixiert die Malerei wie vorgeschrieben (⇨ Anregung; ⇨ Entwurf übertragen; ⇨ Entwurf vergrößern und verkleinern).

Vorzeichnung
⇨ Phantomstift

Wachs

Allgemeinbezeichnung für speziellere Wachssorten wie Bienenwachs, Paraffin und Mischungen daraus, die man in der Seidenmalerei (⇨ Wachstechnik) und für die ⇨ Batik verwenden kann. Man kauft es in Dosen, als Block oder als Pastillen. Paraffin ist künstlich hergestelltes Wachs, welches relativ preiswert ist. Bienenwachs als echtes, natürliches Wachs kann bis zum Fünffachen teurer sein. Die Unterscheidung betrifft auch den Grad der Weichheit: So ist Paraffin härter und auch spröder als das Bienenwachs, das über eine hohe Elastizität und Geschmeidigkeit verfügt. Paraffin ist damit eher für großflächige Wachsarbeiten und für Brüche (⇨ Krakeliereffekte) geeignet, Bienenwachs sehr gut für Gestaltung mit dem ⇨ Tjanting.

Das sogenannte Batikwachs ist eine Mischung aus Paraffin und Bienenwachs und für alle Techniken gleichermaßen brauchbar. Sogar Kerzenwachs läßt sich für Wachstechniken gut verwenden, soweit es nicht eingefärbt ist – es sei denn, man möchte bewußt damit experimentieren.

Wichtig: Wenn Sie ⇨ Wachs schmelzen, ist darauf zu achten, daß es nicht überhitzt wird und in Brand gerät. Deshalb verwendet man am besten einen speziellen ⇨ Wachswärmer.
(Literatur: 20, 21)

Wachsmalkreide

Wachshaltige Kreide, die es mittlerweile auch speziell für die Seidenmalerei im Handel gibt, in verschiedenen Farbtönen. Sie werden als dampf- und bügelfixierbare Produkte (⇨ Fixierung) angeboten.

Man kann mit diesen Stiften sowohl auf weißer als auch auf hell grundierter Seide frei zeichnen und malen, auch in Kombination mit flüssigen Farben. Wenn man den ⇨ Spannrahmen umdreht, kann eine Frottage durchgeführt werden: Dazu ist eine strukturierte Unterlage nötig (Strukturtapete, Gitter, Blätter), die man mit flacher Kreide durchreibt. Wenn die Linien geföhnt werden, schmilzt das Wachs und dringt mit der Farbe gut in den Stoff ein. Sie wird dabei etwas heller.

Die Wachshaltigkeit der Kreiden kann auch für Reservierungen genutzt werden. Bei dicken Stoffen kann es jedoch vorkommen, daß die Menge des Wachses nicht ausreicht, um den Stoff voll zu durchdringen. Deshalb sollte diese Methode vor einer größeren Arbeit unbedingt auf einem Rest der ausgewählten Seide getestet werden. Nach Beendigung der Arbeit wird die Seide, je nach Art des Farbmittels, fixiert.

Wachs schmelzen

Um in der ⇨ Wachstechnik zu gestalten, muß das ⇨ Wachs verflüssigt,

also erhitzt werden, damit es mit dem ⇨ Pinsel, durch Abdrücke (⇨ Stempelbatik), mit dem ⇨ Tjanting oder auf andere Weise auf die Seide aufgetragen werden kann.

Hier ist ein wichtiger Hinweis zu beachten: Wachs darf niemals direkt im Topf direkt auf dem Herd erhitzt werden!! Auch ohne den geringsten Funken ist es bei Überhitzung absolut leicht und schnell brennbar! Deshalb dürfen Sie nur eine der nachfolgend beschriebenen Möglichkeiten wählen, wenn Sie Wachs schmelzen wollen.

Hinweis: Falls Sie doch einmal in solch eine im wahrsten Sinne des Wortes „brenzlige" Situation kommen: Niemals Wasser auf das brennende Wachs schütten, dadurch wird alles noch schlimmer! Hier hilft nur noch, die

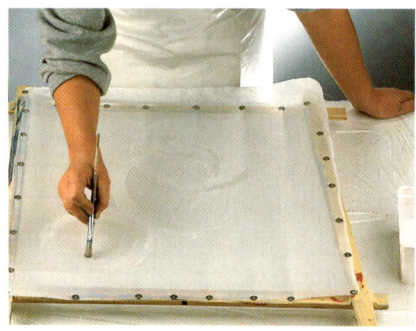

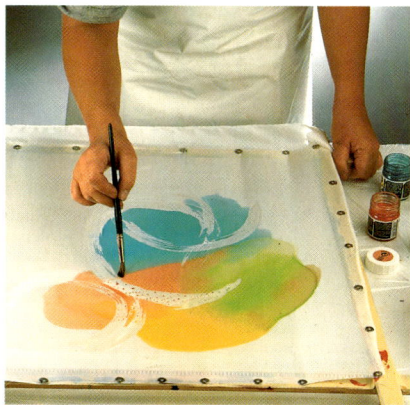

Wachstechnik: Auftrag des heißen Wachses, es reserviert den Stoff (B. Hansen)

Wachstechnik

◆ Die Wachstechnik in der Seidenmalerei (oft auch Seidenmalbatik, Mogelbatik oder Maltik genannt) hat ihren Ursprung in der traditionellen, aus Java stammenden Batik, die dort vor allem zum Mustern von Baumwolltüchern angewandt wurde und wird.

◆ Es handelt sich um ein Reservierungsverfahren, bei dem sozusagen „Negativmuster" entstehen. Man macht sich die Eigenschaft des Wachses zunutze, Wasser und somit auch wässrige Farbe abzustoßen.

◆ Das Prinzip in Kürze: Gibt man heißes Wachs auf weiße oder schon bemalte Seide, erhärtet es sofort und schützt diese Stelle vor der nächsten Farbe: Sie perlt ab, der Ton darunter bleibt erhalten. Nun kann man weitere Partien reservieren, gefolgt von neuen Färbungen und so weiter (Schichttechnik). Wenn man zum Schluß das Wachs aus dem Stoff entfernt, zeigen sich die reservierten Stellen meist in vielen Farbabstufungen; der bis zuletzt ungeschützte Bereich ist am dunkelsten. Will man vor unliebsamen Überraschungen sicher sein, sollte man von Hell nach Dunkel arbeiten und sich mit Farbmischungen auskennen. Hier nun ein paar Hinweise zu den einzelnen Arbeitsschritten.

◆ Vorbereitung: Die Seide wird aufgespannt, Werkzeug zum Auftragen des Wachses liegt bereit (Borstenpinsel, Tjanting, Stempel oder ähnliches), die Seidenmalfarben ebenfalls. Das Wachs wird erhitzt, so daß es schmilzt (Wachswärmer, Wasserbad). Siehe auch Stichwort „Wachs schmelzen"!

◆ Erste farbige Grundierung: Möchte man keine weißen Stoffpartien erhalten, beginnt man mit einer farbigen Grundierung in nicht zu dunklen Tönen. Diese Bemalung muß dann gründlich trocknen, denn nasse Seide nimmt kein Wachs an!

◆ Wachsauftrag: Mit Hilfe des Borstenpinsels (oder anderer Geräte) trägt man das Wachs zügig auf, um den Stoff zu mustern. Die Temperatur im Schmelztopf muß konstant heiß gehalten werden, sonst durchtränkt das zu schnell härtende Wachs den Stoff nicht richtig; die Farbe würde später dann doch das Gewebe durchdringen. Zu kaltes Wachs wirkt auf der Seide übrigens weißlich.

◆ Farbauftrag: Ohne Wartezeit kann direkt mit Farbe weitergemalt werden. Von den reservierten Stellen perlt die Farbe ab. Man kann diese Tropfen mit Küchenkrepp abtupfen, ansonsten geraten sie beim Fixieren in das Gewebe – was aber auch schöne Effekte ergibt. Man bemalt in der Regel die gesamte Fläche, ein- oder mehrfarbig, doch hängt dieses Vorgehen stets von der jeweiligen Gestaltungsabsicht ab.

◆ Schichtung und Farbwahl: Im Prinzip würden schon ein Wachs- und ein Farbauftrag reichen, um Muster zu erzeugen. Raffinierter läßt sich gestalten, wenn man mehrstufig vorgeht. Beispiele für die gezielte Farbwahl, damit es nicht zu lauter Grau-Braun-Tönen kommt (man beginnt hell und wird von Schicht zu Schicht dunkler): Von Weiß über Gelb und Rot bis Schwarz; oder von Hellblau über Königsblau und Gelb (ergibt Grün) zu Petrolblau.

◆ Entfernen des Wachses: Zwischen sehr alten Zeitungen oder anderem saugfähigen Papier bügelt man das Wachs heraus. Hat man Dampffixierfarben verwendet, muß das nicht sehr gründlich geschehen, denn wickelt man den Stoff beim Fixieren in mehrere Lagen Papier ein, zieht das Wachs dort hinein.
Am besten fixiert man Wachsarbeiten stets getrennt von anderen Malereien.

◆ Nachbehandlung: Sollte sich noch eine feine Schicht Wachs im Stoff befinden, die sich durch Bügeln nicht entfernen läßt, kann man die Seide in die chemische Reinigung geben (nur Kleiderbad!)
(Literatur: 14, 20, 21)

Flammen mit einer Decke oder ähnlichem zu ersticken.

1. Das Wachs kann im Wasserbad geschmolzen werden. Dazu einen Kochtopf mit Wasser füllen, das Wachs in eine größere hohe Blechdose geben und diese in den Topf stellen. Das Wasser so lange simmernd kochen lassen, bis das Wachs zu einer klaren Flüssigkeit geschmolzen ist. Damit es nicht erkaltet, sollte das Wasser immer heiß gehalten werden.

2. Bequemer ist ein Wasserbadkocher, den man im Fachhandel für knapp 20 DM kaufen kann. Dieser doppelwandige Topf hat sogar eine Flöte, die den Zeitpunkt des Kochens anzeigt. Achtung: Wenn man den Wasserbadkocher lange benutzt, muß darauf geachtet werden, daß die relativ geringe Menge Wasser, das er faßt, nicht schon verdunstet ist! Beachtet man das nicht, kann es zu einer Überhitzung des Wachses kommen – im schlimmsten Fall sogar zum Brand.

3. Optimal ausgerüstet für alle Arbeiten mit Wachs ist man mit einem elektrischen ➪ Wachswärmer, den man einfach an eine Steckdose anschließt – man muß also nicht in der Nähe des Herdes arbeiten. Er hat einen eingebauten Temperaturregler. Dieser Thermostat hält die zuvor eingestellte Temperatur stets konstant, was ein optimales und zügiges Arbeiten erlaubt. Eine Gefährdung durch Überhitzung kann ausgeschlossen werden. Der Rand des Gefäßes ist so geformt, daß man den Pinsel mit überschüssigem Wachs daran abstreifen kann – es fließt wieder in den Topf zurück.
Der einzige Nachteil: Mit ca. 130 DM ist dieses Gerät leider relativ teuer. Doch für den, der viel in der Wachstechnik gestaltet, lohnt sich der Kauf.

4. Der Elektro-Tjanting, sozusagen ein beheiztes Wachskännchen, eignet sich für diejenigen, die linear arbeiten möchten. Die Wachspastillen kann man direkt in dem ⇨ Tjanting schmelzen.

Wachstechnik
Siehe „Stichwort ..." Seite 150

Wachswärmer
Ein elektrisch beheizter Topf zum Schmelzen von Wachs, etwa für die ⇨ Batik oder für die ⇨ Wachstechnik in der Seidenmalerei. Der Vorteil: Ein Temperaturregler hält das Wachs stets gleichbleibend heiß, es kann nicht überhitzt werden (⇨ Wachs schmelzen). Dieses Gerät wird manchmal auch Wachskocher oder Wachsschmelztopf genannt. Die Alternative wäre ein Wasserbadkocher.

warme Farben
⇨ Farbkontraste

Waschbenzin
⇨ Benzin

Waschechtheit
⇨ Echtheiten

Waschen
⇨ Pflege der Seide

Waschmittel
⇨ Pflege der Seide

Waschseide
Waschseide ist zu einem „Lieblingskind" in der Mode geworden. Waschseide ist eher matt-glänzend und fühlt sich an wie Leder. Die Seide ist einem speziellen Waschverfahren unterzogen worden, damit diese Optik erzielt wird. Es handelt sich meistens um eine schwerere ⇨ Pongéseide oder um ⇨ Crêpe Satin. Beim Bemalen fällt auf, daß die Farbe darauf nicht so gut fließt wie auf „normaler" Seide.

Wachstechnik: hier auch mit verdickter Farbe kombiniert (Karin Huber)

Ein Tip aus der Praxis: Wenn Sie einfache Seide mehrmals in der Maschine im normalen Waschgang waschen (also nicht als Feinwäsche) und zudem noch Weichspüler verwenden, erhält die Seide im Laufe der Zeit eine Optik, die stark an die käufliche Waschseide erinnert.

Wasser
⇨ Verdünnen; ⇨ Verdünnungsmittel

Wasserbadkocher
⇨ Wachs schmelzen, ⇨ Wachswärmer

Wasserränder
⇨ Randbildung

Wattieren
Wattieren nennt man das Unterfüttern von dünnen Stoffen, zum Beispiel bei Seidenjacken und Steppdecken, mit meist weichem Material. Dadurch erhalten sie bessere Wärmeeigenschaften, mehr Volumen und auch eine längere Haltbarkeit. Beliebt ist auch der plastische Effekt, der sich besonders dann ergibt, wenn Seidenstoff und Vlieseinlage zusammen versteppt werden. Man verwendet als weiches,

fülliges Material meist ein Polyestervlies, welches in verschiedenen Stärken, zum Teil auch einbügelbar, erhältlich ist. Es gibt auch noch Vliese aus reiner Wolle, die zwar teurer sind, dafür aber aus natürlichem Material bestehen, mit guten klimatisierenden Eigenschaften. Allerdings können sie sich beim Waschen etwas verziehen.

Webbindung
⇨ Bindung

Webetikett
Es gibt fertige Webetiketten zu kaufen, die man an Modellen aus selbstbemalter Seide anbringen kann. Sie weisen den Stoff als reine Seide aus oder geben auch Pflegehinweise. Außerdem kann man sich Webetiketten individuell besticken lassen (Schneiderbedarf).

Weiß
⇨ Reservierung

Wickelbatik
⇨ Plangi

Wildseide
Siehe „Stichwort ..."

S T I C H W O R T

Wildseide

◆ Wildseiden werden von einem Nachtschmetterling gewonnen, dessen Raupen nicht gezüchtet werden können. Im Gegensatz dazu steht die Maulbeerseide, deren Raupen (sie fressen Maulbeerblätter) sozusagen als Haustiere gehalten und gezüchtet werden. Aus ihren Kokons gewinnt man die feinsten Seiden.

◆ Die bekannteste Wildseide ist die Tussahseide, die vom Eichenspinner stammt, der in Indien und China beheimatet ist. Seinen Namen erhielt er von seiner bevorzugten Nahrung, den Blättern des Eichenbaumes. Sein Kokon ist etwa hühnereigroß und eher bräunlich, die äußere Hülle besteht aus losen Fadenstückchen.

◆ Die Kokons mancher Eichenspinner aus China können wie die des Maulbeerspinners gut abgehaspelt werden, das heißt, man gewinnt auf diese Weise „Endlosfäden", die sich gut weiterverarbeiten lassen. Alle anderen Kokonanteile müssen versponnen werden, da sie härter und gröber sind und sich nur als kurze Stücke abwickeln lassen. Der Querschnitt der Tussahseidenfaser ist länglich und keilförmig, deshalb ist diese Seide weniger glänzend. Ein weiterer Nachteil dieses Materials ist die braune Farbe, die sich kaum bleichen läßt. Insgesamt hat Wildseide also eine etwas „derbere" Optik.

◆ Ein Vorteil der Wildseide gegenüber Maulbeerseide ist ihre größere Unempfindlichkeit gegen Säuren und Laugen. Sie sind deshalb haltbarer, vor allem in Hinblick auf häufiges Waschen. Der Preis von Wildseide liegt oft erheblich unter dem von Maulbeerseide; durch die Garnunregelmäßigkeiten (Flammencharakter) sind solche Stoffe in der Mode sehr geschätzt: Solche mit Unregelmäßigkeiten in Kette und Schuß nennt man oft Shantung; liegen sie nur im Schuß, also quer zur Webkante, spricht man von Honan.
(Literatur: 27)

Wohndesign
⟿ Heimtextilien

Wolkenbildung
⟿ Randbildung

Wolletamine
Gewebe aus Wolle, auch Etamine de Laine genannt, mit einem ⟿ Stoffgewicht von 100 g/m bei 140 cm Breite. Da Wolle wie Seide eine Eiweißfaser ist, kann man auf solchen Geweben mit ⟿ Dampffixierfarben malen und den Stoff wie üblich fixieren. Auch mit ⟿ Bügelfixierfarben ist dieser Stoff bemalbar. Im Prinzip lassen sich alle Techniken der Seidenmalerei auch auf Wolle ausführen, vielleicht einmal eine abwechslungsreiche Alternative zu Seidenstoffen. Es eignen sich auch andere Wollstoffe, doch sollten sie ebenfalls fein und nicht zu flauschig sein. Da Wolle natürliches Fett enthalten kann, sollte man sie vor dem Bemalen von Hand waschen (Feinwaschmittel) und abschließend gut spülen.
Bei der Malerei ist zu beachten: Die Farbe fließt kaum, das Gewebe „schluckt" sehr viel davon. Deshalb sollte immer mit zumindest leicht verdünnter Farbe gemalt werden. Durch Zugabe von ⟿ Alkohol und Wasser oder von speziellem ⟿ Verdünnungsmittel wird das ⟿ Fließverhalten der Farbe verbessert. Bei der ⟿ Dampffixierung sollte die Fixierdauer um eine Stunde erhöht werden. Bügelfixierfarben können mit dem Bügeleisen (Wolleinstellung) haltbar gemacht werden. Konturenmittel sollte man ebenfalls verdünnen, am besten verwendet man auch eine breitere ⟿ Aufsatzdüse als gewöhnlich (0,9 mm zum Beispiel). Bei Manteltüchern aus Wolle wählt man meistens eine Fransenkante. Die einfachste Methode: Man zieht längs zum Rand Fäden heraus.

Yard
Englisches Längenmaß, Abkürzung yd.
Bei Stoffen wird die Meterware auf dem
Ballen meistens in Yard angegeben.
Für die Umrechnung bedeutet das:
1 yd = 0,9144 m.

Zauberstift
⇨ Phantomstift

Zeichnung
⇨ Entwurf gestalten

Zerstäuber
⇨ Spritztechnik

Zuchtseide
⇨ Seidenraupenzucht

Zuckersiruptechnik
Zuckersirup wurde in den Anfängen der
Seidenmalerei als eine Art Trenn- oder
⇨ Konturenmittel benutzt. Schließlich
entdeckte man die Möglichkeit des

**Zuckersiruptechnik: Friedel Schilling kombi-
nierte sie mit anderen Verfahren**

experimentellen Gestaltens mit dieser
Substanz. Es entstehen zum Teil zufäl-
lige, zum Teil steuerbare Effekte, die
sehr geheimnisvoll wirken und eine
eigene charakteristische Optik besitzen.
Man kann für diese Technik die verschiedensten Seidenqualitäten verwenden, dünne und dichter gewebte, glatte
Stoffe und solche mit Struktur. Neben
dem sonst üblichen Malmaterial
benötigen Sie nur noch den Zuckersirup: Dazu wird ein Teil Zucker in
einem Teil Wasser aufgelöst (1:1). Für
kleinere Stoffzuschnitte genügt je eine
Tasse von beidem. Diese Zuckerlösung
wird erhitzt, bis sie zu kochen beginnt.
Dabei durchläuft sie verschiedene
Stadien und ist schließlich zu Sirup
eingedickt, der aber nicht braun werden
darf. Man verwendet ihn lauwarm oder
läßt ihn zuerst erkalten.
Wird das Eindicken zwischendurch
gestoppt, erhält man eine etwas flüssi-
gere Zuckerlösung, mit der man eben-

Zwischenfixierung: Zweimal sicherte Friedel Schilling das Zwischenergebnis ihrer Malerei

kann, abhängig von Zimmertemperatur und Luftfeuchtigkeit, unter Umständen mehrere Tage dauern. Ähnlich wie bei der ⇨ Salzeffekttechnik entwickelt sich auch hier der Effekt noch während der gesamten Trocknungszeit. Solange Sirup und Farbe noch feucht sind, reagieren sie miteinander.

4. Wenn die Malerei und der Sirup gut durchgetrocknet sind, fixiert man die Farbe wie gewohnt.

5. Nach dem Fixieren wird die Seide in warmem Wasser ausgewaschen, um alle Zuckerrückstände zu entfernen. (Literatur: 27)

Zufall
⇨ experimentelle Techniken; ⇨ Salzeffekttechnik; ⇨ Plissiertechnik; ⇨ Shibori

Zupftechnik
⇨ Action-painting

Zwillingskokon
⇨ Doppelkokon

Zwirnen
⇨ Filieren

Zwischenfixierung
Möchte man in mehreren Phasen malen, vor allem auch Farben übereinandersetzen (⇨ Schichten), empfiehlt es sich, eine oder mehrere Zwischenfixierungen vorzunehmen. Das hat den Vorteil, daß die untere Malerei in ihrem Charakter erhalten bleibt und bei der Übermalung nicht angelöst werden kann, was oft „Wolken" erzeugt. Auch bleiben etwa Ränder oder Strukturen der ⇨ Salzeffekttechnik sichtbar, wenn man alles übermalt (⇨ Lasur). Die Wirkung von ⇨ Transparenz läßt sich so am besten erzeugen. Der Nachteil: Eine Fixierung kostet Zeit; die Arbeit muß unterbrochen werden.

falls arbeiten kann. Je nach Konsistenz des Sirups fallen die Effekte verschieden aus. Wenn man ihn aufbewahren möchte, kann es sein, daß er nach ein paar Tagen kristallisiert ist. In diesem Fall gießt man einfach heißes Wasser zu und kocht ihn nochmals auf. Die Arbeitsschritte dieser Technik sind vielfältig und fordern zum Experimentieren auf.

1. Man trägt den Sirup mit Pinseln, Bürsten oder Löffeln auf die bemalte oder weiße Seide auf. Das kann in Bahnen, Kreisen oder in „wohlgeordnetem Chaos" geschehen, der Phantasie sind hier keine Grenzen gesetzt.

2. Die Zwischenräume malt man mit Seidenmalfarben aus, der Sirup darf dabei berührt werden, auch kann man über ihn hinwegstreichen.

3. Nach Beendigung der Arbeit läßt man alles gründlich trocknen. Hier muß man etwas Geduld und genügend Lagermöglichkeiten haben, denn das

Wenn Probleme auftauchen

Die Seidenmalerei ist eine recht spontane Maltechnik; sie gewährt daher nicht nur viel künstlerische Freiheit, sondern kann leider auch Anlaß zu manch einer Enttäuschung bieten: Die Farben fließen im Stoff nicht richtig auseinander, sie trocknen zu schnell, bilden Ränder, die Konturenmittel verhalten sich auch nicht immer so wie gewollt und so weiter.

Um aber gleich allzu hohen Erwartungen vorzubeugen, muß deutlich gesagt werden: Was hier als „Pannenhilfe" angekündigt wird, darf nicht so verstanden werden, als ob man jedes unvorhergesehene Ereignis auf der Seide einfach rückgängig machen könnte. Es gibt nun einmal Fehler, die sich kaum hundertprozentig im nachhinein korrigieren lassen. Zumindest nicht so, daß man nichts mehr von der Panne sieht.

Es geht statt dessen in erster Linie darum, Fehler bewußt wahrzunehmen, die Ursachen zu erkennen und dann die Fehler zu beheben oder sie in die Gestaltung geschickt einzubeziehen. Noch viel besser ist es natürlich, wenn man sie beim nächsten Mal erst gar nicht entstehen läßt, wenn man aus den Fehlern lernt. Deshalb an dieser Stelle ein wichtiger Tip:

Bevor Sie sich an aufwendige Arbeiten in vielleicht neuer Technik und mit neuen Materialien heranwagen, sollten Sie unbedingt auf einem Probestück die vorgesehenen Arbeitsweisen testen. Sie ersparen sich dadurch möglicherweise viel Ärger, Zeit und sogar bares Geld. Geduld, häufiges wachsames Üben und spielerisches Ausprobieren macht schließlich nicht nur Spaß, sondern führt gleichzeitig dazu, daß Sie die Seidenmalerei mehr und mehr beherrschen lernen.

Damit Sie sich besser zurechtfinden, ist alles thematisch nach Arbeitsvorgängen gegliedert. Einen Anspruch auf Vollständigkeit erhebt diese Tabelle nicht, dazu ist die Seidenmalerei zu vielfältig, sind die Arbeitsmethoden individuell zu verschieden.

Schal und Tuch malte Monika Neubacher-Fesser

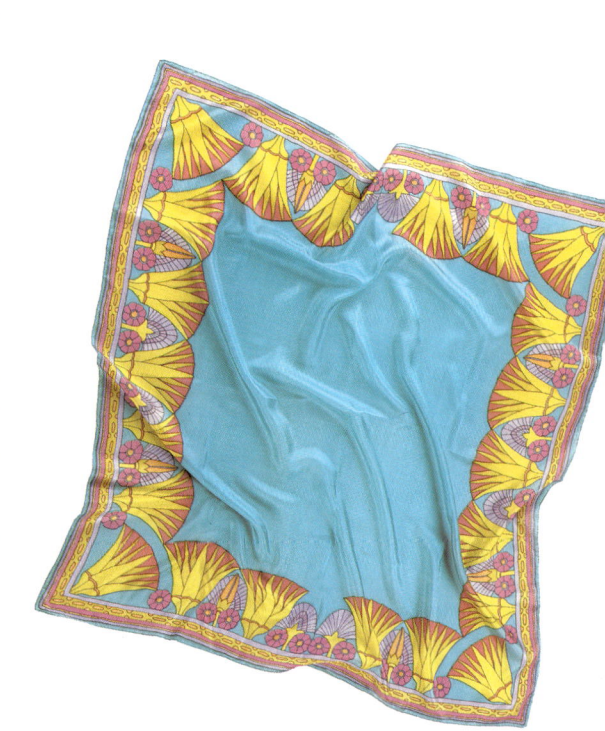

Aufspannen der Seide

Für die meisten Seidenmaltechniken arbeitet man auf straff gespannter Seide. Wer hier nicht sorgfältig vorgeht, kann später beim Malen Schwierigkeiten bekommen.

Probleme	Mögliche Ursachen	Abhilfe, Vorbeugung
Die Befestigungselemente lassen sich nicht gut in den Holzrahmen stecken.	Die Elemente sind viel zu dick oder zu stumpf – was zusätzlich die Seide beschädigt.	Statt Heftzwecken oder Nägel lieber Stoß- oder Pinnwandnadeln, feste Stecknadeln mit großem Kopf oder eventuell Dreizackstifte verwenden.
	Das Holz ist zu hart.	Anderen Rahmen verwenden; das Holz käuflicher Seidenmalrahmen ist weich genug. Bei selbstgebauten Rahmen weiche Holzarten wählen. (Balsa ist zu weich.)
		Stoff zur Not mit Klebeband befestigen, den Seidenrand später abschneiden.
Der Malrahmen paßt in der Größe nicht zum vorgesehenen Stoff.	Der Rahmen ist zu groß oder läßt sich nicht klein genug einstellen.	Spannkrallen mit Gummibändern verwenden, um den Abstand zu überbrücken.
		Den Rahmen größer einstellen und ein größeres Seidenstück aufspannen: Darauf dann mehrere kleine Arbeiten gestalten; die Formate vorher mit Gutta-Doppellinien gegeneinander abgrenzen.
	Der Rahmen ist zu klein.	Größeren Rahmen beschaffen.
		Bei längeren Stoffbahnen: die Seide nur zwischen zwei Latten spannen, dazu Tapezierböcke zur Hilfe nehmen.
Es bilden sich Spannungsstreifen im Gewebe.	Die Seide wurde zu straff und zudem falsch aufgespannt.	Die Befestigungselemente gegenüberliegender Seiten stets auf Lücke anordnen.

Farbe auftragen – mit und ohne Grundierung

Schon was sehr einfach aussehen mag, ist mitunter schwierig zu bewerkstelligen: etwa eine ganz gleichmäßige Flächenbemalung. Je nach Maltechnik können ganz verschiedene Probleme auftauchen; einige wichtige sind hier herausgegriffen.

Probleme	Mögliche Ursachen	Abhilfe, Vorbeugung
Die Farbe fließt nicht richtig im Gewebe auseinander.	Die Seide ist sehr dick und nimmt dadurch sehr viel Farbe auf, hält sie fest.	Dünnere Seide verwenden.
	Das Gewebe enthält viel Appretur vom Herstellungsprozeß.	Stoff vor dem Bemalen von Hand waschen und gut ausspülen.
	Die Seide wurde zuvor mit einer Grundierung präpariert (Salzlösung, Verdickungsmittel, Gutta-Benzin-Grundierung, Aquarellgrund).	Grundierung herauswaschen oder Seide reinigen lassen (bei Gutta-Benzin-Grundierung).
	Die Farbe wurde zuvor mit Verdickungsmittel angesetzt.	Andere, unverdickte Farbe verwenden.
	Das gewählte Fabrikat ist generell nicht fließfreudig, was zum Beispiel bei bügelfixierbaren Produkten der Fall sein kann – vor allem, wenn man übereinandermalt (Schichttechnik).	Der Farbe entweder ein Diffusantmittel zusetzen, das die Fließfreudigkeit erhöht, oder ganz andere Farben verwenden.
	Der Pinsel enthält zuwenig Farbe, sie trocknet sehr rasch.	Dickeren Pinsel verwenden und diesen gut mit Farbe sättigen.
Es bilden sich Pfützen und Tropfen auf bzw. unter der Seide.	Die Seide wurde eventuell ungleichmäßig straff aufgespannt, und es wurde zusätzlich sehr viel Farbe aufgetragen.	Überschüssige Farbe vorsichtig abtupfen (mit trockenem Pinsel, Küchenkrepp); Seide eventuell nachspannen.

Probleme	Mögliche Ursachen	Abhilfe, Vorbeugung
Es bilden sich beim Aquarellieren streifige, unregelmäßige Verläufe.	Die Farbe enthält zuwenig Alkohol oder Verdünner.	Speziellen Verdünner zusetzen oder einen Verschnitt aus Wasser und Alkohol.
	Es wurde mit relativ dünnem Pinsel gemalt.	Dickeren Pinsel verwenden und ihn gut mit Farbe sättigen.
	Es wurde zu zart und vorsichtig gemalt.	Die Farbe zügig reibend auftragen, damit sie gut verteilt wird. Weiche Übergänge eventuell mit einem Borstenpinsel nacharbeiten.
Nach einer Grundierung mit einer Gutta-Benzin-Lösung perlt die Farbe ab.	Der Anteil der Gutta in der Lösung ist zu hoch.	Das Verhältnis 1:8 (ein Teil Gutta zu acht Teilen Waschbenzin) hat sich in der Praxis bewährt.
	Die Grundierung wurde teilweise mehrfach übereinander geschichtet.	Die Lösung mit einem breiten Flächenpinsel zügig in gleichmäßigen Streifen auf die Seide streichen, nicht kreuz und quer.
Der Pinselstrich auf der Grundierung wirkt nicht klar, sondern verschwommen oder zittrig-fransig.	Es wurde mit einer Salzgrundierung präpariert.	Für klar begrenzte Pinselstriche besser auf einer Gutta-Benzin-Grundierung oder auf einer Präparierung aus einem Gemisch aus Verdicker und Wasser malen.
	Die Grundierungslösung ist zu schwach.	Den Anteil der Gutta bzw. des Verdickers erhöhen.
Bei der Spachtel- oder Drucktechnik gibt es keine klaren Formen oder Abdrücke.	Die Konsistenz des zugesetzten Verdickers ist zu flüssig, oder es ist zuwenig davon in der Farbe.	Verdickeranteil gegenüber der Farbe erhöhen, eventuell Gummiarabicum zum Verdicken verwenden.

Auswasch- und Salzeffekte

Durch den Einsatz von Salz, Alkohol oder Wasser kann man Verschiebungen der Farben im Seidengewebe bewirken. Diese Effekte fallen je nach Technik ganz verschieden aus – und nicht immer gelingen sie auf Anhieb.

Probleme	Mögliche Ursachen	Abhilfe, Vorbeugung
Salzeffekt funktioniert nur ungenügend oder gar nicht.	Der Effekt ist möglicherweise noch nicht abgeschlossen.	Erst wenn die Seide vollkommen trocken ist, kann man beurteilen, ob und wie stark das Salz gewirkt hat. Je länger die Trockenzeit dauert, um so besser. Seide nicht fönen oder der Heizung aussetzen – es sei denn, man möchte die Strukturbildung stoppen.
	Die Farbe auf der Seide ist bereits zu trocken, das Salz kann keine Feuchtigkeit anziehen, der Effekt bleibt aus.	Das Salz immer auf die gut feuchte Seide streuen.
	Die Seide ist zu naß, das Salz „ertrinkt" in der Farbe und kann dadurch unwirksam werden.	Pfützen und Tropfen sind zu vermeiden, eventuell die Seide vor dem Aufstreuen des Salzes mit Küchenkrepp abtupfen.
	Die Seide hatte beim Aufstreuen des Salzes zwar die richtige Feuchtigkeit, doch ist die Farbe zu schnell getrocknet – noch bevor das Salz wirken konnte.	Hohe Raumtemperatur meiden, kühle Räume sind besser geeignet. Auch die Nähe zu Heizkörpern (oder das Arbeiten in der Sonne) schränkt den Effekt ein.
	Das Salz selbst kann zu feucht sein, es ist gesättigt und wirkt dadurch nicht mehr. So etwas kann schon allein durch die Luftfeuchtigkeit geschehen.	Nur trockenes Salz verwenden, sei es Effekt-, Bäcker- oder Haushaltssalz. Man kann es auch leicht selbst trocknen: indem man es zum Beispiel auf Alufolie streut und im Backofen bei 100° C etwa 10–20 Minuten erhitzt oder in die Sonne stellt.
	Die Farbe ist nicht für Salzeffekte geeignet. Von Farbton zu Farbton, aber auch von Fabrikat zu Fabrikat, kann der Effekt verschieden ausfallen.	Machen Sie zuerst Versuche an einem Probestück. In der Regel ergeben bügelfixierbare Farben den geringsten, dampffixierbare Sorten und Reaktivfarben den besten Effekt.

Probleme	Mögliche Ursachen	Abhilfe, Vorbeugung
Die Effekte mit Alkohol fallen nicht so scharfkantig aus wie üblich, sondern unregelmäßig-diffus oder gezackt.	Es wurde zuviel Alkohol auf einmal aufgetragen, der dann nicht so schnell trocknet.	Immer den Pinsel zuerst etwas abstreifen, bevor der Alkoholauftrag vorgenommen wird.
	Die Farbe auf der Seide ist noch naß oder feucht.	Für deutliche Auswascheffekte den Alkohol nur auf vollkommen trockene Seide auftragen. Eventuell den Stoff vorher fönen.
Auswascheffekte lassen sich überhaupt erst nicht erzeugen.	Man hat mit Bügelfixierfarben gemalt, die Pigmente lassen sich aufgrund des Bindemittels nicht mehr anlösen, wenn sie einmal getrocknet sind.	Solange die Bügelfixierfarbe noch feucht ist, kann man bisweilen Auswascheffekte erzielen. Meistens muß man diese Stellen mehrfach „behandeln".
Die Auswascheffekte fallen langweilig und ausdruckslos aus.	Die Bemalung wird stark von den Grundfarben Rot, Gelb und Blau dominiert.	Besonders ausdrucksvoll werden Auswascheffekte bei gemischten Farben. Hier sorgt die Farbtrennung der beteiligten Komponenten für lebendige Nuancen und Zwischentöne.

Reservieren mit Konturenmitteln und Wachs

Das Gestalten mit Hilfe von Konturenmitteln zählt immer noch zu den beliebtesten klassischen Techniken in der Seidenmalerei, und in zunehmendem Maße wird auch Wachs verwendet, um Stoff zu reservieren, ihn also gegen den nachfolgenden Farbauftrag abzudichten. Doch kommt es gerade beim Umgang mit Konturenmitteln (Gutta) sehr häufig zu „Pannen", vor allem, wenn man noch ungeübt ist.

Probleme	Mögliche Ursachen	Abhilfe, Vorbeugung
Konturenmittel dichtet nicht ab, und zwar läuft die Farbe diffus und wie ein schmales Band zur benachbarten Fläche herüber.	Die Konsistenz des Konturenmittels ist generell zu dickflüssig, es durchdringt die Seide nicht richtig.	Das Mittel muß vorsichtig verdünnt werden: wasserlösliches Konturenmittel mit Wasser, Gutta mit Waschbenzin. Der oftmals gegebene Tip, die Kontur zusätzlich nochmals auf der Rückseite der Seide nachzuziehen, ist nur als Rettung für den Notfall zu betrachten. Als Methode an sich für korrekte Trennlinien ist das Verfahren weder besonders praktisch noch ästhetisch.
	Die Konsistenz des Konturenmittels ist zu dickflüssig für den gewählten Seidenstoff.	Grundsätzlich ist für dickere Stoffe bezinhaltige Gutta besser geeignet als wasserlösliches Konturenmittel. Es ist dünnflüssiger anwendbar und hat dennoch hervorragende Abdichteigenschaften. Wenn das schnellflüchtige Benzin verdunstet ist, bleibt ein feiner Gummifilm zurück, der weder durch Wasser noch durch Farbe angelöst werden kann.
Das Konturenmittel dichtet nicht ab, und zwar bildet sich ein tropfen- oder kreisförmiger Farbfleck auf der anderen Seite der Trennlinie (Überläufer).	Unkorrekter Konturenauftrag, offene Stelle im Konturenstrich. Eventuell waren Luftblasen im Konturenmittel, die ausgetreten sind und den Konturenauftrag unterbrochen haben.	Vor dem Malen zur Kontrolle den Rahmen mit der aufgespannten Seide vor eine Lichtquelle, zum Beispiel ein Fenster, halten. So können Sie eventuelle Fehler schon jetzt erkennen und ausbessern.

Auftrag von Wasser vor dem Malen, um die Dichtigkeit zu prüfen. |

Probleme	Mögliche Ursachen	Abhilfe, Vorbeugung
		Beim Ausmalen stets mit den hellen Farben beginnen, solche Überläufer lassen sich besser korrigieren als dunkle.
	Das Mittel wurde zu schnell aufgetragen, die Linie ist deswegen zu fein ausgefallen. Passiert häufig vor allem dann, wenn man „schwungvoll" zeichnen möchte.	Zunächst mit einem Phantomstift die Kontur vorzeichnen, denn damit kann man sowohl eine gerade Linie mit Hilfe des Lineals als auch schwungvoll zeichnen. Beim Nachziehen mit Konturenmittel kann man sich dann genügend Zeit lassen.
		Generell den Überläufer in die Gestaltung integrieren: Nachdem Sie die undichte Stelle durch erneuten Konturenauftrag „verarztet" haben, füllen Sie die Fläche, in der der Überläufer ist, mit Farbe aus. Wählen Sie einen Ton, der sich vom Überläufer nicht kraß unterscheidet. Nach dem Ausmalen verreiben Sie den störenden Farbfleck, am besten mit einem Borstenpinsel. (Geht nicht bei Bügelfixierfarben, hier hilft nur Übermalen.)
Die Konturen sind dicht, und trotzdem gab es Pannen (Überläufer).	Man ist mit der Pinselspitze zu nah an die Kontur geraten, die Farbe hat keinen Platz, um sich auszubreiten – sie fließt über.	Nicht zu nahe an der Kontur entlang malen. Etwa 1 cm Abstand genügt, denn man kann das Fließverhalten der Farbe ausnutzen.
	Das wasserlösliche Konturenmittel ist noch nicht trocken, es löst sich durch die Farbe an und dichtet nicht ab.	Wasserlösliches Konturenmittel braucht längere Zeit zum Trocknen als bezinlösliche Gutta. Um die Wartezeit abzukürzen, kann man die Linien fönen.
Die Gutta oder das Konturenmittel fließt nicht durch die Aufsatzdüse.	Die Düse ist verstopft, meistens durch Eintrocknen des Mittels.	Mit einer Nadel den Ausfluß durchstechen. Dem Eintrocknen durch gutes Verschließen vorbeugen. Guttagefüllte Plastikfläschchen in einem Marmeladenglas mit etwas Waschbenzin geschlossen aufbewahren.

Probleme	Mögliche Ursachen	Abhilfe, Vorbeugung
	Man hat Metallic-Konturenmittel verwendet. Die Metallic-Pigmente sind relativ groß, die Düse ist für die pastose Substanz zu fein.	Aufsatzdüse mit größerem Querschnitt auf das Plastikfläschchen setzen.
Die mit dem Konturenmittel gezeichneten Linien fallen zittrig und unregelmäßig aus.	Bei wenig Übung hat man oft Schwierigkeiten, eine gerade Linie zu ziehen.	Mit dem Lineal und dem Phantomstift können gerade Linien als Hilfe vorgezeichnet werden, die man dann sorgfältig nachzieht. Man kann, um Hand oder Arm abzustützen, eine Leiste quer über den Rahmen legen. Sie läßt sich beliebig verschieben.
Die Konturen zeigen „Beulen", nachdem die Seide abgespannt, fixiert und gewaschen wurde.	Die Seide wurde nicht fadengerade aufgespannt.	Auf fadengerades Aufspannen achten, eventuell die Anzahl der Befestigungselemente erhöhen, damit der Rand (und somit das ganze Gewebe) nicht wellig wird.
Konturenlinien, parallel und recht dicht am Rand, sind nach dem Fixieren und Waschen wellig.	Eine auf einen wellig aufgespannten Rand gezogene gerade Linie muß zwangsläufig wellig werden, wenn die Stoffkante wieder entspannt ist.	Für Linien, die parallel zum Rand verlaufen: Seide zunächst nur an den Ecken befestigen. Die Aufsatzdüse wird im gewünschten Randabstand auf die Seide gesetzt, der kleine Finger wird fest an den äußeren Rahmenrand gelegt. So zieht man die Hand ganz ruhig am Rand entlang, wobei die Stütze des kleinen Fingers für gerade Linien und gleichmäßigen Abstand sorgt. Selbst wenn dabei ein großer Bogen entsteht: er ist weniger auffällig als viele kleine Wellen.

Probleme	Mögliche Ursachen	Abhilfe, Vorbeugung
Verdickungen am Anfang der Linie, bei Ansatzstellen.	Beim Aufsetzen der Aufsatzdüse kommt zunächst ein dickerer Tropfen Konturenmittel aus dem Fläschchen.	Auf die Seide vor dem Ansetzen der Konturenlinie ein Stück Papier legen, so daß der Anfangstropfen vom Papier aufgenommen wird. Das geht aber nur, wenn man keine andere Linie damit verschmiert. Ansonsten: In der linken Hand hält man ein Stück Küchenkrepp dicht über der Seide, auf dem man die Düse zunächst abstreift.
Bei der Wachstechnik zieht das geschmolzene Wachs nicht richtig in die Seide ein.	Die Seide war feucht, dann kann das (wasserabstoßende) Wachs nicht eindringen.	Die Seide muß immer vollkommen trocken sein. Das sollten Sie vor allem auch beachten, wenn man in mehreren Schritten färbt und reserviert. Fönen darf man nur mit genügend Abstand, das Wachs würde unter Umständen schmelzen.
	Die Schmelztemperatur des Wachses ist zu niedrig. Es wirkt weißlich, wenn es nicht in den Stoff eindringt. Ansonsten wird das Gewebe dunkler.	Entweder in der Nähe der Heizquelle arbeiten (bei der Wasserbadmethode), damit der Topf immer heiß gehalten werden kann. Oder man verwendet den elektrischen Wachswärmer, dessen Temperatur automatisch geregelt wird.

Unzufriedenheit mit der Malerei

Auch bei den kreativsten Menschen gibt es manchmal frustrierende Momente, sei es, daß eine Konturenlinie nicht schön ausfällt, sei es, daß man die komplette Komposition auf einmal völlig mißlungen findet. Bei vielen traditionellen Maltechniken kann dann einfach mit deckenden Farben übermalt werden. Die Seidenmalerei mit ihren transparenten Farben läßt diese Möglichkeit nicht zu. Doch auch hier gibt es Lösungen, um aus der Seide noch etwas zu machen.

Probleme	Mögliche Ursachen	Abhilfe, Vorbeugung
Die Farbe gefällt nicht, sie wirkt anders als beim Farbauftrag selbst.	Nach dem Trocknen der Seide hat sich der Farbton etwas verändert, oder er wirkt viel heller, was aber normal ist.	Die betroffenen Flächen noch einmal übermalen: mit dem gleichen oder mit einem leicht verdünnten Farbton. Man kann auch eine andere Farbe darübermalen, die sich mit dem Ton darunter mischt. Dabei sind aber die Regeln des Farbenmischens zu beachten, damit man nicht ungewollt „schmutzige" Grau-Braun-Töne erhält.
Man empfindet die gesamte Komposition und Farbgestaltung als völlig mißglückt und würde diese Arbeit am liebsten wegwerfen.	Man hatte einen schlechten Tag, an dem einfach nichts gelingt. Vielleicht hatte man zu enge und festgelegte Vorstellungen über die Gestaltung, und man ist nun enttäuscht.	Eventuell zuerst einmal das Problem „überschlafen". Mit etwas distanzierterer Haltung finden sich in den nächsten Tagen eventuell zündende Ideen, um die Arbeit zu verbessern. Ideen zum Weitergestalten, bevor man ans Wegwerfen oder Entfärben denkt: Man kann in der Schichttechnik weiterarbeiten: Konturen über die Malerei ziehen, Felder abgrenzen und ausmalen; oder man entscheidet sich für die Wachstechnik oder für den Einsatz verdickter, dunklerer Farbe.

Probleme	Mögliche Ursachen	Abhilfe, Vorbeugung
		Den Stoff vom Spannrahmen abnehmen und in der Plissiertechnik mustern, auch mit Plangi (Abbinden) oder im Dip-dyeing-Verfahren (Tauchfärben).
		Tuch als „Experimentiertuch" verwenden: Nun erst richtig der Phantasie freien Lauf lassen und Sachen ausprobieren, die man sich vorher vielleicht noch nicht getraut hat. Dieses Tuch kann später tolle Teilausschnitte für Broschen oder Passepartoutkarten liefern.
		Wenn nichts mehr hilft: Die Seide mit handelsüblichem Entfärber für feine Textilien mit niedriger Temperatur kochen. Die Farbe darf aber noch nicht fixiert gewesen sein. Auch Bügelfixierfarben kann man schlecht oder gar nicht mehr aus der Seide entfernen.

Vom Fixieren zum Waschen

Die Dampffixierung ist das Fixierverfahren, das für die brillanteste Farbwirkung sorgt. Diese besondere Intensität der Malerei entschädigt für den größeren Aufwand gegenüber anderen Fixiermethoden. Damit die Freude nicht getrübt wird, sollte man Fehlerquellen von vornherein ausschalten. Doch auch bei der Seidenpflege zahlt sich besondere Sorgfalt aus.

Probleme	Mögliche Ursachen	Abhilfe, Vorbeugung
Beim Fixieren im Kochtopf gibt es Knicke in der Seide.	Das enge Einwickeln in Papier hat für die harten Knicke gesorgt.	Statt Papier Baumwollstoff verwenden, er sorgt für weichere Rundungen im Gewebe, mildert die Knicke. Die Seide in Wasser tauchen, leicht ausdrücken, auf einem Handtuch vortrocknen und schließlich heiß trockenbügeln, vor allem die Knickstellen. Seide, die für ein Bild bemalt wurde, glatt auf Lampenschirmfolie aufziehen. Manchmal hilft Bügelstärke, doch geht damit (vorübergehend) der weiche Fall der Seide verloren.
Beim Fixieren im Fixiergerät gibt es Knicke in der Seide.	Unsachgemäßes Aufrollen der Seide auf die Fixierstange.	Stets das Fixiergut auf einer glatten, ausreichend großen Unterlage auslegen; jede Schicht (Papier und Seide) glatt ausstreichen. Ansonsten: Siehe oben.
	Die Seide wurde vor dem Fixieren gefaltet aufbewahrt.	Seide mit Falten vor dem Fixieren bügeln.
Beim Fixieren im Kochtopf gibt es Wasserflecken in der Malerei.	Die Deckelwölbung ist nicht ausreichend.	Bei guter Deckelwölbung kann das Kondenswasser innen seitlich ablaufen und fällt nicht nach unten auf das Fixiergut.

Probleme	Mögliche Ursachen	Abhilfe, Vorbeugung
	Fixiergut wurde nicht in Alufolie verpackt, vor allem oben nicht gut abgedeckt.	Das Fixiergut (in Papier gewickelte Seide) gut mit Alufolie abdecken oder sogar verschließen – die Praxis hat gezeigt, daß trotzdem eine Fixierung erfolgt, solange irgendwo Dampf durch die Hülle dringen kann.
	Der Abstand zwischen Siebeinsatz und Füllhöhe des Wassers ist nicht ausreichend gewesen.	Auf ausreichenden Abstand zum Wasser achten, denn es spritzt beim Kochen hoch.
Das Flüssigfixiermittel für Reaktivfarben trocknet an und läßt sich kaum auswaschen.	Die Trockenzeit war zu lang.	Flüssiges Fixiermittel darf nicht viel länger als zwei Stunden einwirken. Eventuell die Seide zwischen Plastik- oder Alufolie legen, um eine frühzeitige Trocknung zu verhindern.
	Die Raumtemperatur war zu hoch.	Die mit Fixiermittel eingestrichene Seide nicht in der Nähe von Heizkörpern oder in der Sonne trocknen lassen.
Beim Auswaschen nach der Flüssigfixierung hat sich die Bemalung zum Teil verfärbt.	Beim Auswaschen des Mittels verfärben abblätternde Teile den Stoff, vor allem bei Verwendung konzentrierter Farben.	Die fixierte Seide nur unter fließendem Wasser auswaschen, nicht im Wasser liegen lassen.
Türkisfarben bemalte Bereiche der Seide bekommen beim Waschen Flecken.	Türkis braucht eine längere Fixierzeit, bedingt durch den verwendeten Farbstoff.	Fixierdauer erhöhen, wenn mit Türkis gemalt wurde.

Probleme	Mögliche Ursachen	Abhilfe, Vorbeugung
Beim Waschen der handbemalten und fixierten Seide blutet Farbe aus.	Die Fixierdauer war eventuell zu kurz bemessen.	Bei der Dampffixierung im Fixiergerät mindestens 90 Minuten (nach Kochbeginn des Wassers) fixieren. Bei der Fixierung im Dampfdrucktopf 60 Minuten, im normalen Kochtopf mindestens 90 Minuten fixieren.
	Es handelt sich um den normalen Farbüberschuß, den die Seide nicht aufnehmen kann, vor allem bei dünnen Stoffen und bei konzentrierter Farbe.	Die ersten zwei bis drei Wäschen die Seide separat waschen.
	Der verwendete Seidenstoff ist sehr dünn und kann dadurch nur begrenzt Farbmittel aufnehmen; überschüssige Farbe blutet beim Waschen aus.	Von vornherein dickere Seide verwenden, wenn eine intensive Farbigkeit gewünscht wird.
Beim Waschen handbemalter Wolle (etwa Wolletamine) blutet Farbe aus.	Die Fixierdauer war zu kurz.	Wolletamine muß länger fixiert werden, mindestens 120 Minuten.
Die Vorzeichnung für das Konturenmittel läßt sich nicht entfernen.	Man hat mit schwer zu entfernendem, mit zu hartem Bleistift vorgezeichnet.	Entweder mit wasservermalbarem Bleistift oder mit dem Phantomstift arbeiten: Dessen Linien verschwinden nach drei bis zwölf Stunden von selbst.
Beim Entfernen der gefärbten Gutta in der Reinigung wird die Farbe der Kontur mit entfernt.	Die zum Färben verwendete Farbe ist nicht reinigungsbeständig.	Seide nach der Reinigung aufspannen und die Linien mit Textilmalstiften nachziehen.
		Dickere Seide verwenden, hier bleibt die Farbe besser erhalten.
		Von vornherein wasserlösliches, farbiges Konturenmittel verwenden.

Probleme	Mögliche Ursachen	Abhilfe, Vorbeugung
In der Reinigung gehen Metallic-Pigmente von Metallic-Gutta verloren.	Metallic-Pigmente sind mit der Gutta verbunden und werden bei deren Reinigung mit entfernt.	Die gereinigte Seide aufspannen und mit Metallic-Lackstiften die Konturen sorgfältig nachziehen. Von vornherein wasserlösliches, einbügelbares Metallic-Konturenmittel verwenden.
Aus Versehen gerät Seidenmalfarbe an die Kleidung.	Je nach Farbmittel und Faserart der Kleidung lassen sich Farbflecken mehr oder weniger gut entfernen. Lesen Sie im Lexikonteil unter dem Stichwort „Farbentfernung" nach.	Allgemein kann man sagen: Flecken lassen sich durch eine Wäsche meistens vollständig entfernen, wenn das verwendete Farbmittel keine Affinität zur Faserart der Kleidung besitzt. Falls das aber dennoch der Fall ist, gilt auch hier: Solange die Farbe noch nicht eingetrocknet ist, bestehen gute Chancen, wenn man den Stoff sofort wäscht.
Aus Versehen entstandene Farbflecken von Seidenmalfarbe lassen sich aus der Kleidung beim Waschen nicht entfernen.	Es handelt sich um eine Bügelfixierfarbe oder um Stoffmalfarbe.	Die Pigmente, die die besagten Farben enthalten, sind nach dem Trocknen aus keiner Faser zu entfernen. Aussicht auf Rettung besteht, wenn man das Kleidungsstück mit der noch nicht eingetrockneten Farbe sofort wäscht (eventuell mit Gallseife).
Nach mehreren Wäschen verliert die Seide allmählich den Glanz.	Man hat zu starke Waschmittel verwendet. Man hat Haarshampoo verwendet. Die Seide wurde in der Waschmaschine gewaschen.	Nur wenig Feinwaschmittel oder spezielles Seidenwaschmittel benutzen. Die meisten Haarshampoos enthalten rückfettende Substanzen, die die Seide belegen und schmutzanziehend wirken können. In der Waschmaschine ist die Reibung zu stark. Daher die Seide lieber von Hand waschen, um den Glanz zu erhalten.

Probleme	Mögliche Ursachen	Abhilfe, Vorbeugung
	Seide ist eine Eiweißfaser mit leicht saurer Einstellung, die durch Waschen (Lauge) destabilisiert wird.	Nach jeder Wäsche ganz zum Schluß auch einen Spülgang anschließen, dem man ein wenig Essig zusetzt.
	Man hat die Seide zu heiß gebügelt.	Seide nach Möglichkeit von links und mit nicht zu hoher Temperatur bügeln. Wenn das in Ausnahmefällen geschieht, ist das aber nicht sofort schädlich.
Ein Kleidungsstück aus selbstbemalter Seide paßt nach dem Waschen nicht mehr, oder die Seidengardine ist plötzlich zu kurz und so weiter.	Die Seide ist eingelaufen, was bis zu zehn Prozent, bei sehr schweren Naturseiden bis zu zwölf Prozent ausmachen kann.	Seide für Kleidung muß vor dem Bemalen, spätestens vor dem Zuschneiden der Teile, gewaschen werden, damit sie später nicht mehr einlaufen kann. Bei maßgenau geplanten Heimtextilien reicht oft ein Zuschlag von etwa zehn Prozent aus, wenn man vor dem Zuschneiden nicht waschen möchte.

Tips für Dozenten von Dozenten

Wer das Malen auf Seide erlernen möchte, dem stehen dazu die verschiedensten Wege offen: Es gibt Menschen, die sich ganz mutig an ein neues Hobby heranwagen und sozusagen im „Alleingang" loslegen. Sie haben vielleicht bei einer Freundin oder bei einer Vorführung auf einem Kunsthandwerkermarkt gesehen, wie wunderbar sich auf Seide malen läßt, und gehen dann ganz unbefangen, neugierig und motiviert an die Sache heran.

Andere besorgen sich vielleicht zusätzlich ein paar Bücher oder holen sich Anregungen aus Zeitschriften, um sich dann als Autodidakt immer mehr in diese Technik zu vertiefen. Doch gerade im kunsthandwerklichen Bereich ist der Besuch eines Kurses die beliebteste und in vielen Fällen auch die zweckmäßigste Art, um sich diesem Hobby zu nähern.

Der Erfolg eines Kurses, vor allem, wenn die Wirkung nicht nur kurzfristig sein soll, hängt von vielen Faktoren ab. Einen Großteil davon kann der jeweilige Dozent bewußt beeinflussen. Doch möchten wir, die Verfasserinnen dieses Kapitels, auch darauf hinweisen, daß an dieser Stelle nur grobe Richtlinien gegeben werden können. Denn immer spielen natürlich auch die jeweilige Persönlichkeit, das Engagement und die besonderen Stärken des einzelnen Dozenten eine bedeutende Rolle – und demnach wird jeder ein wenig anders an „seine" Kurse herangehen und seine gesammelten Erfahrungen nutzen.

Kurse bieten Vorteile

Die Motivation, einen Kurs zu besuchen, ist bei den Teilnehmern meistens sehr unterschiedlich. Das Motto sollte aber stets für alle lauten: „learning by doing". In einer Gemeinschaft mit Gleichgesinnten, also ebenfalls Lernenden, können Hemmschwellen schnell abgelegt werden; die Bereitschaft, einfach mal anzufangen, wird gefördert. Die Anwesenheit eines kompetenten Kursleiters – dazu später mehr – trägt dazu bei, daß man sich gut aufgehoben und nicht alleingelassen fühlt, wenn Probleme und Fragen auftauchen. Der Austausch mit anderen zeigt schnell, daß es viele Wege gibt, um an eine Aufgabe gestalterisch heranzugehen – was wie ein Aha-Erlebnis wirken kann.

Die Anbieter

Kurse für die Seidenmalerei werden meistens im Rahmen einer Volkshochschule, über Kirchengemeinden, Fortbildungsstätten oder sonstige öffentliche Einrichtungen angeboten. Der Boom der Seidenmalerei hat bewirkt, daß auch immer mehr

Eine Krawatte von
Elisabeth Schwinge

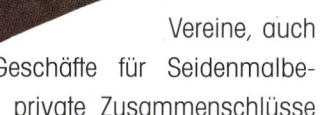

Vereine, auch Geschäfte für Seidenmalbedarf oder private Zusammenschlüsse

solche Veranstaltungen durchführen. Auch prominente Seidenmalerinnen leiten Kurse, Seminare oder Workshops, mit zum Teil entsprechenden Gebühren. Im Rahmen von Kuren und Therapien wird diese Maltechnik ebenfalls angeboten.

Ankündigung

Die Ausschreibung für Kurse, Seminare, Workshops und so weiter soll im wesentlichen folgende Fragen beantworten:

◆ Wie lautet das Thema des Kurses?
◆ An wen richtet er sich?
◆ Werden Kenntnisse und Fähigkeiten vorausgesetzt?
◆ Wie ist der Kurs gegliedert, und welche Techniken, Themen, Erfahrungen stehen im Mittelpunkt?
◆ Muß Material mitgebracht werden?
◆ Gibt es einen speziellen Unkostenbeitrag für Material zu bezahlen?
◆ Wie viele Teilnehmer werden maximal angenommen?
◆ Wann und wo findet die Veranstaltung statt?
◆ Wie lange dauert die einzelne Veranstaltung oder auch die Kursreihe insgesamt?
◆ Wie hoch ist die Kursgebühr?
◆ Wann ist sie fällig?
◆ Wann und wo meldet man sich an?

Die Qualität eines Kurses hängt von zahlreichen Faktoren ab, und nicht immer hält ein Angebot, was es verspricht. So gibt es Menschen, die sich, schon mit wenig Malerfahrung und mit viel Talent zur Selbstdarstellung, befähigt fühlen, einen Kurs zu leiten. Das muß zwar nicht immer eine Katastrophe bedeuten, denn manch einem Teilnehmer genügt vielleicht einfach nur die Zusammenkunft in der Gemeinschaft mit Gleichgesinnten. Auch die Ansprüche mögen sehr verschieden sein. Dennoch haben die Lernenden ein Recht darauf, mit einer gewissen Basisqualifikation am Ende des Kurses „entlassen" zu werden, so daß diejenigen, die ernsthaft interessiert sind und sich für ihr Hobby Zeit nehmen, darauf aufbauend weiterkommen können.

Man sollte sich also davor hüten, nur Oberflächliches anzubieten, um die Kursteilnehmer womöglich in eine „Sackgasse" zu schicken, in der sie frustriert aufgeben, da die Erfolgserlebnisse nun ausbleiben.

Noch ein anderer Aspekt sollte im Zusammenhang mit der Qualität von Kursen bedacht werden: All diejenigen, die die Seidenmalerei sehr intensiv und tatsächlich mit handwerklichem und künstlerischem Niveau betreiben, leiden unter dem Ruf, den diese Technik in vielen Augen hat („nur" ein Hausfrauenhobby; man bemalt Tücher, verschönert das Heim, paust dazu Muster ab – Hauptsache bunt und mit Salzeffekten, die ewig gleichen Landschaften mit Bäumchen ...). Wenn aber die Seidenmalerei – sofern mit diesem Anspruch betrieben – den Sprung zum verdienten, anspruchsvollen Kunsthandwerk oder in die anerkannte Kunst schaffen soll, dann muß gerade im Kursbereich auf etwas mehr Anspruch und Qualität geachtet werden, ohne daß der Spaß dabei zu kurz kommt.

Die Rahmenbedingungen

Bevor die Kursinhalte besprochen werden, soll das Augenmerk auf die äußeren Bedingungen gerichtet werden. Denn für den inhaltlichen Aufbau und den Erfolg eines Kurses ist es nicht einerlei, wann und wo er stattfindet, wie viele Teilnehmer zu erwarten sind und so weiter. Wer sein Vorhaben nicht an diese Voraussetzungen anpaßt oder die Voraussetzungen entsprechend ändert, kann mit dem, was er vermitteln möchte, leicht „auf dem Bauch" landen.

Die Zeit

Die Dauer eines Kurses kann ganz verschieden geplant werden, was sicherlich von dem jeweiligen Veranstalter, von den Räumlichkeiten, von Terminplänen und auch von den eigenen Ansprüchen abhängt.

Denkbar sind zum Beispiel Kurse, die über einen Zeitraum von mehreren Wochen jeweils einmal wöchentlich stattfinden, als Abendkurs zum Beispiel. Empfehlenswert ist es, die einzelne Veranstaltung nicht kürzer als 2 ½ bis 3 Stunden zu planen, sonst kann man sich nicht intensiv genug auf ein Thema einlassen. Zu bedenken ist ferner, daß bei Abendveranstaltungen viele Teilnehmer erst nach einem anstrengenden Tag in den Kurs kommen – man benötigt dann eine gewisse Zeit, um umzuschalten. Intensivere Eindrücke lassen sich durch Wochenendkurse mit nach Hause nehmen, und denkbar wären auch Workshops, die eine ganze Woche dauern; das bedeutet für den Dozenten natürlich einiges an Vorüberlegungen, will er über solch einen langen Zeitraum immer wieder neue Impulse setzen.

Der Ort

Das wichtigste ist natürlich ein großer Raum mit viel Tageslicht oder guter elektrischer Beleuchtung. Man sollte für etwa zehn bis zwölf Teilnehmer eine Größe von 50 bis 60 qm zur Verfügung haben. Ein Wasseranschluß im Raum oder in unmittelbarer Nähe ist obligatorisch, ebenso wäre ein Schrank oder ein Regal ideal, wo man Zubehör wie Zeitungspapier, Mischbehälter und Spannrahmen lagern kann. Der Boden und die Tische sollten unempfindlich sein.

Das Material

Damit zum Kursbeginn, vor allem bei Einsteigerveranstaltungen, niemand mit ungeeigneten Farben, Pinseln und so weiter erscheint, ist es ratsam, den Teilnehmern rechtzeitig vorher mitzuteilen, daß sie (zum ersten Abend beispielsweise) keinerlei Material mitbringen sollen. Die Erfahrung hat gezeigt, daß sogar Ausschreibungen mit Materialangaben oftmals mißverständlich sind oder als Kaufzwang verstanden werden. Der Kursleiter sollte also erst während des Kurses erläutern, welche Materialien zu empfehlen sind; vor allem sind das die Dinge, die von ihm selbst erprobt sind und für deren Anwendung er sichere Hinweise erteilen kann.

Deshalb sollte zu Beginn Material und Werkzeug vom Kursleiter gestellt werden. Der Unkostenbeitrag für Seide und Farbe wird am besten schon in der Ausschreibung des Kurses erwähnt. Für jeden Teilnehmer sollte außerdem ein einfacher Spannrahmen zur Verfügung ste-

hen. Wenn die Rahmen Mängel aufweisen, hat das gleich einen wichtigen Lerneffekt für die Teilnehmer: Sie werden sich selbst einen Rahmen besorgen, der sie vor Mißgeschicken bewahrt.

Die Teilnehmer

Es hat sich eine Anzahl von maximal zwölf Teilnehmern als ideal bewährt. Sind es mehr, kann sich der Dozent nicht so um jeden einzelnen kümmern, wie es bisweilen nötig wäre. Außerdem würde der Geräuschpegel irgendwann zu laut, denn erfahrungsgemäß findet während der Arbeit eine rege Kommunikation statt – die auch erlaubt sein sollte, was aber auf Dauer sehr anstrengend sein kann.

Die Altersstruktur kann von Kurs zu Kurs verschieden sein, genauso wie die Motivation der einzelnen Teilnehmer. Man trifft sowohl diejenigen an, denen es in erster Linie auf die Aneignung von Wissen und Praxis ankommt, als auch diejenigen, die zusätzlich (oder in erster Linie) die soziale Komponente zu schätzen wissen: Man trifft sich mit Gleichgesinnten, knüpft Gespräche und lernt auf zwanglose Art und Weise vielleicht neue Bekannte oder gar Freunde kennen. Die Grenzen zwischen diesen beiden Hauptgruppen sind fließend und haben nicht zuletzt auch mit den jeweiligen Altersgruppen zu tun.

Für den Kursleiter bedeutet das, daß er nicht nur kompetentes Wissen an den Mann oder die Frau bringen muß, sondern daß er ebenfalls für eine entspannte Atmosphäre sorgen muß.

Die meisten Kurse werden ohne Altersangaben angeboten, doch gibt es in manchen Volkshochschulen auch sogenannte Seniorengruppen, die von vornherein auf die Belange älterer Menschen Rücksicht nehmen. Auch Kurse für Kinder oder – unabhängig vom Alter – für Männer sind anzutreffen.

Die Kompetenz des Dozenten

Die fachliche Kompetenz des Kursleiters ist eine der wichtigsten Voraussetzungen zur Gestaltung eines Kurses, der alle Teilnehmer zufriedenstellen soll. Doch wie kann sie beurteilt werden?

Zunächst einmal sollten dessen eigene Seidenmalarbeiten für sich sprechen. Dabei kommt es nicht in erster Linie auf ästhetische

Selbstvertrauen

Das Motto der berühmten italienischen Ärztin und Pädagogin Maria Montessori (1870–1952) lautete, aus Kindersicht gesehen: „Hilf mir, es selbst zu tun." Dieses Prinzip sollte auch für Seidenmalkurse gelten. Sie informieren, setzen Impulse, geben Hilfestellungen und Anregungen; doch sind sie keinesfalls als Übungsstunden zu verstehen, in denen die Teilnehmer bestimmte Techniken genau nach Anleitung bis zur höchsten Perfektion „trainieren". Dieses zu Hause zu tun ist – falls erwünscht – die Entscheidung und Aufgabe eines jeden Teilnehmers selbst.

Kriterien an, sondern auch auf die beherrschte Ausführung von verschiedenen Techniken, auch der nicht klassischen. Ein Studium im Bereich Kunst, Textilgestaltung und/oder eine Lehramtsausbildung sind ebenso eine gute Referenz wie Publikationen oder eine sonstige künstlerische Laufbahn.

Ein guter Kursleiter sollte stets bemüht sein, seinen Horizont zu erweitern. Ob er neue Literatur über die Seidenmalerei mit neuen Techniken und Materialien studiert oder ob er sich durch eigene praktische Arbeit weiterbildet, ist einerlei. Am besten gehen natürlich Theorie und Praxis Hand in Hand. Es werden übrigens auch Fortbildungen speziell für Kursleiter, etwa von den Volkshochschulverbänden der verschiedenen Bundesländer, angeboten.

Das Tuch, passend zur Krawatte von Seite 175, gestaltete Elisabeth Schwinge

Ein Dozent muß jedoch nicht nur das Fachwissen vor Augen haben und wissen, welche Lernziele er mit seinem Kurs ansteuert, sondern es sollte ihm gleichzeitig gelingen, eine zwanglose, lockere und menschliche Atmosphäre zu schaffen. Psychologisches Feingefühl und Offenheit in der Kommunikation können hier sehr hilfreich sein. Manchmal mag man zum Beispiel verärgert über einen Teilnehmer sein, aus welchen Gründen auch immer. Hier hat sich ein Zurücknehmen des Sich-persönlich-angegriffen-Fühlens und eine direkte, freundliche Ansprache – gezielt auf die Unstimmigkeit hin – bewährt. So mancher Dozent hat aus solchen Konflikten nicht nur für den Kurs, sondern auch für sein persönliches Leben gelernt.

Ziele und Inhalte

Ausgangspunkt für
die Tücher gegenüber
war diese Form

Am Anfang wird sich jeder Dozent die Frage stellen: Was will ich mit meinem Kurs erreichen? Diese Frage kann natürlich nur dann beantwortet werden, wenn man weiß, wer den Kursus besuchen wird, wo viel Nachfrage besteht und so weiter.

Im großen und ganzen können Einsteigerkurse und weiterführende Kurse unterschieden werden. In ihnen gewichtet man natürlich die Techniken, Themen oder Ziele mit anderen Schwerpunkten, denn jedesmal dürfte die Motivation der Teilnehmer verschieden sein, vor allem in Abhängigkeit von den bisher erworbenen Kenntnissen und Fähigkeiten. Dennoch gilt es, bei beiden Zielgruppen, ein sozial angenehmes Klima zu schaffen.

Einsteigerkurse

Kurse, die sich an Einsteiger wenden, sollten zum Ziel haben, die Teilnehmer mit den wichtigsten Materialien und mit Grundtechniken vertraut zu machen. Sie sollen erfahren, wie sich die Farbe auf dem Seidengewebe verhält und wie man sie beeinflussen kann – soweit in Kürze die rein fachlichen Inhalte, die später noch genauer erläutert werden.

Darüber hinaus gilt in einem Einsteigerkurs vor allem das Ziel, die Lernenden zum selbständigen Arbeiten anzuleiten und zu motivieren, natürlich unterstützt durch Rat und Tat bei „Fehlschlägen" und bei Zweifeln an den eigenen Fähigkeiten, auch durch Ermunterung und Lob. Ganz wichtig ist dabei, die Teilnehmer von jeder Art des Leistungsdrucks und Perfektionsanspruchs zu befreien. Man nehme sich ein Beispiel an Kindern, die einfach unbeküm-

mert und neugierig an Unbekanntes herangehen und ausloten, was sich damit machen läßt. Daher soll vor allem der spielerische Umgang mit dem Material im Mittelpunkt stehen und gefördert werden, um die Teilnehmer frei zu machen – von festsitzenden Vorstellungen und einengenden Erwartungen über das Resultat ihrer Arbeit.

Man sollte stets deutlich darauf hinweisen, daß ein Kurses zum Ausprobieren und als Lernfeld da ist. Er setzt Impulse. „Meisterwerke" hingegen kann man sowieso nur für sich im stillen Kämmerlein mit Muße und ohne Zeitdruck vollbringen.

Ein Problem in diesem Zusammenhang ist auch der Wunsch nach Vorlagebögen, den einige Teilnehmer vielleicht äußern werden. Geben Sie in diesem Fall lediglich eine Anleitung, wie man sich eine Vorlage selbst gestalten kann, wenn man schon solche Hilfen nutzen möchte. Außerdem ist es sicher viel befriedigender, wenn ein eigener Entwurf in die Tat umgesetzt wird.

Die Übungen in einem Einsteigerkurs sollten betont frei gestaltet sein, zumindest ein Großteil von ihnen. Im Laufe des Kurses können dadurch viele interessante große Probetücher (möglichst 90 x 90 cm) entstehen, vielfältig und bunt. Die schönsten Partien können bei Bedarf auch herausgeschnitten und etwa in Passepartouts gefaßt oder zu Broschen weiterverarbeitet werden. Ausgehend von diesen praktischen Malerfahrungen können die Teilnehmer dann zu Hause ganz gezielt bestimmte Gestaltungen vornehmen.

Es empfiehlt sich, mit dem freien Aquarellieren zu beginnen, damit das charakteristische

Fließen der Farben erfahren wird. Im Anschluß daran vermittelt man, was bei der Salzeffekttechnik und bei der Auswaschtechnik mit Wasser und Alkohol mit dem Farben geschieht; Farbverschiebungen werden dadurch deutlich. Erst am Ende steht das Reservieren im Vordergrund, also der Umgang mit Konturenmitteln, mit Wachs, auch das Malen auf Grundierungen und so weiter.

Der Aufbau der Kursreihe erfolgt also nach sachlogischen Gesichtspunkten, das Einfache steht vor dem Schwierigen; grundlegende Erfahrungen sollen gleich zu Beginn gemacht werden, da man sie später braucht.

Die Vermittlungsmethode sollte stets abwechslungsreich sein. Das bedeutet: Ein stundenlanger Vortrag des Dozenten ist ebensowenig sinnvoll, als wenn man die Teilnehmer die ganze Zeit und ohne Hinführung oder Kommentar malen läßt. Theorie und Praxis wechseln statt dessen in sinnvollem Verhältnis zueinander ab, auch um den Blick hin und wieder vom Einzelnen auf das Ganze zu richten und umgekehrt. Auch Gruppenbesprechungen bieten eine gute Möglichkeit, um Erfahrungen auszutauschen.

Im übrigen sollte jeder Kursleiter erwägen, wie er die Anweisungen zur praktischen Arbeit gibt. Man kann zwar die Malmaterialien austeilen und dann einfach sagen (etwas vereinfacht ausgedrückt): „Nun toben Sie sich mal auf der Seide aus." Doch möchte man den Teilnehmern ja ganz bestimmte Erfahrungen mit ausgewählten Techniken ermöglichen und die Zusammenhänge vielleicht erläutern – und nicht nur einigen, sondern allen Teilnehmern in gleicher Weise. Deshalb ist es vermutlich doch hilfreicher, wenn sich jeder mit bestimmten Verfahren auseinandersetzen muß.

Dazu sind klare Aufgabenstellungen nötig, Regeln oder Leitlinien, die zwar zunächst nach Einengung klingen mögen, die dadurch aber erst recht die Kreativität und das gründliche Ausprobieren in Gang setzen, um Interessantes aus der Aufgabe herauszuholen. Einengung kann also bedeuten: Die Grenzen ausloten, wobei ganz neue Dinge entdeckt werden. Eine besondere Erfahrung wird sein, wie trotz der Regeln derart verschiedene Ergebnisse bei den einzelnen Kursteilnehmern herauskommen – ein ermutigendes Erlebnis.

Beiden Arbeiten lag die gleiche Aufgabenstellung zugrunde (Formvorgabe). Die Ergebnisse sind sehr verschieden. Das linke Tuch stammt von Shahida (B. Banach), das rechte von Monika Neubacher-Fesser

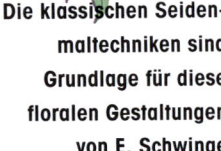

Die klassischen Seidenmaltechniken sind Grundlage für diese floralen Gestaltungen von E. Schwinge

Ein Beispiel

Wie eine Kursreihe für Einsteiger aussehen könnte, soll hier einmal dargestellt sein, wobei der Beginn einen etwas größeren Raum einnimmt. Gehen wir davon aus, daß zwölf Teilnehmer angemeldet sind, eine geeignete Räumlichkeit steht zur Verfügung. Spannrahmen sowie Seide, Farben, Alkohol, Salz, Mischbehälter und Pinsel für den ersten Kursabend sind vom Dozenten besorgt, ebenso Zeitungen zum Unterlegen und Küchenkrepp zum Abstreifen der Pinsel. An sechs Abenden, je einmal wöchentlich mit drei Stunden, soll der Kurs stattfinden. Mit diesen 18 Stunden kann man von einer mittleren Kursdauer sprechen.

Erster Kursabend

1. Der Dozent stellt sich vor. Von den Teilnehmern wird es begrüßt, wenn er auch eigene Werke mitbringt und sie kurz präsentiert.
2. Die Kursteilnehmer stellen sich ebenfalls vor und geben vielleicht auch noch an, was sie sich von dem Kurs versprechen, welche Motivation und Erwartungen sie haben: Es entstehen dadurch erste Gespräche, eine lockere, persönliche Atmosphäre wird geschaffen.
3. Der Kursleiter gibt eine knappe Einführung in die Seidenmalerei: Er erläutert in einem kurzen Überblick die Vielfalt der Materialien und Seidenstoffe, nennt oder zeigt (Bücher, Zeitschriften, Dias …) Anwendungsmöglichkeiten bemalter Seide, geht auf die Kostenfrage und Bezugsquellen ein und so weiter. Er sollte außerdem schon zu Beginn deutlich darauf hinweisen, daß es nicht darum geht, innerhalb des Unterrichts Kunstwerke in Perfektion herzustellen oder (in der Vorweihnachtszeit etwa) viele schnelle Geschenke zu kreieren. Ein Kurs soll statt dessen intensives Lernen und ungezwungenes Ausprobieren ermöglichen, was naturgemäß nicht gleich perfekt ist, aber von nachhaltigerer Wirkung. Eine „Massenanfertigung" kann dann zu Hause erfolgen.
4. Der Dozent spannt ein großes Seidentuch (90 x 90 cm) auf einen Rahmen und erklärt genau, worauf es dabei ankommt: Abkleben des Rahmens, Befestigungselemente, fadengerades, festes Aufspannen und so weiter.
5. Für die erste Vorführung – die Teilnehmer stehen um den Rahmen herum – beginnt der Kursleiter zu malen: Mit nur wenigen Grund oder Mischfarben in aquarellartiger Malweise.

Produktempfehlungen

In der Regel ist es müßig, sich mit den Kursteilnehmern auf eine stundenlange Diskussion darüber einzulassen, welches Farbfabrikat denn nun wirklich das beste ist. Sicherlich gibt es Produktgruppen, die bestimmte Vor- oder Nachteile bieten, worüber man auch durchaus sprechen sollte. Auch die eigenen Vorlieben dürfen genannt werden. Doch spielt für den künstlerischen Erfolg die gewählte Marke, soweit sie wenigstens gewissen Anforderungen genügt, nur eine untergeordnete Rolle. Viel wichtiger ist allemal, wie man mit dem Material umzugehen versteht und daß man Erfahrungen sammelt.

Er erklärt dabei das Verlaufen der Farbe in dem Gewebe, demonstriert das Mischen beim Zusammenfließen und so weiter. Falls das nicht zu einem späteren Zeitpunkt separat geschieht, kann man auch schon auf das Entstehen von Rändern eingehen, vor allem beim Naß-gegen-Trocken-Malen, auch bei der Auswaschtechnik mit Wasser und Alkohol, beim Anlösen der Farben. Sparsame Salzeffekte sind ebenfalls erlaubt. Wichtig: Es soll bei der Vorführung noch sehr viel weiße Fläche für den nachfolgenden Schritt frei bleiben!

6. Die Teilnehmer dürfen nun gemeinsam auf diesem Vorführtuch ein wenig üben. Dadurch fällt es leichter, sich danach an die eigene Arbeit heranzuwagen.

7. Die Aufgabe dazu wird gestellt (hier in Kürze): Zusammenstecken der vorliegenden Rahmen, korrektes Aufspannen der Seide, Ausprobieren der zuvor demonstrierten Techniken; die ganze Fläche soll mit Experimenten ausgefüllt werden. Auch das Übermalen kann probiert werden, Anlösen der ersten Malerei mit Wasser, Alkohol, Farbe, Salz. Andere Materialien als die zur Verfügung gestellten sind jedoch noch nicht erlaubt (Gutta zum Beispiel).

8. Die Teilnehmer bauen die Rahmen zusammen und spannen die Seide auf. Dabei ist es wichtig, daß man sehr große Seidenstücke oder -tücher (90 x 90 cm) zur Verfügung stellt. Nur so werden Hemmungen überwunden, und es kann sich eine freie Motorik entwickeln. Es ist leichter, sich später auf kleinere Flächen umzustellen als umgekehrt. Die Malutensilien und Farben werden ausgeteilt, jeder erhält das gleiche Sortiment. Empfehlenswert sind kleinere Abfüllungen in Pipettenflaschen, wie sie von verschiedenen Herstellern angeboten werden. So kann man tropfenweise dosieren, was gerade für vorsichtige Einsteiger sinnvoll ist.

9. Das freie Malen beginnt, die Farben werden erkundet. Der Dozent kann jetzt schon feststellen, mit welchem Temperament jeder Teilnehmer arbeitet, wie er sich der Materie nähert. Persönliche Eigenheiten sollten unterstützt werden, indem man darauf aufmerksam macht und bei Fragen weiterhilft.

10. Rechtzeitig vor Beendigung des Kurses läßt man die Tücher trocknen. Je nach verbleibender Zeit veranstaltet man inzwischen einen kleinen Rundgang mit allen von Tuch zu Tuch, um auf bestimmte Dinge aufmerksam zu machen – sachlich und wertneutral.

Farben erproben und, wie hier, die Wirkung einer Grundierung – ein Beispiel von Susanne Hahn

11. Schließlich gibt der Kursleiter noch an, welche Materialien und Hilfsmittel die Teilnehmer zum nächsten Abend mitbringen sollen und wo man sie sich besorgen kann. Dazu gehört etwa dünne und dickere Seide, Pinsel (ein sehr dicker für große Flächen, zum Beispiel Nr. 30, und ein mittlerer mit guter Spitze), dazu Dampffixierfarben in den drei Grundfarben, ergänzt durch Schwarz (am besten in den praktischen Pipettenflaschen), eventuell ein eigener Rahmen und so weiter.

12. Die trockenen Tücher (notfalls fönen) werden von den Rahmen abgespannt und vom Dozenten zum Fixieren eingesammelt. Oder man erklärt die Fixiermöglichkeiten und läßt die Seide mitnehmen.

Zweiter Kursabend

Die am ersten Abend kennengelernten Techniken werden vertieft: Die Teilnehmer sollen auf großen Flächen gezieltere Muster und Formen gestalten, in der Auswaschtechnik mit Wasser und Alkohol oder mit Salz. Der Dozent gibt verschiedenste Impulse und führt zunächst verschiedene Verfahren vor (gezieltes Setzen von Salz, Alkoholstreifen in zwei Richtungen übereinander, landschaftsartige Ränder mit Wasser und Alkohol und so weiter). Bei Bedarf und Zeit erläutert er das Malen auf Grundierungen, die zwar das typische Verlaufen der Farben verhindern, dafür aber andere Vorteile bieten. Fertige Beispiele sind an dieser Stelle sehr hilfreich.

Dritter Kursabend

Die Teilnehmer sollen verschiedene Konturenmittel kennenlernen, kombiniert mit Farbmischübungen. Die Seidenfläche wird in viele Felder eingeteilt (zum Beispiel in 36 Quadrate), in die man die untereinander oder mit Schwarz oder Verdünnungsmittel gemischten Farben einträgt. Der Kursleiter gibt Hinweise, wie man beim Mischen vorgehen kann.

Vierter und fünfter Kursabend

Der Dozent ermuntert die Teilnehmer, einen eigenen freien und großflächigen Entwurf auf Papier zu erstellen, der mit Linien abgeteilte Bereiche enthalten soll. Er wird auf die Seide

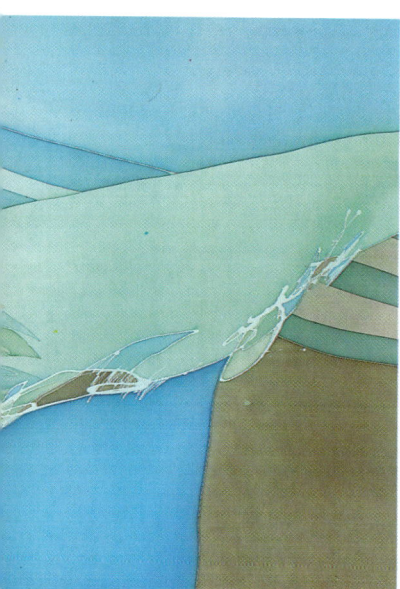

**Eine Guttaarbeit
von Shahida
(Barbara Banach)**

übertragen (mit Phantomstift), und die Linien werden mit Konturenmittel nachgezogen. Die verschiedenen Flächen dürfen dann frei gestaltet werden, aber nicht nur mit gleichmäßig plakativem „Anstrich", sondern mit den bisher erprobten Techniken und Farbmischungen.

Sechster Kursabend

Je nach Bedarf wird frei gemalt, ansonsten könnte man aus dem ersten Probetuch interessante Stellen heraussuchen, um damit Passepartoutkarten, kleine Bilder, Broschen und ähnliches herzustellen. Auch dürfen Fragen aller Art gestellt werden, möglicherweise gibt der Dozent Hinweise zu weiterführenden Techniken oder zeigt attraktive Beispiele zu den bisher erlernten Verfahren, um den Kurs abzurunden.

Weiterführende Kurse

Zunächst ein paar Worte zum Begriff „Fortgeschrittene": Fortschreiten kann man auf sehr verschiedene Art. Der eine versteht darunter das Üben und Verfeinern einer bestimmten Technik, die dann handwerklich sehr gut beherrscht wird. Es könnte sich dabei zum Beispiel um die Konturentechnik oder auch um die Salzeffekttechnik handeln. Für dieses Üben muß man im Prinzip keinen eigenen Kurs besuchen, denn das geschieht am besten in aller Ruhe zu Hause – so wie man ja auch mit einem Musikinstrument für sich allein übt.

Es mag nun aber sein, daß zwar das rein handwerkliche Können sehr weit fortschreitet, daß aber die eigene Ideenfindung, das Komponieren der Farben und Formen dabei nicht mitwächst. Denn auch in diesen Dingen kann und sollte man weiter reifen, wenn man nicht irgendwann auf der Stelle treten möchte; wenn auch der künstlerische Ausdruck gewinnen soll; wenn die Intuition und die Originalität mehr zu ihrem Recht kommen sollen. Weiterführende Kurse haben daher nicht die Aufgabe, die Perfektion einer bestimmten Technik zu fördern, sondern vielfältige Impulse zum Weiterdenken anzubieten. Die in jedem Menschen innewohnende Kreativität erhält neue Nahrung, die Grenzen des Herkömmlichen werden überschritten, die Sensibilität für Farben, Formen, Materialien und gestalterische Zusammenhänge wird angeregt – wodurch man, mit steigendem Selbstbewußtsein, auch immer mehr in der Lage sein wird, sich zu öffnen und eigene Wege zu gehen, unabhängig von Kursen.

Schwerpunkte und Themen

Kurse für Fortgeschrittene, denen die klassischen Techniken vertraut sein müßten, können beispielsweise die unten aufgeführten Schwerpunkte setzen. Ob sich jedoch ein Kurs nur mit einem einzigen dieser Schwerpunkte befaßt oder ob gleich alle innerhalb eines Kurses angeschnitten werden, ist eine Frage, die jeder Dozent für sich selbst entscheiden muß. Sie hängt sicherlich auch von den Rahmenbedingungen ab (zur Verfügung stehende Zeit, Räumlichkeiten) und richtet sich auch nach den Bedürfnissen der Kursteilnehmer.

Kennenlernen neuer Materialien und Techniken

Dazu zählen etwa experimentelle Verfahren, zum Beispiel der unkonventionelle Umgang mit Seide, mit Verdickungs- und Reservierungsmitteln aller Art; der Einsatz von Schwämmen, Spachteln, Fixativröhrchen; Drucktechniken wie die Monotypie und vieles mehr.

Besondere Anwendungsbeispiele erproben

Denkbar sind Kurse, die sich mit der Schmuckgestaltung, mit dem Malen und Schneidern einer Jacke, mit der Anfertigung von Lampenschirmen und so weiter befassen.

Sehen lernen und Gesehenes „übersetzen"

Hier geht es in erster Linie um die Ideenfindung, die oft durch ganz alltägliche Dinge angeregt werden kann – wenn man weiß, wie man diese Quellen für die Seidenmalerei nutzen kann. Dazu gehört etwa das Umsetzen von Landschaften in die Aquarelltechnik, das Erfassen von Strukturen und Mustern aller Art (Baumrinde, Blätter, Teppiche, Tapeten, Keramikmalereien und so fort), das Betrachten von Kunstwerken, Zeitschriftenwerbungen und Fotos, um daraus Themen für die Seidenmalerei zu schöpfen und mit eigenem Stil umzusetzen.

Die Wirkungen der Farben und ihrer Kontraste

Gerade diejenigen, die sich einem Hobby intensiver widmen, werden zunehmend neugierig zu erfahren, wie man die Farben bewußter einsetzen kann, um besondere Wirkungen zu erzielen. Deshalb ist es lohnenswert, sich genauer mit der Farblehre auseinanderzusetzen – natürlich nicht nur theoretisch.

Entwürfe gestalten und Kompositionen erproben

Schon mit wenigen Grundformen lassen sich interessante Muster, Bordüren und Bilder gestalten – wenn man sich einiger Grundregeln bewußt ist. Das Spiel mit Streuungen, Verdichtungen, mit Rhythmus, Spannung und so weiter kann Anlaß zu neuen Ideen sein.

Hier setzte Shahida (Barbara Banach) ein gegenständliches Motiv in eine freie Malerei mit Gutta um

Einen ganz eigenen
Stil hat Renate Corell-
Becker gefunden,
wie dieses dreiteilige
Bild zeigt

Verschiedene Stile kennenlernen und einen eigenen finden

Sehr erhellend kann es sein, wenn man sich einmal von seiner gewohnten Malweise trennt und sich versuchsweise den Stilen großer Maler zuwendet. Man sprengt dadurch seine eigenen Grenzen, lernt neue Wege kennen und findet dadurch leichter zu einem eigenen Stil. Denn die Erfahrung lehrt, daß man zwar gern aus alten Gewohnheiten ausbrechen möchte, weil man immer wieder auf ähnliche Weise malt; doch weiß man oft nicht, wo man mit einer Änderung beginnen soll. Das Einfühlen in andere Arbeitsweisen gibt neue Impulse in dieser Richtung.

Das Verhalten des Kursleiters

Zum Schluß noch ein paar Hinweise zur Rolle des Lehrenden ganz allgemein: Als Dozent sollte man stets ansprechbereit sein, wenn Probleme auftauchen. Es versteht sich von selbst, daß man während des Kurses – außer zu Vorführzwecken – nicht selbst malend und selbstvergessen an einem Tisch sitzt.

Lob und Ermunterung gehören als Rückmeldung ebenso zu einer offenen Kommunikation wie praktische Tips und Vorschläge. Der Kursleiter sollte jedoch vermeiden, fertige Rezepte anzubieten, etwa auf die Frage: „Mit welcher Farbe soll ich denn jetzt weitermalen?" Hier ist ein richtungsweisender Hinweis oft besser als ein genauer Farbvorschlag, der keine Entscheidungsmöglichkeit mehr zuläßt.

Ein Dozent sollte sich außerdem um etwas ästhetische Neutralität bemühen, denn es geht ja nicht darum, den Teilnehmern den eigenen Stil aufzudrängen. Ein entsetzter Aufschrei über eine Gestaltung ist ebenso tabu wie die deutliche Bevorzugung eines „angehenden Künstlers" gegenüber anderen Teilnehmern.

Man darf nie vergessen, daß man sich in der Rolle des Lehrenden befindet, die bei vielen noch mit manch unangenehmen Erinnerungen verknüpft sein dürfte. Erwachsene sind in diesem Bereich genauso empfindsam wie Kinder und Jugendliche, manchmal sogar noch mehr. Die Gefahr der Bevormundung durch den Kursleiter besteht also immer; deshalb sollte man bei Anweisungen für bestimmte sinnvolle Übungen stets begründen, warum hier jetzt besondere Regeln gelten. Gegen klare Aufgabenstellungen haben auch Erwachsene nichts einzuwenden, im Gegenteil. Vor allem, wenn sie merken, daß ein Lerneffekt damit verbunden ist, lassen sich die meisten gern auf derartige Situationen ein – zumal alles auf freiwilliger Basis und völlig ohne Notendruck geschieht.

Ein guter Dozent strebt an, daß die Teilnehmer nicht ewig Schüler bleiben, sondern daß sie

In der Spachteltechnik entstand dieses Tuch von Karin Huber

Rückmeldung

Auch ein Dozent muß lernen. Und so hat es sich als sehr hilfreich erwiesen, die Teilnehmer kurz vor Kursende um ihre ehrliche Meinung zu bitten. Folgende Fragen wären sicher interessant:

◆ Haben sich Ihre Erwartungen erfüllt?

◆ Was fanden Sie besonders interessant, was am langweiligsten?

◆ Waren Sie mit der Vermittlungsmethode zufrieden?

◆ Auf was hätten Sie am liebsten verzichtet, was haben Sie vermißt?

◆ Fühlten Sie sich insgesamt wohl?

Diese und andere Fragen könnten auch in Form eines kleinen Fragebogens ausgeteilt werden, der dann spontan ausgefüllt wird: Manchmal antworten die Teilnehmer ehrlicher, wenn sie ihre Kritik nicht vor der Gruppe äußern müssen, sondern wenn sie vielleicht sogar anonym bleiben dürfen.

zunehmend selbständiger werden und Zutrauen zu sich finden. Denn im Anschluß an den Kurs sollen sie ja in der Lage sein, sich selbst Aufgaben zu stellen und eigene Ideen zu verwirklichen. Deshalb ist das Finden und Umsetzen eigener Vorstellungen unbedingt zu fördern.

Wenn ein Kurs im Rahmen einer größeren Institution, etwa einer Volkshochschule, durchgeführt wird, empfiehlt es sich, regelmäßige Treffen mit anderen Dozenten zu veranstalten, am besten mit solchen aus demselben Fachbereich. In einer Art Supervision kann man sich auch gegenseitig überprüfen und motivieren, oder man tauscht einfach nur Tips und Ratschläge aus – denn jeder macht mit seinen Kursteilnehmern etwas andere Erfahrungen. Vor allem „alte Hasen" wissen häufig, wie man sich in bestimmten Situationen am besten verhält, um den Kurs zu dem gewünschten Ziel zu bringen, um die Teilnehmer mit einem guten Gefühl beim Lernen zu begleiten und um dafür zu sorgen, daß Erfolgserlebnisse nicht zu kurz kommen.

Die gebräuchlichsten Stoffe

Seidenstoff	Gewicht	Herstellungsweise	Eigenschaften und Merkmale
Pongé (auch Japanseide, Japon oder Habutai)	Nr. 05 20–22 g Nr. 06 24–26 g Nr. 08 32–34 g Nr. 10 42–44 g Nr. 12 50–52 g Nr. 14 66–68 g	Taftbindung; Kette und Schuß bestehen aus glatten Grègefäden.	Durch die Grègefäden aus gleichmäßiger Maulbeerseide ist das Gewebe sehr glatt und ohne Verdickungen.
Crêpe de Chine	Nr. 08–16 32–72 g	Taftbindung; die Schußfäden sind stark überdreht, die Kettfäden nicht.	Fließender, schwerer Fall, keine starke Knitterneigung. Körnig-sandige Optik mit verhaltenem, mattem Glanz (Maulbeerseide).
Georgette	22–44 g	Taftbindung; Kette und Schuß bestehen aus stark überdrehten Fäden (Grenadine).	Transparentes Gewebe aus Maulbeerseide mit wirr-körniger Optik, sandigem Griff; kaum rutschend und knitterarm. Etwas schwerer als Chiffon.
Chiffonseide	16–20 g	Taftbindung; Kette und Schuß bestehen aus stark überdrehten Fäden (Grenadine).	Transparentes, schleierartiges Gewebe aus Maulbeerseide, zarter als Georgette, aber ebenfalls mit wirr-körniger Optik und sandigem Griff; kaum rutschend, knitterarm, leichter Crash-Effekt.
Satinseide	ab 40 g (Canton Satin: 64 g)	Atlasbindung; Kette und Schuß bestehen aus glatten Fäden.	Dichtes Gewebe aus Maulbeerseide. Sehr stark glänzende, weiche Oberfläche; rutschend und mit relativ hoher Knitterneigung.
Crêpe Satin	52–64 g	Atlasbindung; die Kette besteht aus normalgedrehten, der Schuß aus überdrehten Fäden.	Sehr stark glänzende, weiche Oberfläche. Die Unterseite ist körnig-matt, bedingt durch die gedrehten Schußfäden. Durch diesen Crêpe-Charakter rutscht dieses Gewebe weniger als die normale Satinseide. Der Stoff fließt weich, ist relativ knitterarm und dicht (Maulbeerseide).
Baumwoll-Seiden-Satin	ca. 84 g	Atlasbindung; die Oberseite besteht aus Seide (ca. 55 %), die Unterseite (ca. 45 %) aus Baumwolle.	Strapazierfähiger und relativ preiswerter Stoff mit glänzender Oberfläche (Seide) und stumpfer Unterseite (Baumwolle).
Twill	ca. 40 g	Köperbindung; Kette und Schuß bestehen aus normalgedrehten Fäden.	Dichtes Gewebe mit weichem Griff, fließendem, eher schwerem Fall, edlem Glanz und geringer Knitterneigung. Charakteristisch sind die feinen diagonal verlaufenden Grate, die durch die Köperbindung bedingt sind. Twill besteht aus Maulbeerseide.
Seidenjacquard	ca. 70–80 g	Spezielles mustergebendes Webverfahren auf der Grundlage der Atlasbindung.	Mit Motiven gemustertes, hell-dunkel schillerndes dichtes Gewebe aus Maulbeerseide. Vergleicht man Vorder- und Rückseite, zeigt sich ein Positiv-Negativ-Effekt mit raffinierter Glanz-Optik.
Bouretteseide	ca. 140 g	Taftbindung; Kette und Schuß sind aus Kurzfasern gesponnene Fäden, meist etwas unregelmäßig.	Mattes, dichtes, an Baumwollstoff erinnerndes Gewebe mit leicht noppiger Struktur. Grober, robuster Griff, sehr strapazierfähig und preiswert (Maulbeerseide).
Indien-Doupion und China-Doupion	ca. 75 g bzw. ca. 70 g	Taftbindung; im Schuß sind die unregelmäßigen Fäden von Doppelkokons verwendet (hand- oder maschinengewebt).	Gewebe aus Maulbeerseide mit ausgeprägt unregelmäßigem, noppig-flammigem Aussehen. Indien-Doupion ist handgewebt, gröber und steifer im Griff; China-Doupion ist maschinell gewebt und feiner.
Honanseide	63–98 g	Taftbindung; als Kette glatte Maulbeerseide, als Schuß unregelmäßige Wildseide. Die klassische Honanseide aus China ist handgewebt.	Matte Oberfläche mit stark betonter Webstruktur, nicht fließend im Fall.
Shantungseide	70–90 g	Taftbindung; Kette und Schuß bestehen aus Wildseide (Tussahseide).	Grobes, robustes Gewebe mit deutlichen Garnunregelmäßigkeiten.
Seidenjersey	ca. 100 g	Kein Gewebe, sondern Wirkware (gestrickt); der Stoff wird als breiter Schlauch angeboten.	Stark elastischer, dichter Stoff aus Maulbeerseide; voluminös und geschmeidig im Griff; schwerer, edel-fließender Fall.

Diese und andere Stoffe finden Sie auch im Lexikonteil, etwa Borkenkrepp, Canton Satin, Cloquéseide, Gaze, Musselin, Organza, Seidenfilz, Taffeta.

für die Seidenmalerei

Bevorzugte Verwendung	Besonderheiten im Hinblick auf Bemalung und Verarbeitung
Durch die verschiedenen Gewichtsklassen große Auswahl für die verschiedenen Verwendungszwecke. Beliebt: Pongé Nr. 05 und Nr. 06 für Tücher und Schals, Nr. 10, 12 und 14 für Kleidung, Heimtextilien und Bilder.	Im Prinzip geeignet für alle Techniken der Seidenmalerei. Auf den dünnen Sorten gelingen weichfließende Farbverläufe besonders gut; Konturenmittel dringen gut ein. Daher für Anfänger zu empfehlen. Die kräftigen Sorten (ab Nr. 10) lassen sich problemlos nähen.
Der angenehme Fall macht Crêpe de Chine geeignet für Tücher, Schals und weichfließende Kleidung, auch für Heimtextilien und Bilder.	Prinzipiell für alle Seidenmaltechniken geeignet. Die Farben wirken, bedingt durch die Stoffdichte, intensiv. Etwas Übung erfordert der Auftrag von Konturenmittel und das Anlegen von Farbverläufen.
Beliebt für Tücher, Schals und festliche Kleidung.	Wegen der Transparenz ist die Farbwirkung nicht sehr intensiv. Weichfließende Farbverläufe sind auf Georgette sehr gut zu erzielen.
Wegen der Transparenz vorwiegend für Tücher, Schals und Schleier geeignet.	Wegen der Transparenz ist die Farbwirkung nicht sehr intensiv. Weichfließende Farbverläufe sind auf Chiffon sehr gut zu erzielen.
Da Satinseide sehr glatt und rutschig ist, eignet sie sich nicht so gut für Tücher und Schals, sondern eher für Kleidung, Heimtextilien und Bilder.	Die Farben leuchten auf dem dichten, glänzenden Satin sehr intensiv und mit großer „Tiefe". Nachteil: Beim Nähen rutscht Satin sehr stark. Fließende Farbverläufe und der Auftrag von Konturenmitteln erfordern etwas Übung.
Besonders gut für Tücher und edle Kleidung geeignet, auch für Heimtextilien und Bilder.	Prinzipiell für alle Maltechniken geeignet. Die Farben leuchten auf dem dichten Gewebe sehr intensiv und mit großer „Tiefe". Fließende Farbverläufe und der Auftrag von Konturenmitteln erfordern etwas Übung.
Etwas steif, daher weniger für weichfallende Tücher geeignet, sondern mehr für Kleidung, Heimtextilien und Bilder.	Empfehlenswert ist eine Bemalung mit Reaktivfarbe, da sie bei der Dampffixierung auch die Baumwolle sehr gut einfärbt. Das dichte Gewebe schluckt sehr viel Farbe.
Gut geeignet für eher schwere Tücher und Kleidung, auch für Heimtextilien und Bilder.	Durch die Dichte des Gewebes wirken die Farben intensiv und sehr „tief". Käufliche edle Seidentücher bestehen oft aus Twill.
Geeignet für Kleidung, Tücher und Heimtextilien.	Durch die Dichte des Gewebes zeigt sich eine intensive Farbwirkung; prinzipiell ist es für alle Techniken geeignet. Aufgrund der unruhigen Gewebemusterung empfiehlt sich in vielen Fällen, eine eher zurückhaltende Malerei zu wählen, etwa Farbverläufe oder ein Aufgreifen des Musters.
Geeignet für Kleidung und Heimtextilien, weniger für Tücher.	Das Gewebe schluckt viel Farbe. Konturenmittel dringen nicht gut ein, fließendes Malen ist schwierig. Geeignet für die Wachstechnik, für Druckverfahren und andere Techniken mit verdickter Farbe. Das Gewebe läßt sich gut nähen.
Geeignet für Kleidung und Heimtextilien, weniger für Tücher.	Je nach Dichte und Unregelmäßigkeit nicht so gut für fließendes Malen oder Konturentechniken geeignet. Techniken mit verdickter Farbe oder Wachsreservierungen lassen sich besser durchführen. Das Gewebe ist gut zu nähen.
Geeignet für Kleidung und Heimtextilien, weniger für Tücher.	Das Gewebe schluckt viel Farbe. Konturenmittel dringen nicht gut ein, fließendes Malen ist schwierig. Geeignet für die Wachstechnik, für Druckverfahren und andere Techniken mit verdickter Farbe. Das Gewebe läßt sich gut nähen.
Geeignet für Kleidung und Heimtextilien, weniger für Tücher.	Das Gewebe schluckt viel Farbe. Konturenmittel dringen nicht gut ein, fließendes Malen ist schwierig. Geeignet für die Wachstechnik, für Druckverfahren und andere Techniken mit verdickter Farbe. Das Gewebe läßt sich gut nähen.
Geeignet für körpernah getragene oder weich fließende Kleidung.	Der Stoff schluckt viel Farbe; sie fließt nicht gut auseinander; weiche Farbverläufe erfordern viel Übung. Beim Aufspannen des Jerseys entstehen leicht Laufmaschen; eventuell die Stoffkanten vorher mit Guttalinien „verkleben".

Die Gewichtsangaben in Gramm beziehen sich hier auf 1 m Stoff bei etwa 90 cm Stoffbreite.

Karin Huber
ohne Titel, 1991
Monotypie mit verdickter Seidenmalfarbe
100 x 90 cm

Rosemarie Bühler
Abendkleid „Blüte", 1984
Guttatechnik

Friedel Schilling
„Durchbruch", 1991
Aquarell- und Guttatechnik; mit Zwischenfixierung
und verschiedenen Stoffmalfarben
60 x 80 cm

Ingrid Walter-Ammon
„Leben", 1991
Aquarell- und Guttatechnik, mit Applikation
140 x 180 cm

Renate Hamann
Tuch, 1992
Aquarell- und Guttatechnik
145 x 120 cm

Renate Hamann
Wanddekoration, 1992
Aquarell- und Guttatechnik
90 x 225 cm

Susanne Hahn
ohne Titel, 1993
Spritztechnik und
klassische Seidenmaltechniken
115 x 42 cm

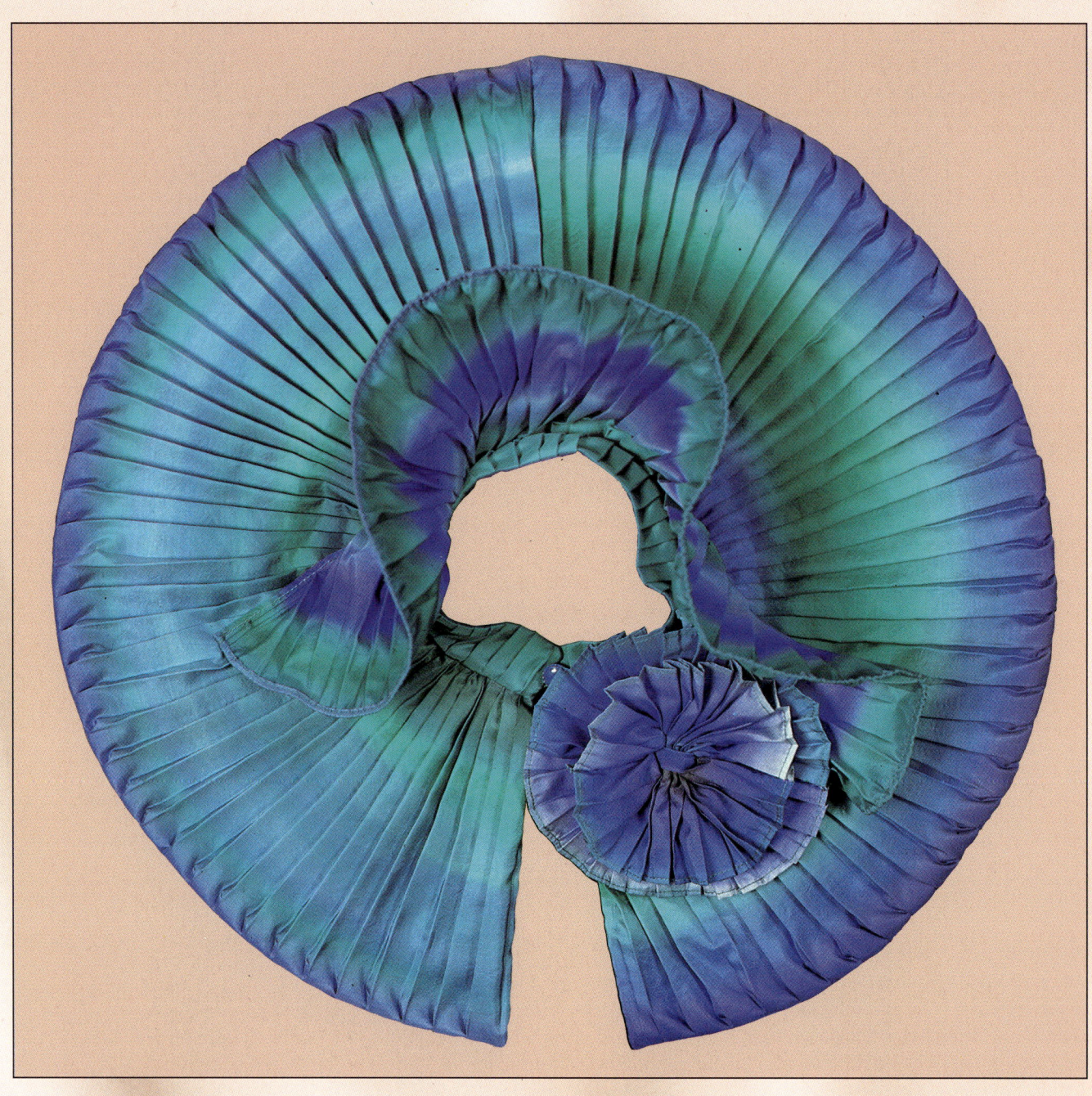

Elfriede Möller
Kragen-Objekt „Seerose", 1993
Seidenmalerei mit Farbverlauf;
maschinenplissiert und genäht
ø 45 cm

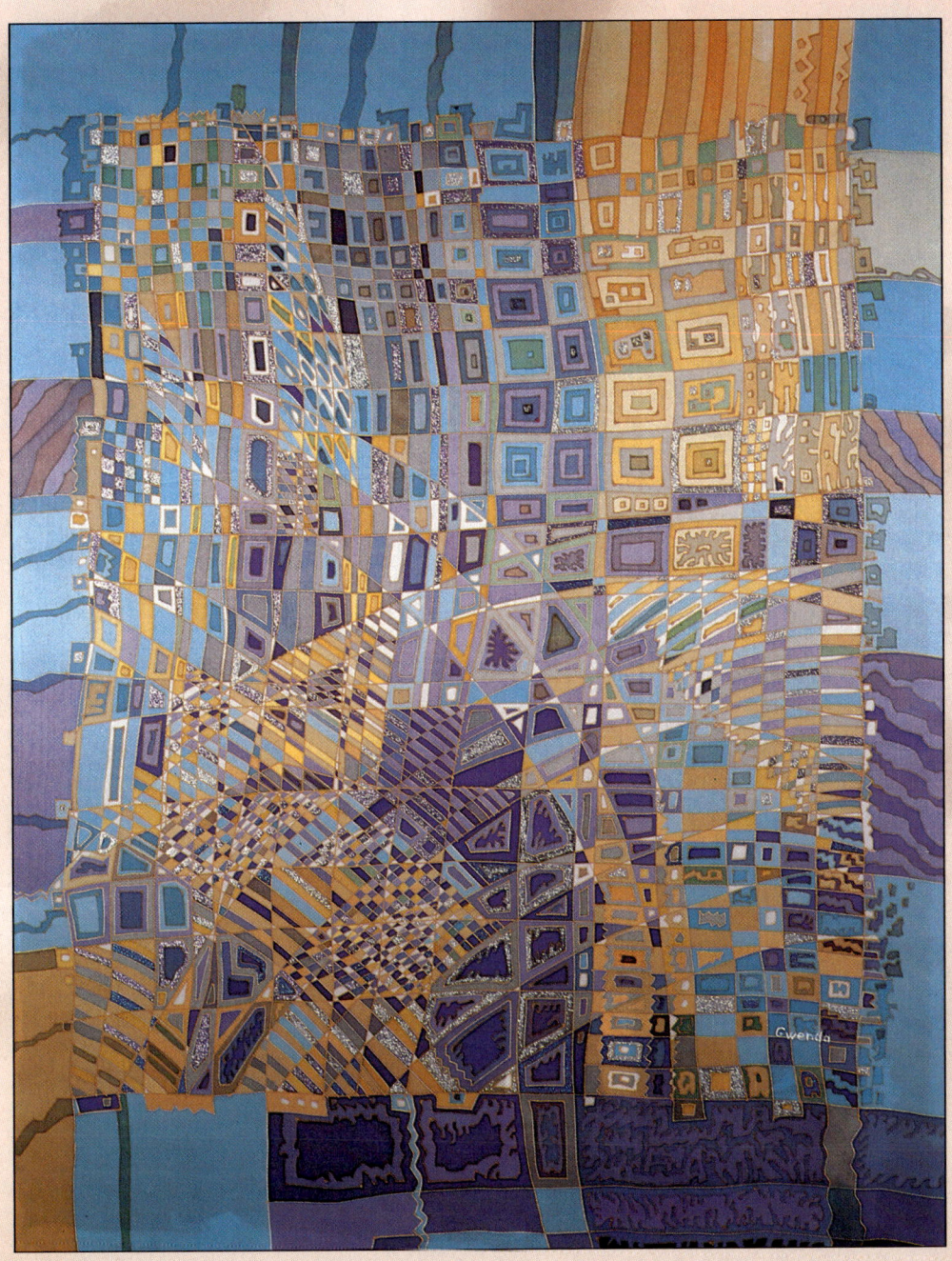

Gisela Sipos-Gwenda
„Komposition", 1992
Guttatechnik; mit Glitzerfarben
60 x 80 cm

Ursula Weiss-Rössner
„Melone", 1985
klassische Seidenmaltechniken
90 x 90 cm

Shahida (Barbara Banach)
aus dem Zyklus „Tanz", 1992
spontane Malerei auf Aquarellgrund
70 x 100 cm

Renate Correll-Becker
„Gebrochenes Herz", 1993
freie Malerei; mit Gutta und Farbverdicker
75 x 88 cm

Shahida (Barbara Banach)
beide ohne Titel, 1990
Malerei auf Aquarellgrund
oben 36 x 29 cm, unten 65 x 95 cm

Traudi Dwinger
Ausschnitt aus einem Muster, 1992
freie Malerei und Materialdruck

Anne Eßer
„Bianca", 1992
Aquarell- und Schichttechnik
40 x 50 cm

Traudi Dwinger
Bayerische Staatsoper, 1991
Verdickertechnik und freier Farbverlauf
90 x 90 cm

Elisabeth Schwinge
ohne Titel, 1992
Drucktechnik (Farbwalze) mit verdickter Farbe
90 x 90 cm

Literaturhinweise

Im eigentlichen Lexikonteil dieses Buches finden Sie unter manchen Artikeln den Hinweis „Literatur ...": Die dort genannten Ziffern beziehen sich auf die Bücher in dieser Liste, die in drei Kategorien gegliedert und nach Autoren`alphabetisch geordnet ist. Mit dieser Aufstellung wird jedoch keine Empfehlung gegenüber nicht erwähnten Titeln gegeben – siehe dazu auch die Hinweise im „Wegweiser ..." auf Seite 7. Die angegebenen Jahreszahlen, soweit bekannt, verweisen in der Regel auf die letzte Auflage des Werkes (Stand Juni 1993).

Klassische Seidenmalerei

1) Hahn, Susanne: Seidenmalerei als Kunst und Hobby. Niedernhausen 1987/92
2) Huber, Karin: Seidenmalerei. Grundtechniken. Freiburg 1991
3) Huber, Karin / Schwinge, Elisabeth: Seidenmalerei. So geht's. (Band 1: Aquarelltechnik für Einsteiger. Band 2: Salztechnik für Einsteiger. Band 3: Konturentechnik für Einsteiger. Band 4: Alkoholtechnik für Einsteiger.) Freiburg, 1992
4) Patel-Missfeldt, Ute: Malen auf Seide. Freiburg 1989

Weiterführende Techniken

5) Diverse Autoren: Seidenmalerei nach ... Motiven ... Freiburg
6) Fausel, Dieti G.: Seide und Farbe. Experimentelles Arbeiten. Stuttgart 1992
7) Fréchet, Roger: Spritztechnik auf Seide, Stuttgart 1990
8) Hansen, Brita: Seidenmalerei und Modedesign. Modelle – Techniken – Schnittmuster. Niedernhausen 1990
9) Hosëus, Helga: Marmorieren auf edlen Stoffen. Wiesbaden 1990
10) Huber, Karin: Seidenmalerei. Abdrucktechnik. Freiburg 1992
11) Huber, Karin: Kleidung selbst bemalen. Freiburg 1992
12) Huber, Karin: Seidenmalerei, Plissiertechnik. Freiburg 1992

13) Huber, Karin: Seidenkrawatten mit Stil. Stuttgart 1992
14) Huber, Karin / Unterharnscheidt, Birgit: Seidenmalerei. Experimente. Stuttgart 1990
15) Huber, Karin: Seidenmalerei. So geht's. Farbe auf Seide. Kontrast – Wirkung – Harmonie. Freiburg 1993
16) Loh-Wenzel, Brigitte van: Collagen auf Seide. Freiburg 1992
17) Ottelart, Lydie: Seidenmalerei. Neue Techniken. Stuttgart 1989
18) Schmidt, Trautelore: Seidenfilz herstellen und gestalten. Stuttgart 1992
19) Smend, Rudolf G. (Hrsg.): Handbuch Seidenmalerei. Band 1-4.
20) Spee, Miep: Batik traditionell und modern. Bonn-Röttgen
21) Ursin, Annelies / Kilchenmann, Kathleen: Batik – Harmonie mit Wachs und Farbe. Bern und Stuttgart 1979

Allgemeine Themen

22) Bagnall, Brian: FALKEN Handbuch Zeichnen und Malen. Niedernhausen 1985/90
23) Conran, Terence: Effekte mit Stoff. Textile Wohnideen. München 1988
24) DuMont's Lexikon der Bildenden Kunst. Köln 1990
25) Feddersen-Fieler, Gretel: Farben aus der Natur. Hannover 1985
26) Herder Lexikon der Kunst. Freiburg
27) Hofer, Alfons: Stoffe. Frankfurt 1992, 1987. (Band 1: Textilrohstoffe, Garne, Effekte. Band 2: Bindung, Gewebemusterung.)
28) Itten, Johannes: Kunst der Farbe. Ravensburg 1961/91
29) Jerstorp, Karin / Köhlmark, Eva: Textiles Entwerfen und Gestalten. Bern und Stuttgart 1990
30) Peter, Max / Rouette, Hans K.: Grundlagen der Textilveredlung. Frankfurt 1989
31) Vollmar, Klausbernd: Farben – ihre natürliche Heilkraft. München 1992